두뇌 발달부터 치매 예방까지

115 베이직
종이접기

니와 다이코 · 미야모토 마리코 지음 | 서수지 옮김

단한권의책

목차

작품 난이도

- ⭐ 간단
- ⭐⭐ 보통
- ⭐⭐⭐ 어려움
- 🎁 접어 주세요

무엇부터 접을까냥?

놀이 접기

12 낚시 놀이 ⭐	**13** 배꼽 비행기 ⭐	**14** 공중제비 비행기 ⭐⭐
16 카메라 ⭐⭐	**18** 부메랑 ⭐⭐	**19** 종이 대포 ⭐
20 씨름선수 ⭐	**21** 바람개비 ⭐⭐	
22 고양이 탑 ⭐⭐	**24** 병아리 ⭐⭐	**26** 개구리 ⭐⭐
28 꼬마 장수 ⭐⭐	**30** 인형 (돼지·개구리) ⭐⭐	
34 사자탈 ⭐⭐	**36** 풍선 ⭐⭐	**38** 표창 ⭐⭐
40 재주넘는 말 ⭐⭐	**42** 종이인형 ⭐⭐⭐	

패션 소품

47 투구 ⭐	**48** 팔찌·반지 ⭐	**49** 메달 ⭐⭐
50 클로버 펜던트 ⭐⭐	**52** 손목시계 ⭐	**54** 왕관 ⭐⭐
56 리본 1 ⭐⭐	**58** 넥타이 ⭐	

작품을 완성한 후에 ☐ 안에 표시해 보세요!

진짜 닮은 접기

곤충

59	매미
60	장수풍뎅이
62	사슴벌레

| 64 | 나비 |

동물

65	토끼 얼굴
66	멍멍이 얼굴 1
67	멍멍이 얼굴 2
68	야옹이 얼굴

69	판다
74	코끼리
76	곰돌이
78	사자
80	아기 고양이
82	닥스훈트

바다 동물

84	거북이
85	고래
86	돌고래

새

| 88 | 종이학 |
| 90 | 펭귄 |

탈것

| 92 | 버스 |
| 94 | 자동차 |

97	배
98	전철
100	기관차
103	로켓
106	비행기

공룡

108	티라노사우루스
111	익룡
114	브라키오 사우루스

음식

| 125 | 초밥 |

128	햄버거
130	샌드위치
132	감자튀김
133	주먹밥
134	문어 모양 비엔나소시지
136	딸기

138 사과

140 버섯

141 아이스크림

142 포크와 스푼

144 케이크

꽃

149 튤립

150 수국

151 나팔꽃

152 해바라기

154 벚꽃

별별 물건

155 컵

156 상자

158 손잡이 달린 상자

159 뿔 모양 상자

160 카피바라 이쑤시개꽂이

162 보석상자

실용품

예쁘게 접어서 매일 써 보시옹!

172 손 편지

173 고양이 편지봉투

174 사진꽂이

176 고양이 젓가락받침

특별한 날

178 도깨비 가면

180 카네이션

182 잭오랜턴 사탕 바구니

187 히나 인형

188 산타클로스

190 산타 양말

다양하게 활용해요!

이리저리 조합해서 접기

칼럼❶ 다양한 배경 접기

117 산

118 집

121 나무

칼럼❷ 활용 만점 아이템 접기

168 하트

169 별

170 리본 2

4

난이도별 작품 목록

이 책에서는 종이접기 난이도를 4단계로 나누었어요.
'간단'부터 차근차근 접다 보면 실력이 쑥쑥 늘어날 거예요.
'간단' 단계를 완료하면 '보통', '어려움' 순으로 도전해 보세요!
'접어 주세요'는 가족 중 한 사람이 아이 대신 접어 주세요!

'간단' 단계부터 차근차근 접어 보시옹!

기본 접는 법

종이를 준비해서
연습해 보시옹♪

기본적으로 알아둬야 할 종이접기 방법을 소개합니다.
종이접기를 하다가 이해가 되지 않을 때에는 이곳을 펼쳐서 복습해 보세요!

계곡 접기 | 접은 선이 안으로 오도록 접어요.

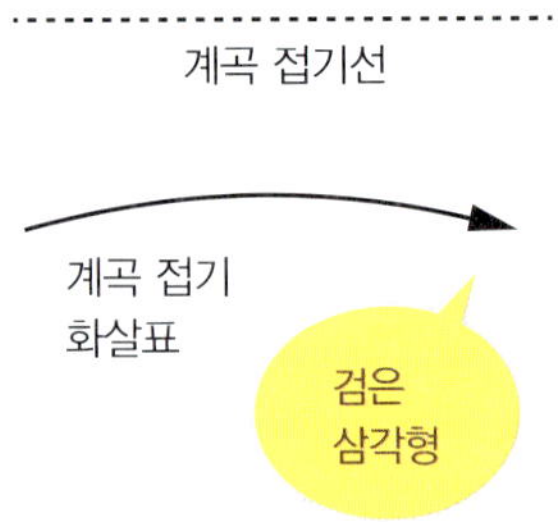

계곡 접기선

계곡 접기
화살표

검은
삼각형

예

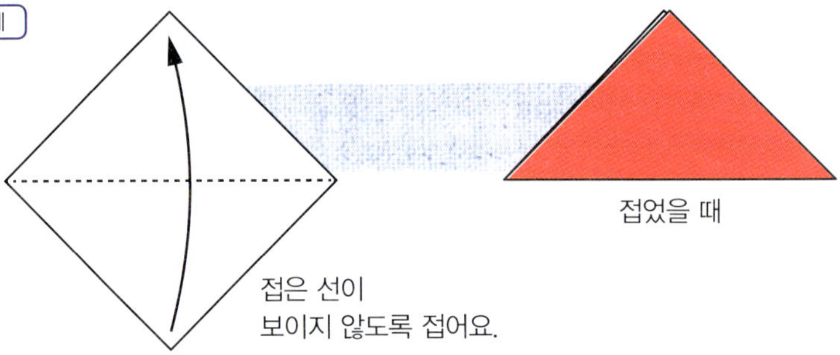

접은 선이
보이지 않도록 접어요.

접었을 때

산 접기 | 접은 선이 밖으로 오도록 접어요.

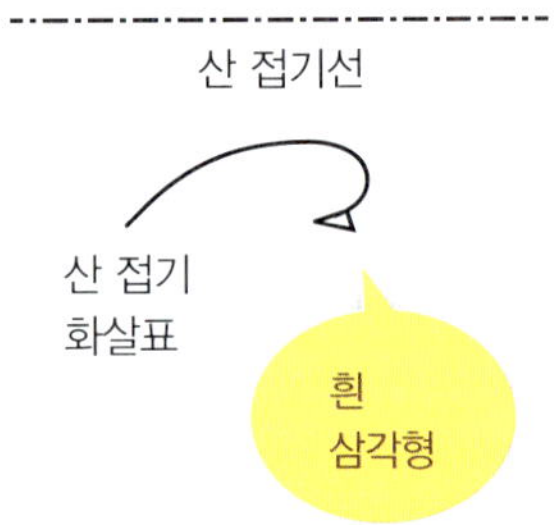

산 접기선

산 접기
화살표

흰
삼각형

예

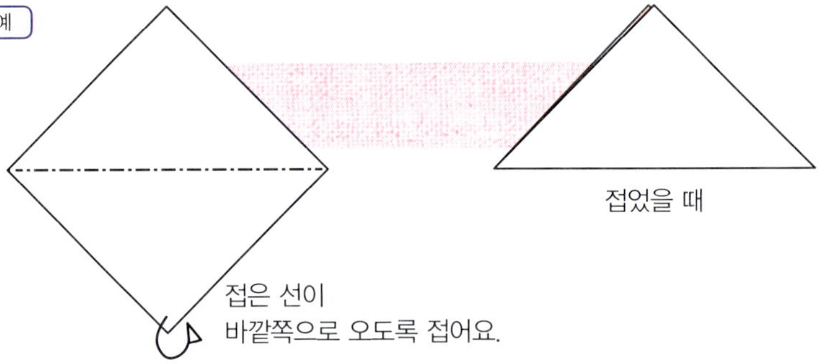

접은 선이
바깥쪽으로 오도록 접어요.

접었을 때

보조선 표시하기 | 한 번 접은 다음 원래대로 다시 펼쳐요.

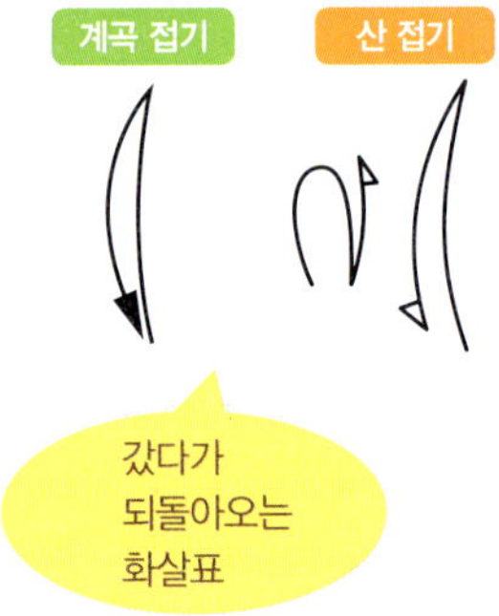

계곡 접기   산 접기

갔다가
되돌아오는
화살표

예

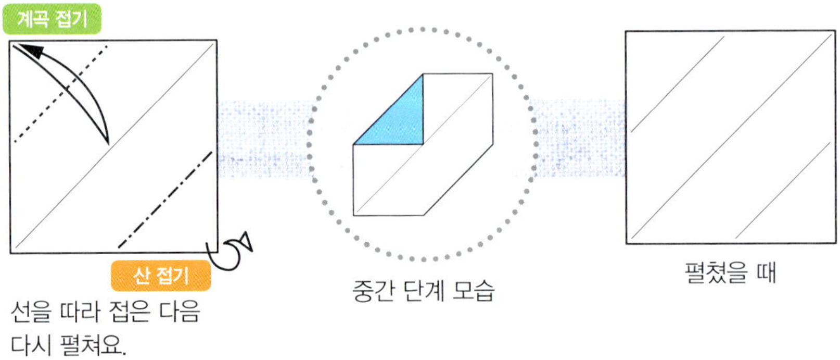

계곡 접기

산 접기

선을 따라 접은 다음
다시 펼쳐요.

중간 단계 모습

펼쳤을 때

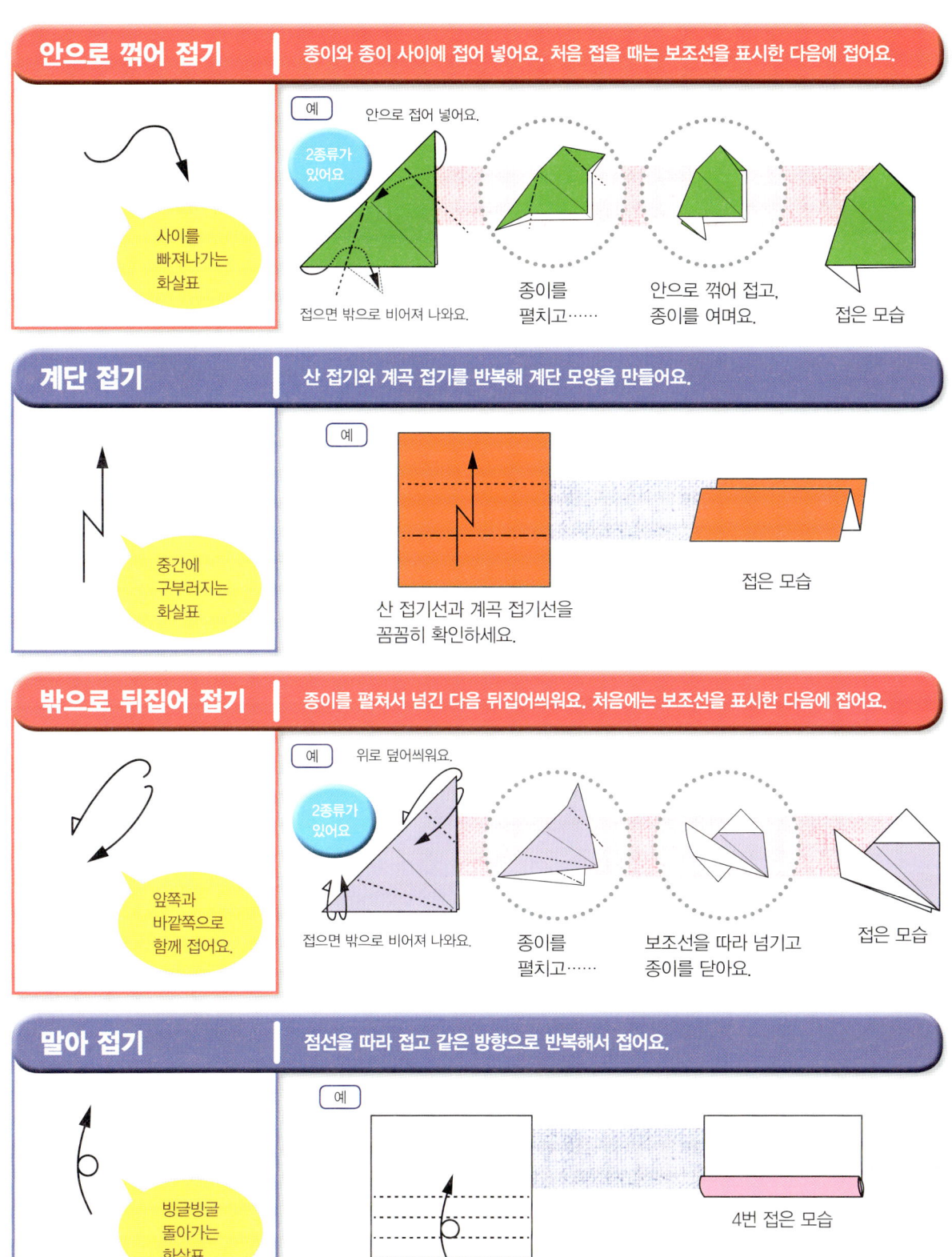

안으로 꺾어 접기 | 종이와 종이 사이에 접어 넣어요. 처음 접을 때는 보조선을 표시한 다음에 접어요.

사이를 빠져나가는 화살표

예

2종류가 있어요

안으로 접어 넣어요.

접으면 밖으로 비어져 나와요.

종이를 펼치고……

안으로 꺾어 접고, 종이를 여며요.

접은 모습

계단 접기 | 산 접기와 계곡 접기를 반복해 계단 모양을 만들어요.

중간에 구부러지는 화살표

예

산 접기선과 계곡 접기선을 꼼꼼히 확인하세요.

접은 모습

밖으로 뒤집어 접기 | 종이를 펼쳐서 넘긴 다음 뒤집어씌워요. 처음에는 보조선을 표시한 다음에 접어요.

앞쪽과 바깥쪽으로 함께 접어요.

예

위로 덮어씌워요.

2종류가 있어요

접으면 밖으로 비어져 나와요.

종이를 펼치고……

보조선을 따라 넘기고 종이를 닫아요.

접은 모습

말아 접기 | 점선을 따라 접고 같은 방향으로 반복해서 접어요.

빙글빙글 돌아가는 화살표

예

4번 접은 모습

기호 보는 법

다양한 기호가
있지요옹~

이 책에 나오는 '기호'를 소개할게요.
모르는 기호가 나올 때마다 이곳을 펼쳐 보세요.

확대 다음 그림부터 커져요.

예

확대

그림이
커졌어요.

돌리기 다음 그림부터 방향이 바뀌어요.

예

돌리기

돌리기
완료

축소 다음 그림부터 작아져요.

예

축소

그림이
작아졌어요.

뒤집기 다음 그림에서 종이를 뒤집어요.
(위아래는 바뀌지 않아요)

예

뒤집기

뒤집었더니 좌우가 바뀌었어요.

풀로 붙이기

예

예

풀칠하는 부분

풀로 붙였어요.

표시는
안쪽에
풀을 칠해
붙여요.

보조선 표시하기

❶ 접은 후의 모습   ❷ 접을 때의 기준   예

예

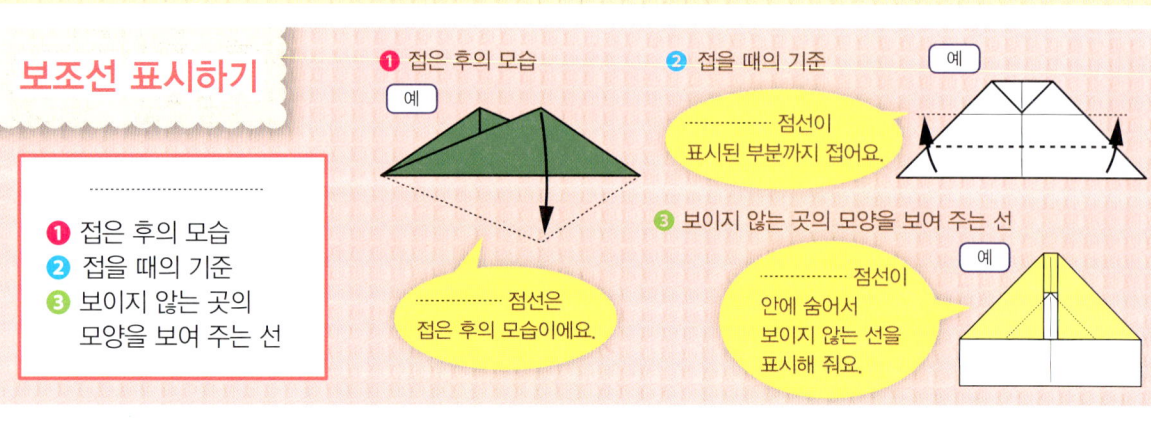

점선이
표시된 부분까지 접어요.

❸ 보이지 않는 곳의 모양을 보여 주는 선

예

❶ 접은 후의 모습
❷ 접을 때의 기준
❸ 보이지 않는 곳의
　모양을 보여 주는 선

점선은
접은 후의 모습이에요.

점선이
안에 숨어서
보이지 않는 선을
표시해 줘요.

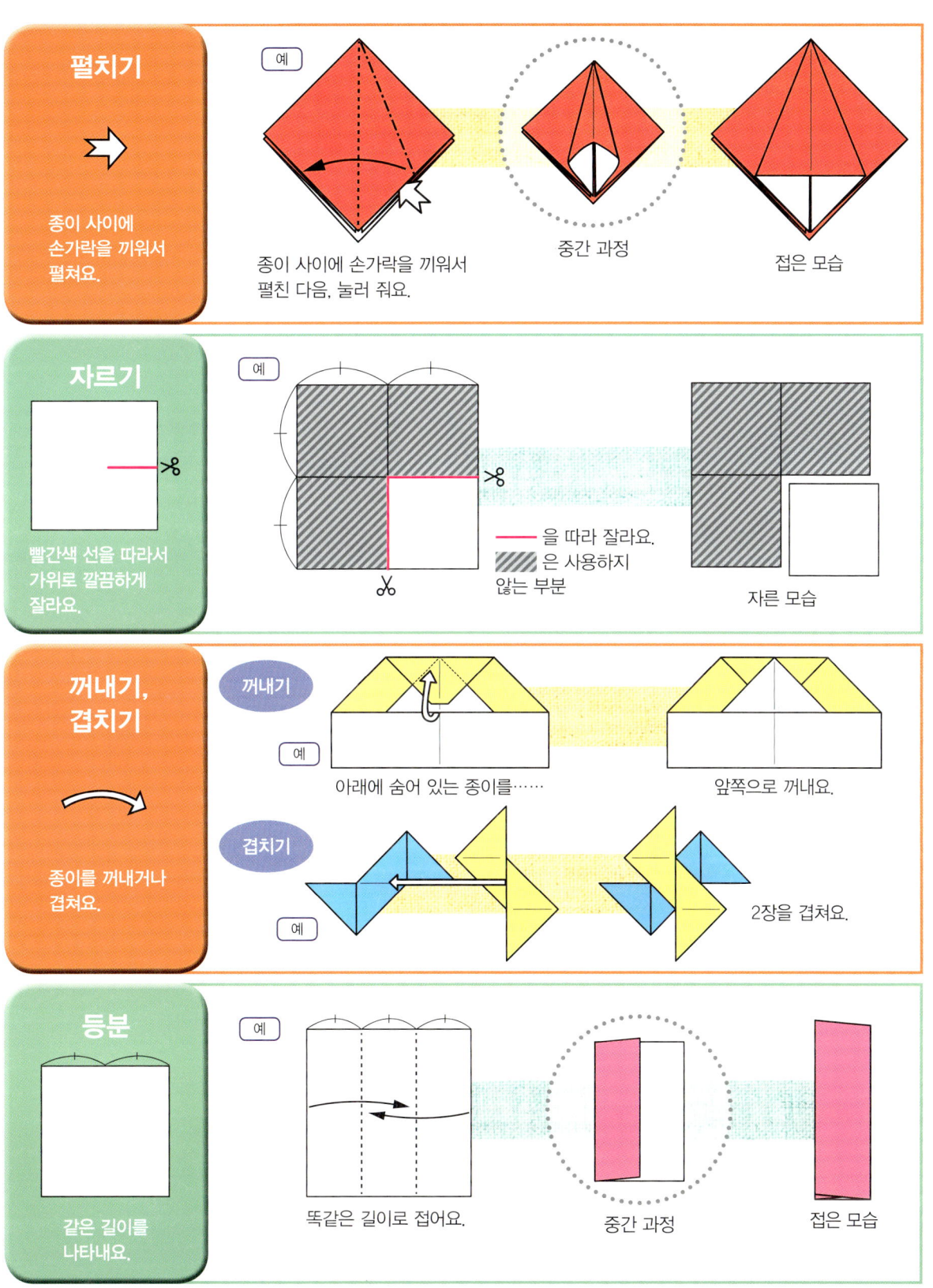

펼치기

➡

종이 사이에 손가락을 끼워서 펼쳐요.

예

종이 사이에 손가락을 끼워서 펼친 다음, 눌러 줘요.

중간 과정

접은 모습

자르기

빨간색 선을 따라서 가위로 깔끔하게 잘라요.

예

✂ ── 을 따라 잘라요.

▨ 은 사용하지 않는 부분

자른 모습

**꺼내기,
겹치기**

종이를 꺼내거나 겹쳐요.

꺼내기

예

아래에 숨어 있는 종이를……

앞쪽으로 꺼내요.

겹치기

예

2장을 겹쳐요.

등분

같은 길이를 나타내요.

예

똑같은 길이로 접어요.

중간 과정

접은 모습

9

이 책 보는 법

사용하는 종이

종이 매수를 추천하는 색으로 보여 줘요.
보통 15×15㎝ 종이를 사용해요.
다른 종이를 사용할 때는 추천 크기를 적어 두었어요.

앞발이 될 부분

접을 때의 포인트나 어떤 부분을 접고 있는지를 표시해 두었어요.

까다로운 부분은 사진을 함께 보여 줘요.

이 모서리에 맞춰서

접을 때 기준이 되는 모서리와 가장자리를 표시해 두었어요.

힘을 내요!

살짝 어렵지만 접는 방법을 꼼꼼하게 읽고 차근차근 따라해 보세요.

준비물

색종이 외에 사용하는 도구를 정리해 두었어요.

 가위
 풀

스카치 테이프
양면 테이프
색연필
펜
크레파스

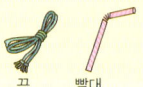
고무줄
동그란 스티커
자석
끈
빨대
클립

기호

종이접기에 필요한 다양한 기호가 있어요. 8~9쪽을 참고해 주세요.

종이를 2장 이상 사용하는 작품을 조합하는 방법을 소개해 두었어요.

 여기서부터 접어요

접기 시작하는 부분을 나타내요.

난이도

'간단', '보통', '어려움', '접어 주세요'의 4단계로 구분해 놓았어요.
자세한 설명은 5쪽을 펼쳐 보세요.

가족과 함께 종이접기를 할 때 도움이 되는 정보를 실었어요

종이접기의 달인이 되는 **3** 가지 **포인트**

아래 세 가지를 확실히 익혀두면 콧노래가 나올 만큼 종이접기가 즐거워져요!

1 전체적인 흐름을 살펴요!

처음부터 완성까지의 과정을 전체적으로 훑어보고 지금 어떤 부분을 접고 있는지, 왜 이 부분을 이렇게 접어야 하는지 알 수 있어요. 또, 다음 단계 그림을 보고 그 모양이 되도록 접으면 훨씬 이해하기 쉬워요.

2 모서리와 가장자리를 맞춰요!

접을 때는 모서리와 가장자리를 딱 맞춰서 접어요. 맞춰야 하는 모서리와 가장자리를 확인하면서 꼭꼭 눌러 가며, 다른 손으로 보조선을 표시하세요.

3 보조선은 확실하게!

보조선은 손가락으로 꼭꼭 눌러 가며 확실하게 표시해요. 보조선이 선명하면 다음 과정이 수월해진답니다. 보조선을 보고 어디서부터 접어야 할지 확인하세요.

주제별로 찾아보세요!

종이접기

 페이지

잔뜩♪
있지요옹~

다양한 종이접기를
13가지 주제와 칼럼으로 소개합니다.

야호, 월척이다!

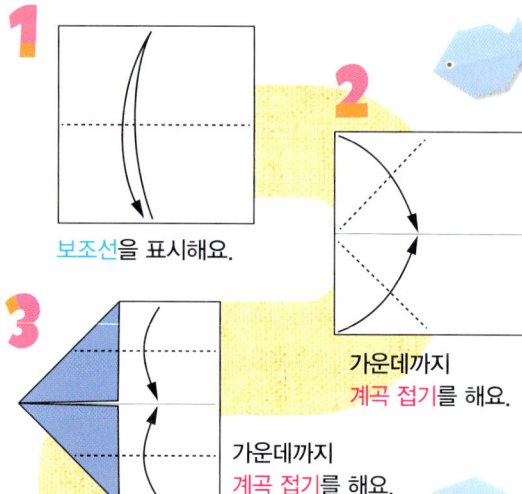

여러 마리 접어 보세요

낚시 놀이

종이 색깔과 크기를 바꿔 나만의 낚시터를 만들어
'낚시' 놀이를 해 보세요.

▶ 193, 197쪽

작자 : 니와 다이코

낚시
놀이

종이	준비물
 1 장	 동그란 스티커  자석  끈  빨대 클립

※ 표시는 가지고 놀 때 사용하는 준비물이에요.

놀이 방법

스카치테이프로
자석을 붙인 끈을
빨대에 묶어 낚싯대를
만들어요.
물고기에 클립을 끼워서
자석에 붙이며 놀아
보세요!

1 보조선을 표시해요.

2 가운데까지 계곡 접기를 해요.

3 가운데까지 계곡 접기를 해요.

확대

4 비스듬하게 보조선을 표시해요.

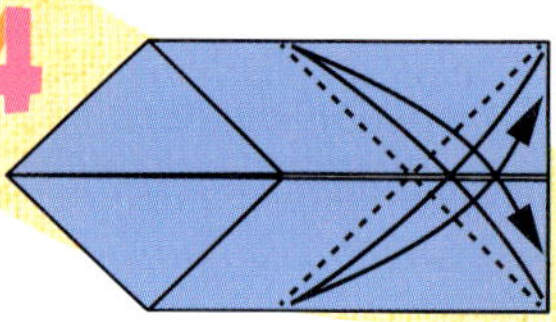

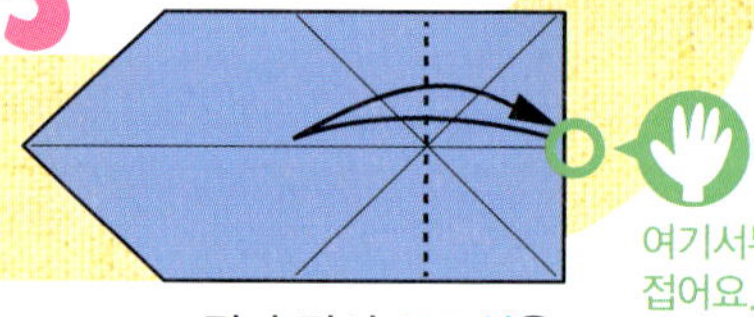

돌리기 뒤집기

5 그림과 같이 보조선을 표시해요.

여기서부터 접어요.

뒤집기 돌리기

6 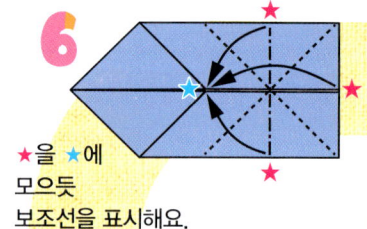 ★을 ★에 모으듯 보조선을 표시해요.

7 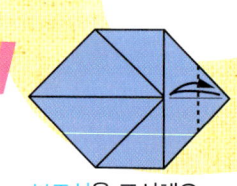 보조선을 표시해요.

8 ○ 부분을 펼치며 안을 삼각형 모양으로 눌러 접어요.

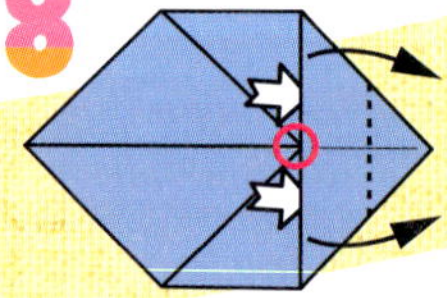

이렇게 펼쳐요!

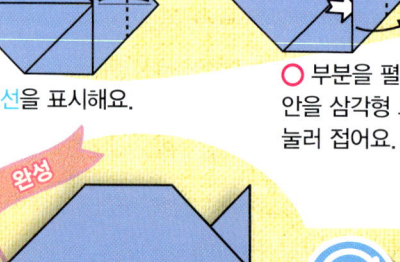

완성

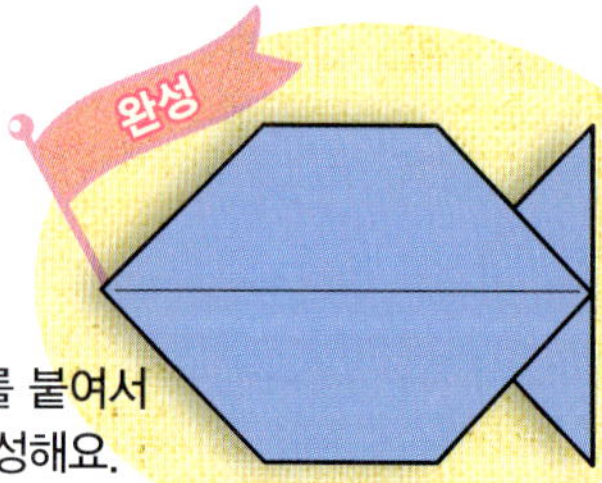

스티커를 붙여서 눈을 완성해요.

돌리기 뒤집기

9 접은 모습

가족 알림장 눈을 붙이는 위치에 따라 오른쪽을 바라보는 물고기도 만들 수 있어요.

1

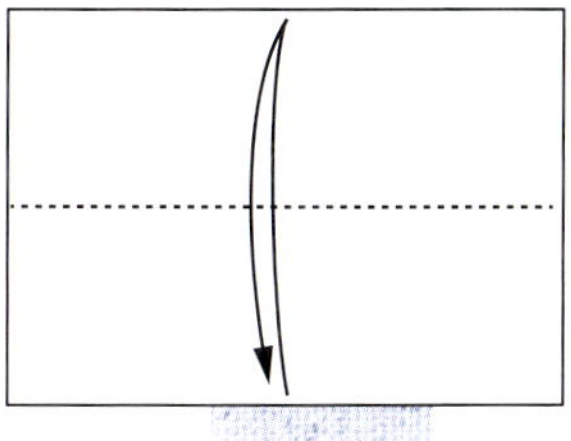

보조선을
표시해요.

2

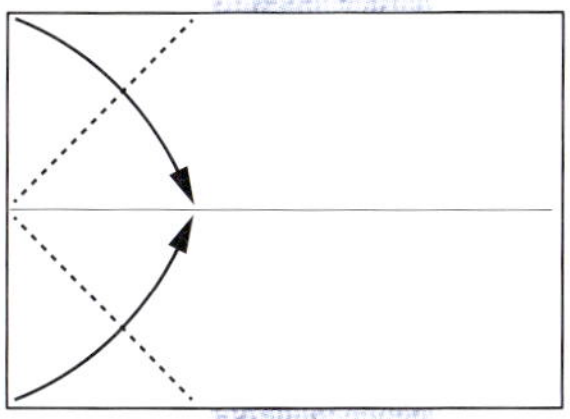

가운데까지
계곡 접기를 해요.

3

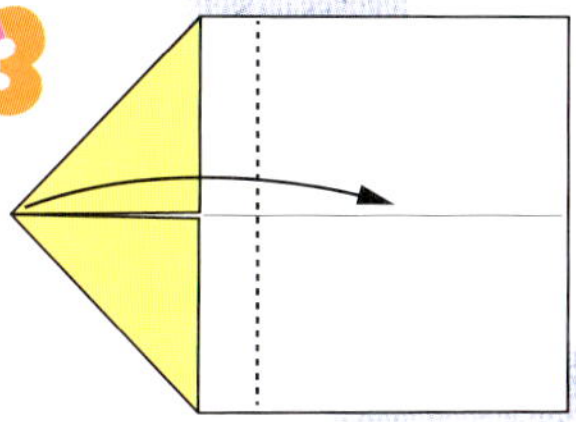

접는 너비로 날개의
크기를 알 수 있어요

계곡 접기를 해요.

떴다~ 떴다~ 비행기!

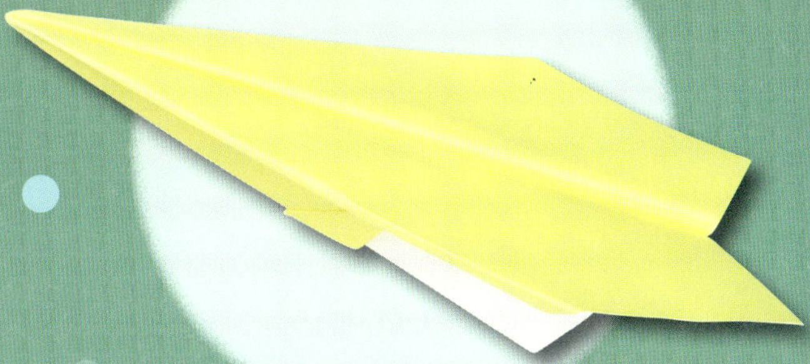

배꼽 비행기

전승 작품

4

확대

큼직한
직사각형 종이로
접어요

※ 사진은 A4 크기 종이를 사용했어요.

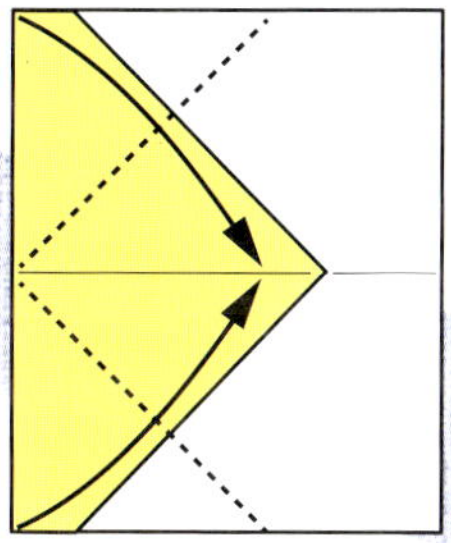

가운데까지
계곡 접기를 해요.

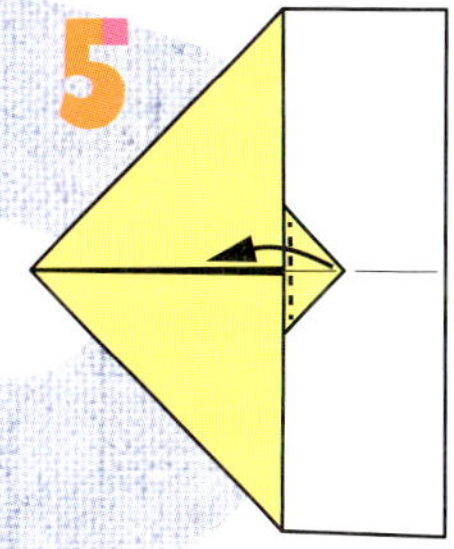

종이
1 장

배꼽 비행기

7

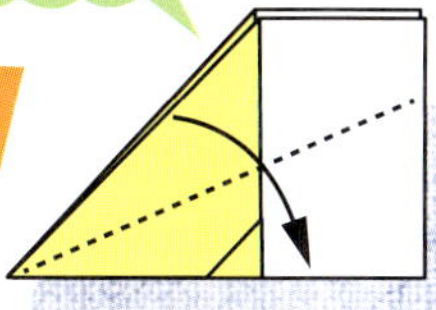

여기가 날개가
될 부분이에요.

가장자리끼리 잘 맞춰서
계곡 접기를 해요.
반대쪽도 접어요.

6

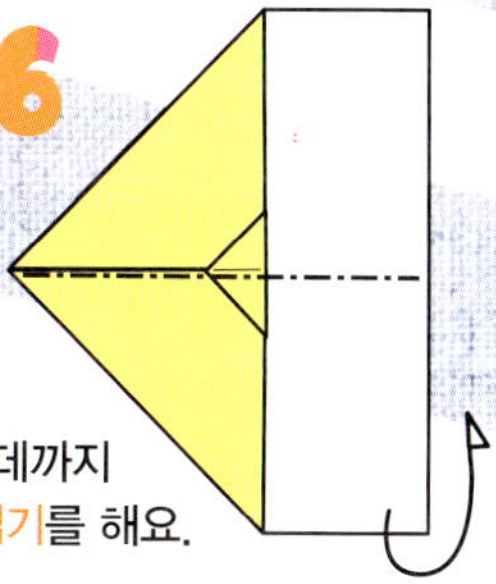

가운데까지
산 접기를 해요.

5

계곡 접기를 해요.

완성

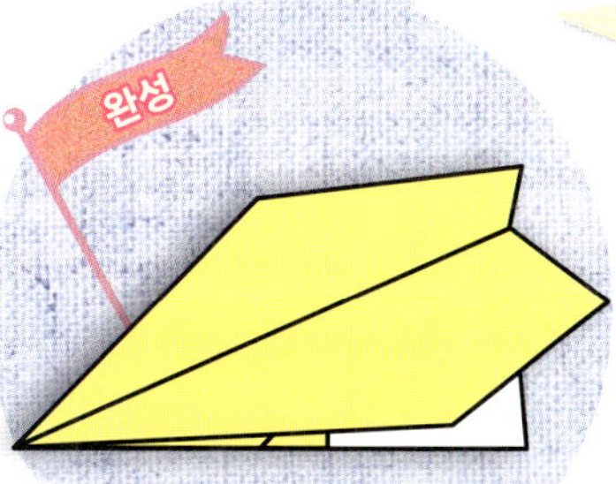

놀이 방법

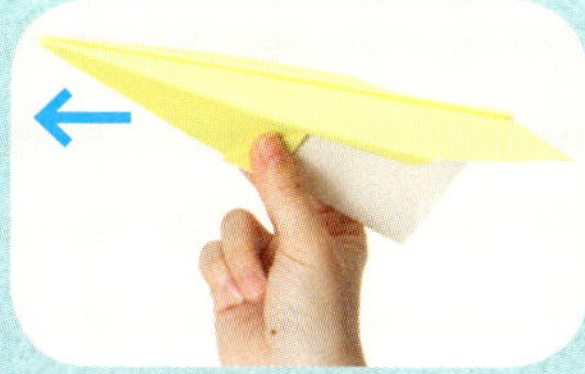

엄지손가락과 집게손가락으로
잡고, 앞으로 쓰윽 날려 보세요.

주의 주변에 사람이 없는
곳에서 날리세요.

획 날리면

빙그르르 돌아와요!

공중제비 비행기

작자 : 니와 다이코

공중제비 비행기

종이

1장

준비물

클립

1
보조선을 표시해요.

잘 날려 보시옹!

2
가운데까지
보조선을 표시해요.

3
보조선까지
계곡 접기를 해요.

4
계곡 접기를 해요.

5
보조선을 표시해요.

돌리기

뒤집기

6
가운데까지
계곡 접기를 해요.

확대

7
여기서부터 접어요.

비스듬하게
보조선을
표시해요.

가족
알림장 바람이 없는 곳에서 가지고 노세요.

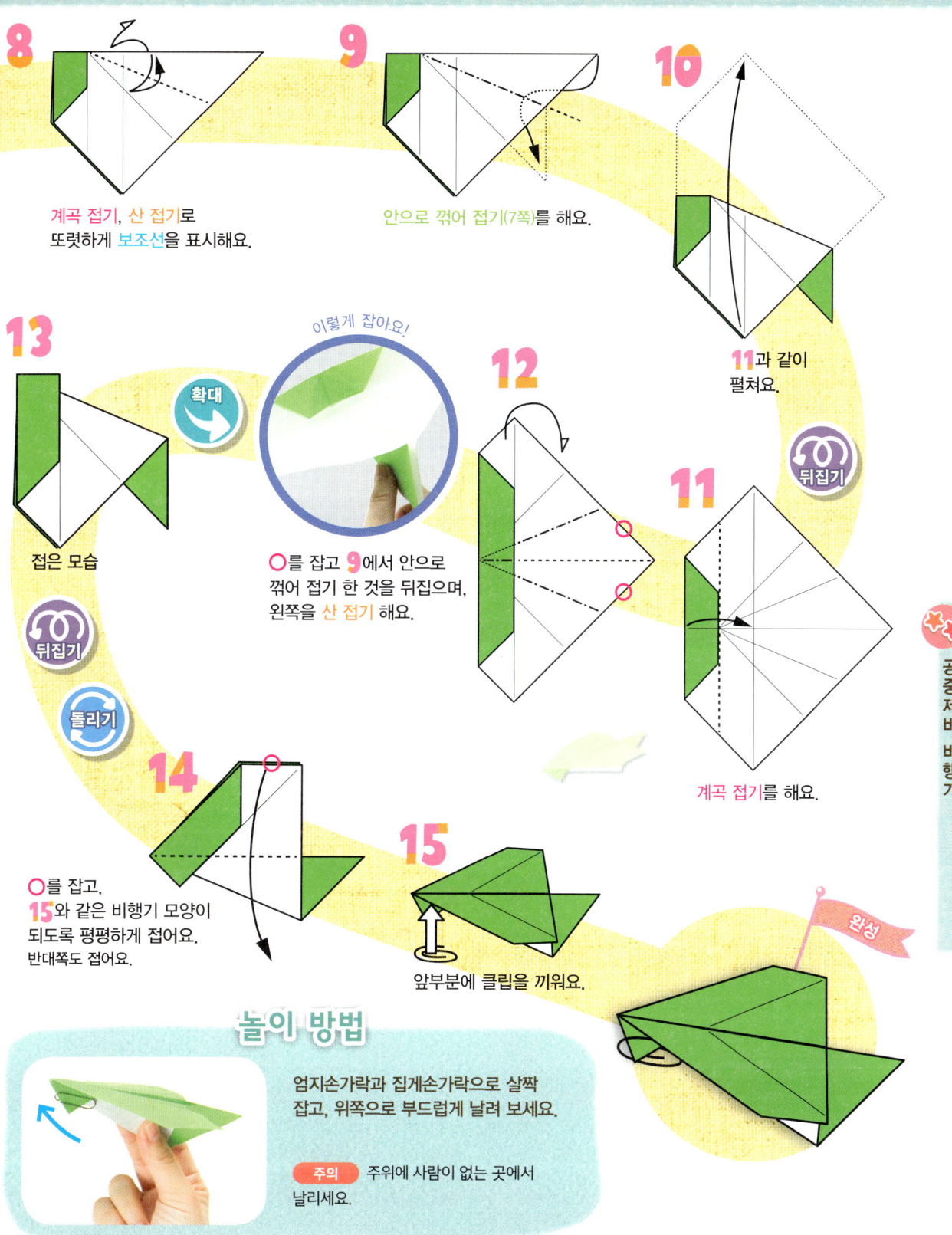

8

계곡 접기, 산 접기로
또렷하게 보조선을 표시해요.

9

안으로 꺾어 접기(7쪽)를 해요.

10

11과 같이
펼쳐요.

뒤집기

13

접은 모습

뒤집기

돌리기

이렇게 잡아요!

확대

○를 잡고 9에서 안으로
꺾어 접기 한 것을 뒤집으며,
왼쪽을 산 접기 해요.

12

11

계곡 접기를 해요.

공중제비 비행기

14

○를 잡고,
15와 같은 비행기 모양이
되도록 평평하게 접어요.
반대쪽도 접어요.

15

앞부분에 클립을 끼워요.

완성

놀이 방법

엄지손가락과 집게손가락으로 살짝
잡고, 위쪽으로 부드럽게 날려 보세요.

주의 주위에 사람이 없는 곳에서
날리세요.

찰칵 찰칵
셔터를 누르면서
"김치~"

카메라

전승 작품

10

뒤집기

접은 모습

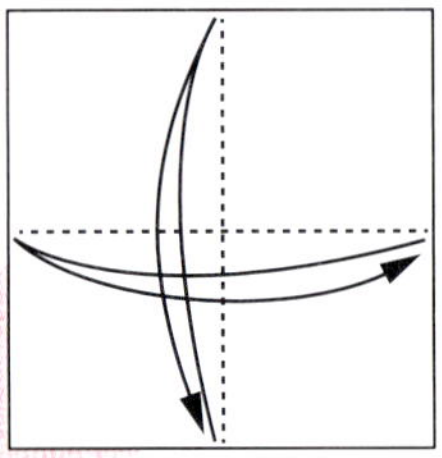

9

위아래 안쪽을
뒤집고 눌러 줘요.

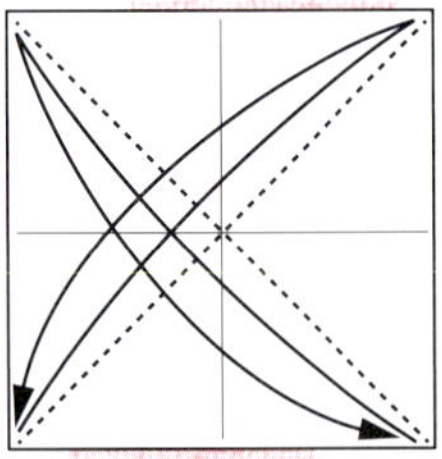

뒤집기

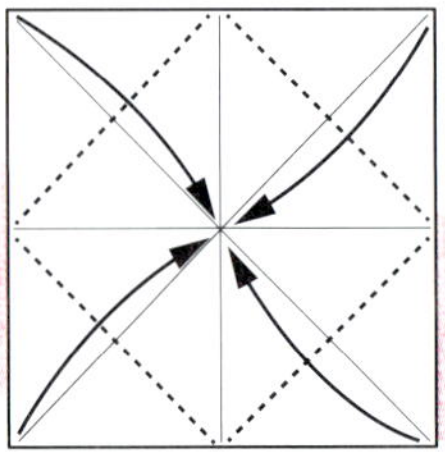

8

접은 모습

확대

7

가운데까지
계곡 접기를 해요.

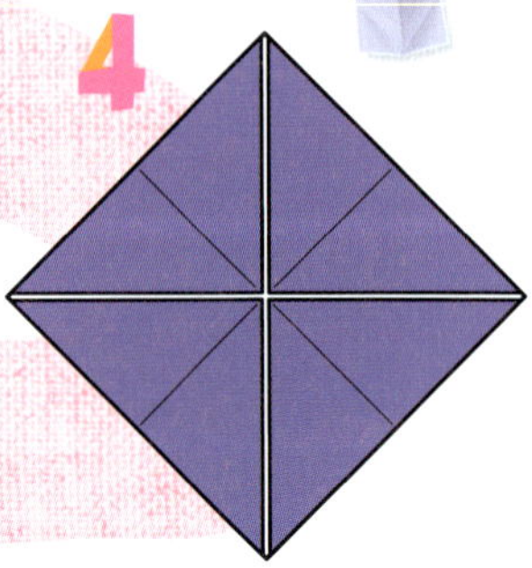

뒤집기

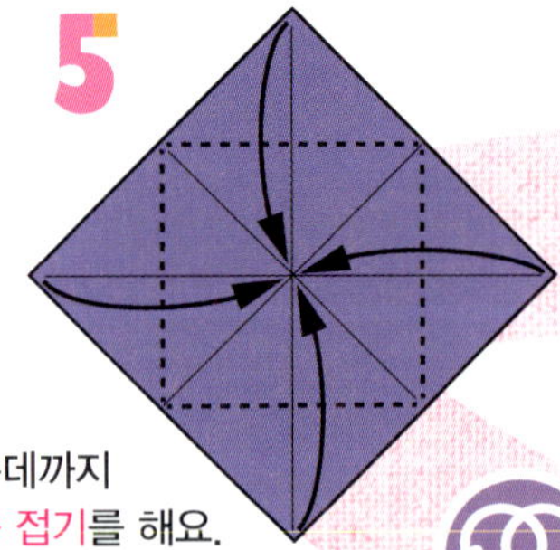

6

접은 모습

확대

종이

1장

카메라

1

보조선을
표시해요.

5

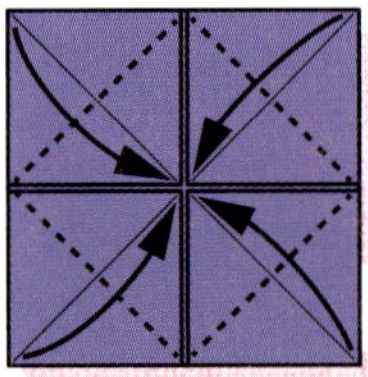

가운데까지
계곡 접기를 해요.

뒤집기

2

보조선을 표시해요.

4

접은 모습

확대

3

가운데까지
계곡 접기를 해요.

접은 모습

가족
알림장 뒤집기가 몇 번 반복되므로 그림과 기호를 꼼꼼하게 확인하고 종이접기를 해 주세요.

11 ○를 잡고 펼쳐요.

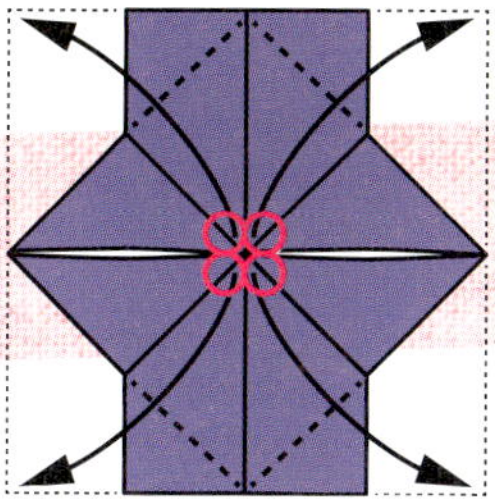

12 펼친 모습

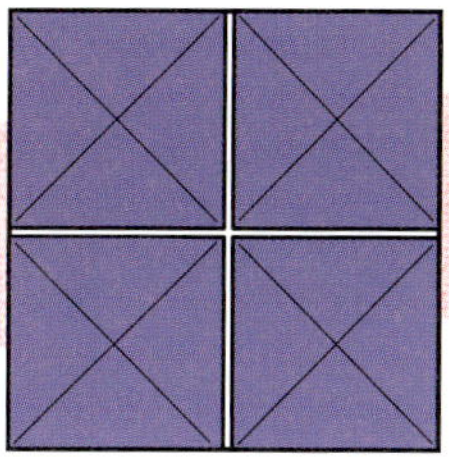

뒤집기

13 ○를 잡고 양옆으로 펼쳐요.

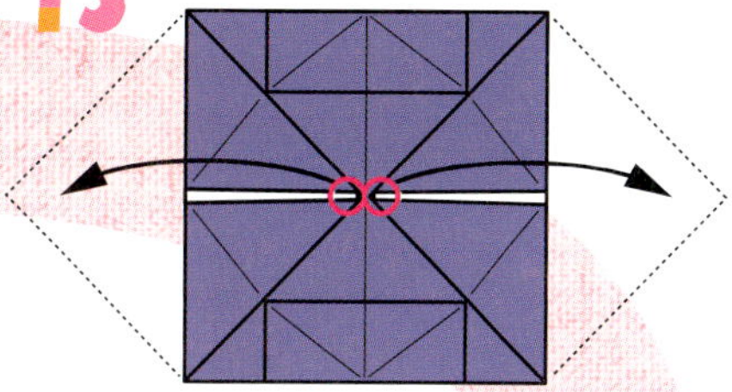

15 이렇게 접어요!

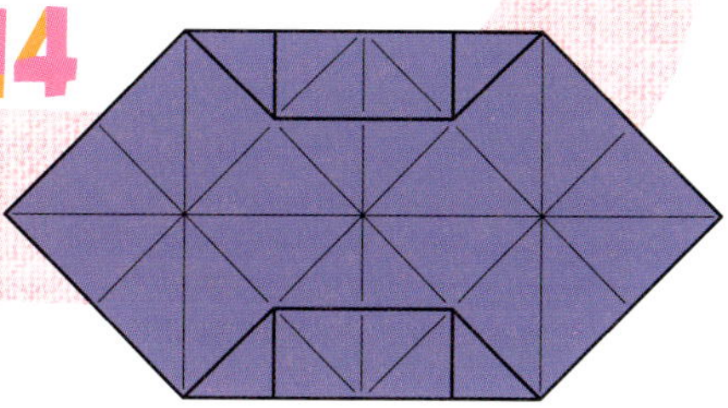

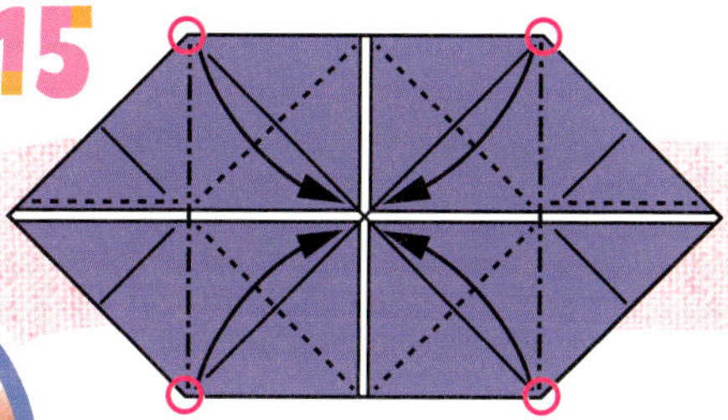

○가 표시된 모서리를 가운데로 모은다는 느낌으로 보조선을 표시해요.

뒤집기

14 펼친 모습

16 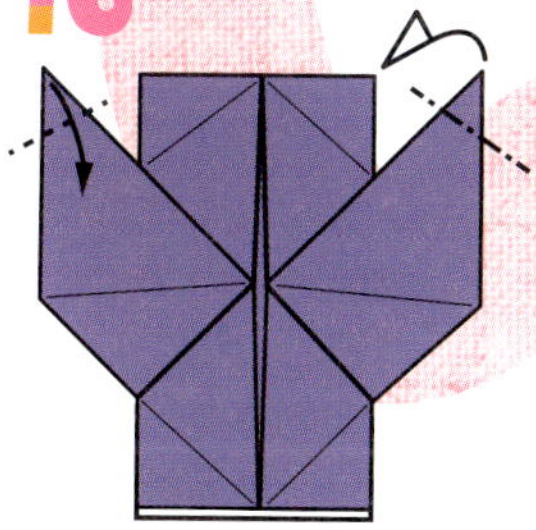 끝부분을 계곡 접기 하고, 산 접기를 해요.

17 16에서 접은 부분이 겹치도록 교차시켜서 고정시켜요.

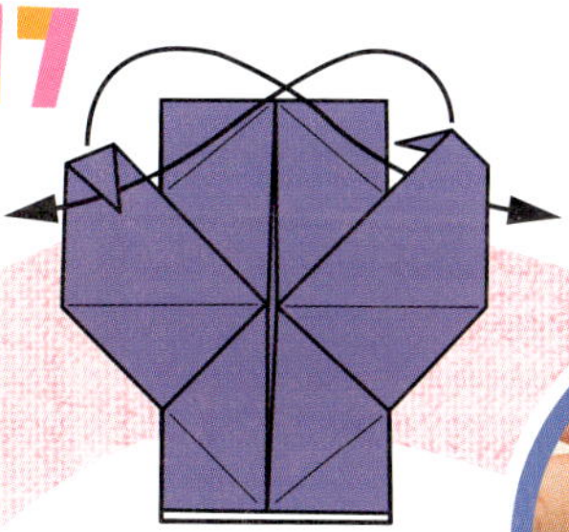

이렇게 교차시켜요.

완성

카메라

놀이 방법

앞에서 봤을 때

찰칵!

양쪽 끝을 잡고 뒤쪽의 튀어나온 부분을 손가락으로 누르면……

찰칵 소리가 나며 셔터가 열려요!

누구를 찍어 볼까냥?

위에서 떨어뜨리면 팽그르르 돌아요!

세로 회전

가로 회전

부메랑

알록달록 다양한 색깔로 만들어요!
▶ 196쪽

저자 : 미야모토 마리코

11의 접는 법으로 회전 방향을 알 수 있어요.

1 그림과 같이 잘라요.

2 가운데까지 계곡 접기를 해요.

확대

3 가운데에 보조선을 표시해요.

4 가운데까지 계곡 접기를 해요.

5 모두 펼쳐요.

6 대각선 방향으로 보조선을 다시 표시해요.

7 ★을 ★에 모은다는 느낌으로 보조선을 따라 접어요.

확대

8 가운데까지 비스듬하게 계곡 접기를 해요. 반대쪽도 접어요.

9 여기서부터 접어요

이 부분이 날개가 돼요.

보조선을 표시해요. 반대쪽도 보조선을 표시해요.

종이 · 준비물

1장 · 가위

부메랑

10 앞 장을 그림처럼 어긋나게 접어요.

11 세로 회전

앞 장을 계곡 접기 해요. 반대쪽도 접어요.

완성

11 가로 회전

가운데를 펴 줘요.

완성

놀이 방법

세로 회전

날개 면을 바깥쪽으로 향하도록 잡고 떨어뜨려요!

가로 회전

양 끝머리를 잡고 그대로 놓아요!

18

가족 알림장 바람이 없는 곳에서 가지고 놀도록 해 주세요.

종이 대포

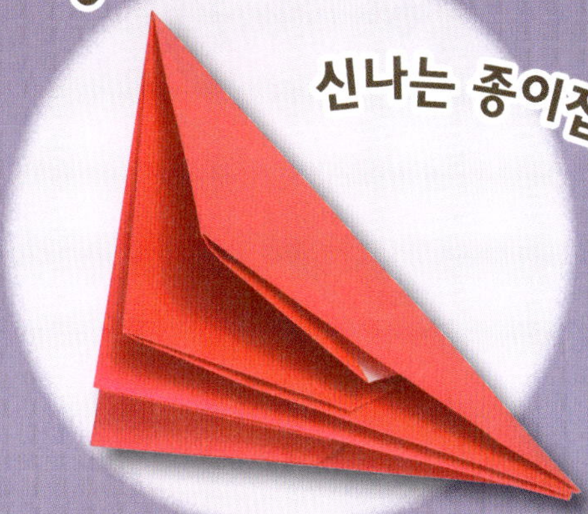

전승 작품

1 보조선을 표시해요.

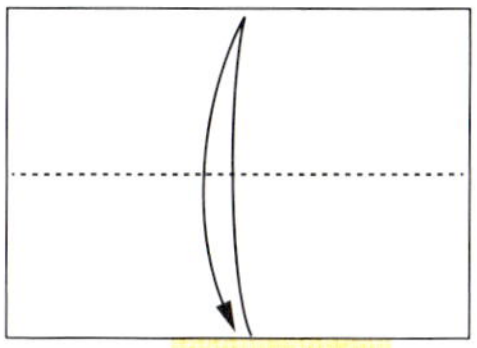

2 가운데까지 계곡 접기를 해요.

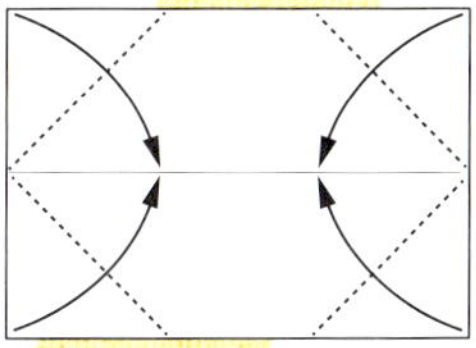

3 가운데까지 계곡 접기를 해요.

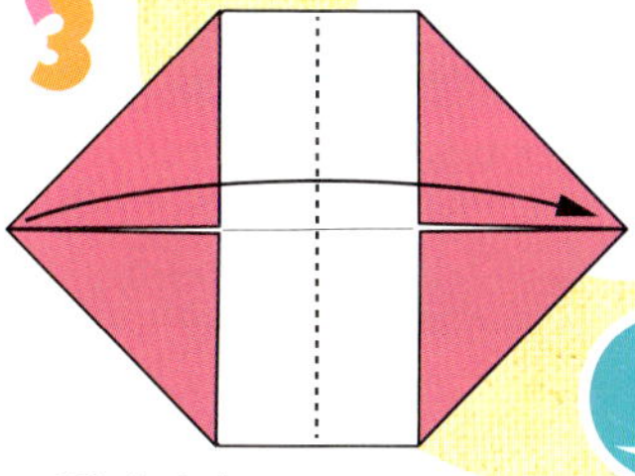

4 가운데까지 계곡 접기를 해요.

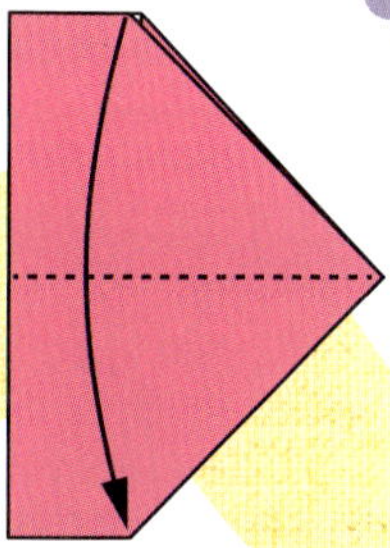

전단지처럼 커다란 직사각형 종이로 접으세요.

※ 사진은 A4 크기 종이를 사용했어요.

종이	
	1 장

종이 대포

5 ○를 잡고 앞 장을 위로 펼쳐서 눌러 줘요.

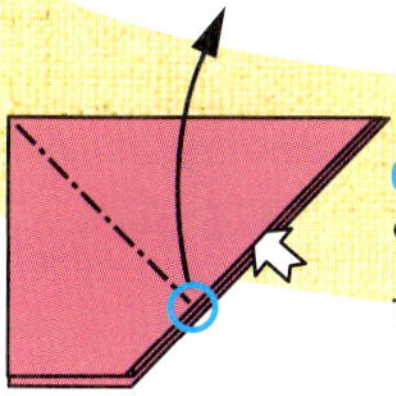

6 앞 장을 계곡 접기 해요.

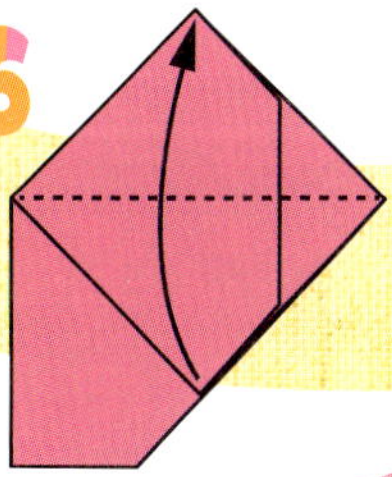

7 ○를 잡고 앞 장을 위로 펴서 눌러 줘요.

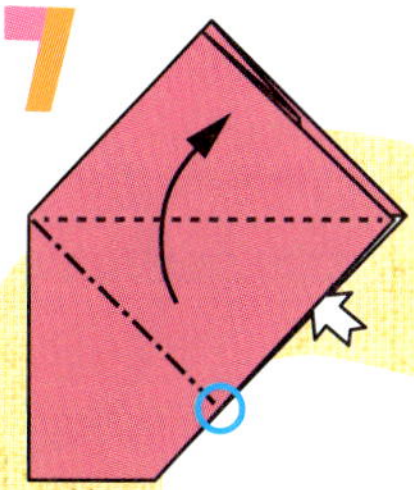

8 전체를 계곡 접기 해요.

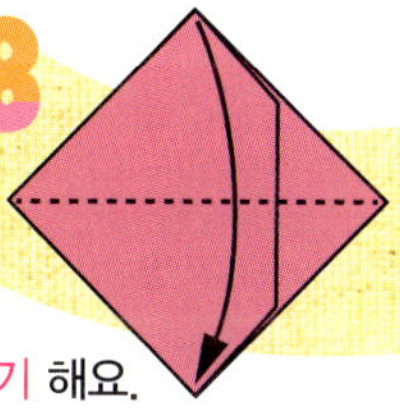

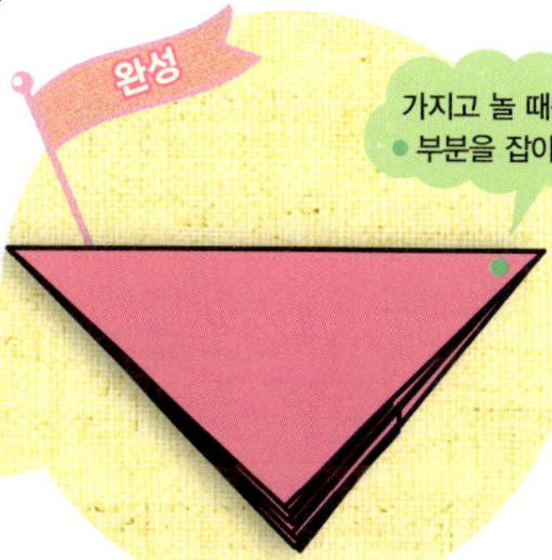

완성

가지고 놀 때는 ● 부분을 잡아요.

놀이 방법

펑!

앞쪽을 잡고 세게 흔들면 커다란 소리가 나요!

샅바를 잡고 준비, 영차!

씨름선수

전승 작품

1 보조선을 표시해요.

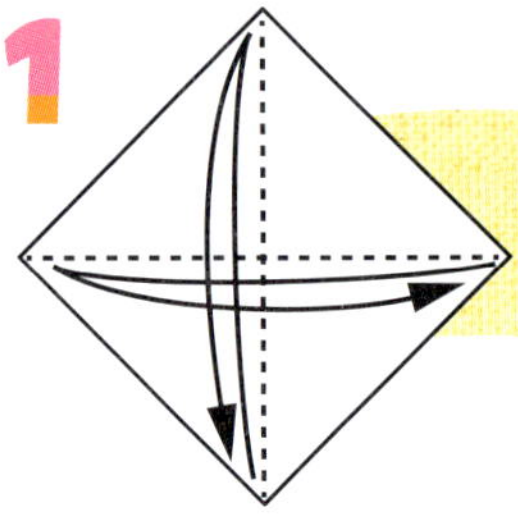

2 확대 가운데까지 계곡 접기를 해요.

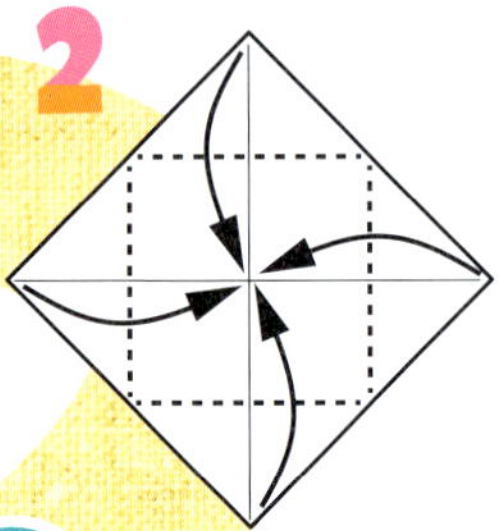

3 가운데까지 계곡 접기를 해요. 뒤집기

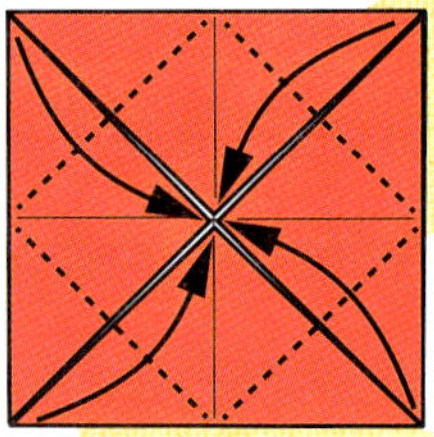

4 5의 모양이 되도록 안쪽 종이를 꺼내 계곡 접기를 해요.

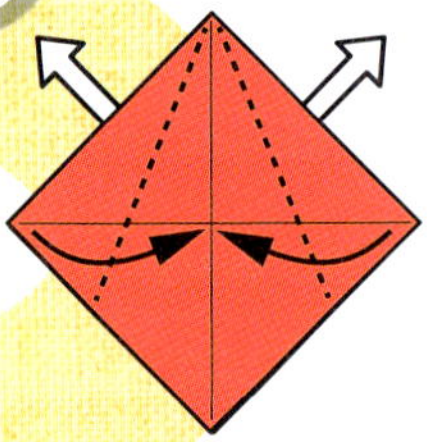

5 6의 모양이 되도록 안쪽 종이를 꺼내 계곡 접기를 해요.

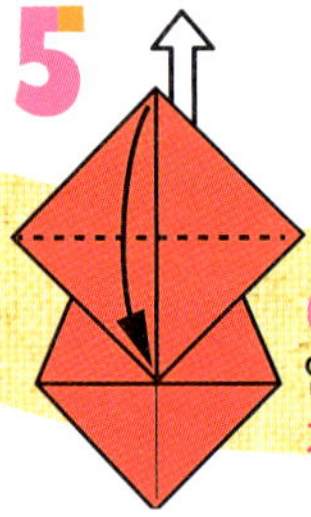

6 확대 접은 모습

종이

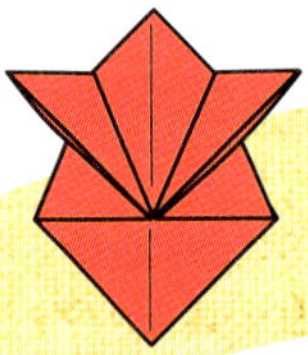

1장

씨름선수

7 뒤집기 계곡 접기를 해요.

8 확대 가장자리에 맞춰 보조선을 표시해요.

9 ○를 잡고 8의 보조선에 맞춰 계곡 접기를 하고, 나머지는 산 접기를 해요.

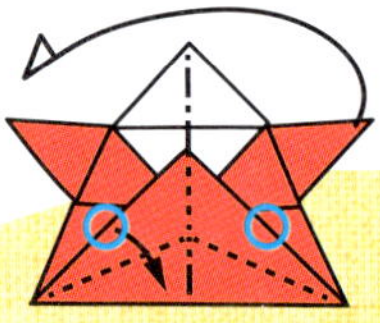

이렇게 잡고……

접어요!

완성

놀이 방법

빈 상자를 씨름판 삼아 승부를 펼쳐 보세요.
상자를 손가락으로 톡톡 두드리며 으라차차!

가족 알림장 씨름선수에게 이름을 붙인 후 신나게 응원하며 놀아 보세요.

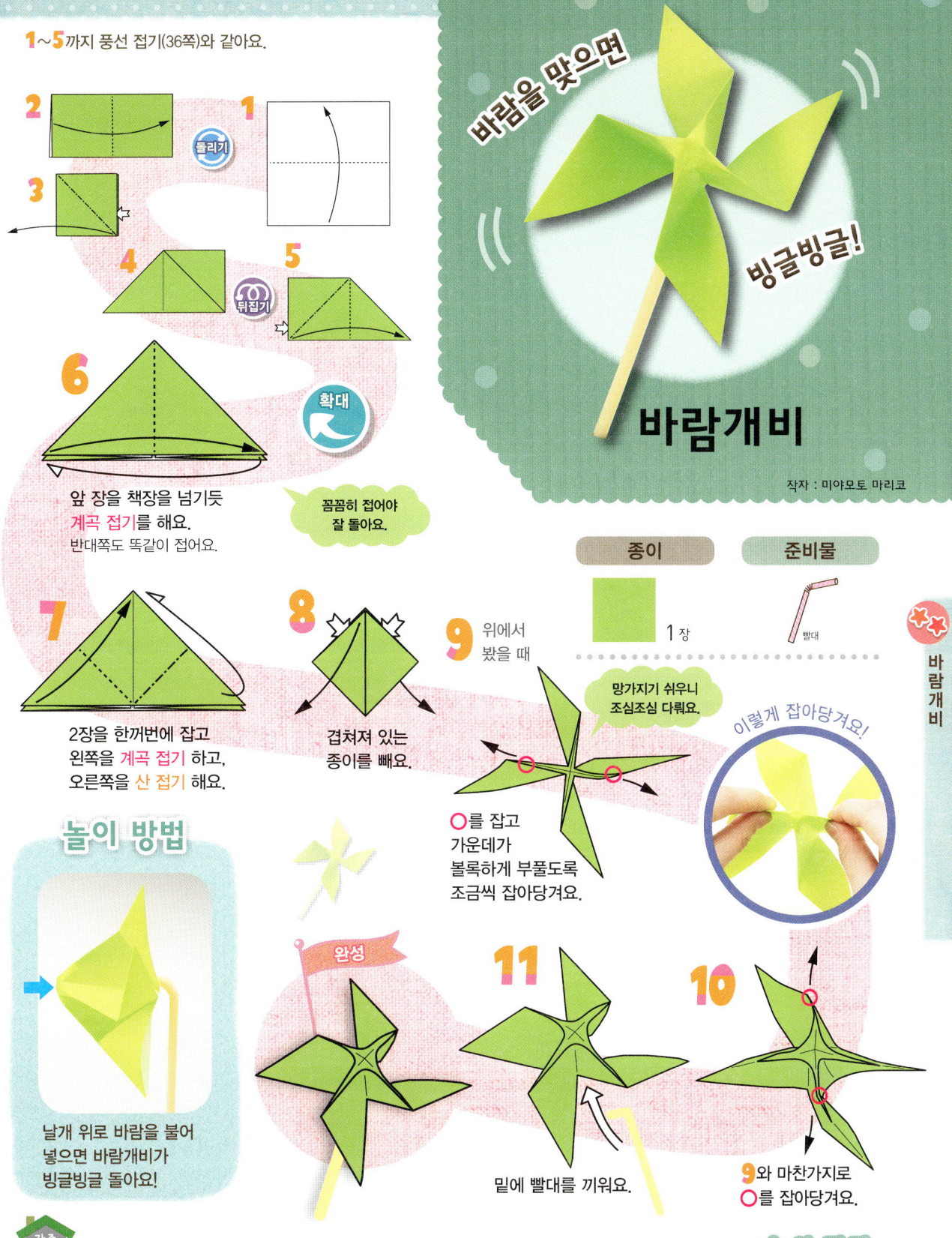

1~5까지 풍선 접기(36쪽)와 같아요.

2 펼리기

1

3

4 뒤집기

5

6
앞 장을 책장을 넘기듯
계곡 접기를 해요.
반대쪽도 똑같이 접어요.

확대

꼼꼼히 접어야
잘 돌아요.

바람을 맞으면

빙글빙글!

바람개비

작자 : 미야모토 마리코

7
2장을 한꺼번에 잡고
왼쪽을 계곡 접기 하고,
오른쪽을 산 접기 해요.

8
겹쳐져 있는
종이를 빼요.

9 위에서
봤을 때

종이
1 장

준비물
빨대

망가지기 쉬우니
조심조심 다뤄요.

이렇게 잡아당겨요!

바람개비

○를 잡고
가운데가
볼록하게 부풀도록
조금씩 잡아당겨요.

놀이 방법

날개 위로 바람을 불어
넣으면 바람개비가
빙글빙글 돌아요!

완성

11

밑에 빨대를 끼워요.

10

9와 마찬가지로
○를 잡아당겨요.

가족
알림장 빨대는 접힌 자국이 없는 것을 사용하세요.

놀이 접기 21

고양이 탑

고양이 위에 고양이 위에
또 고양이!

알록달록 색종이로 만들어요!
▶ 196쪽

작자 : 니와 다이코

▶ 196쪽

고양이 탑

종이

1 장
(1 마리 분량)

준비물

동그란 스티커　펜

다양한 색으로
접어 보시옹~!

1 보조선을
표시해요.

2 위에만
보조선을 표시해요.

3 계곡 접기를
해요.

4 앞 장에만
보조선을 표시해요.

확대

돌리기

5 ○까지 계곡 접기를 해요.

6 모서리에
맞춰요.

계곡 접기를 해요.

가족
알림장　여러 개 접은 후 아이와 규칙을 정해서 가지고 놀아요.

7

확대

앞 장만
계곡 접기를 해요.

접는 너비에 따라
얼굴 크기가
달라져요.

8

계곡 접기를 해요.

9

접은 모습

11

계곡 접기를
해요.

10

보조선까지
계곡 접기를 해요.

뒤집기

12

접은 모습

뒤집기

13

아래쪽을 펼치고, 위쪽 가운데를
살포시 눌러 귀를 만들어요.

완성

스티커나 펜으로 눈, 코, 입을 완성해 보세요.

놀이 방법

한 마리씩 차곡차곡 쌓아 보세요.
얼마나 높이 쌓을 수 있나요?

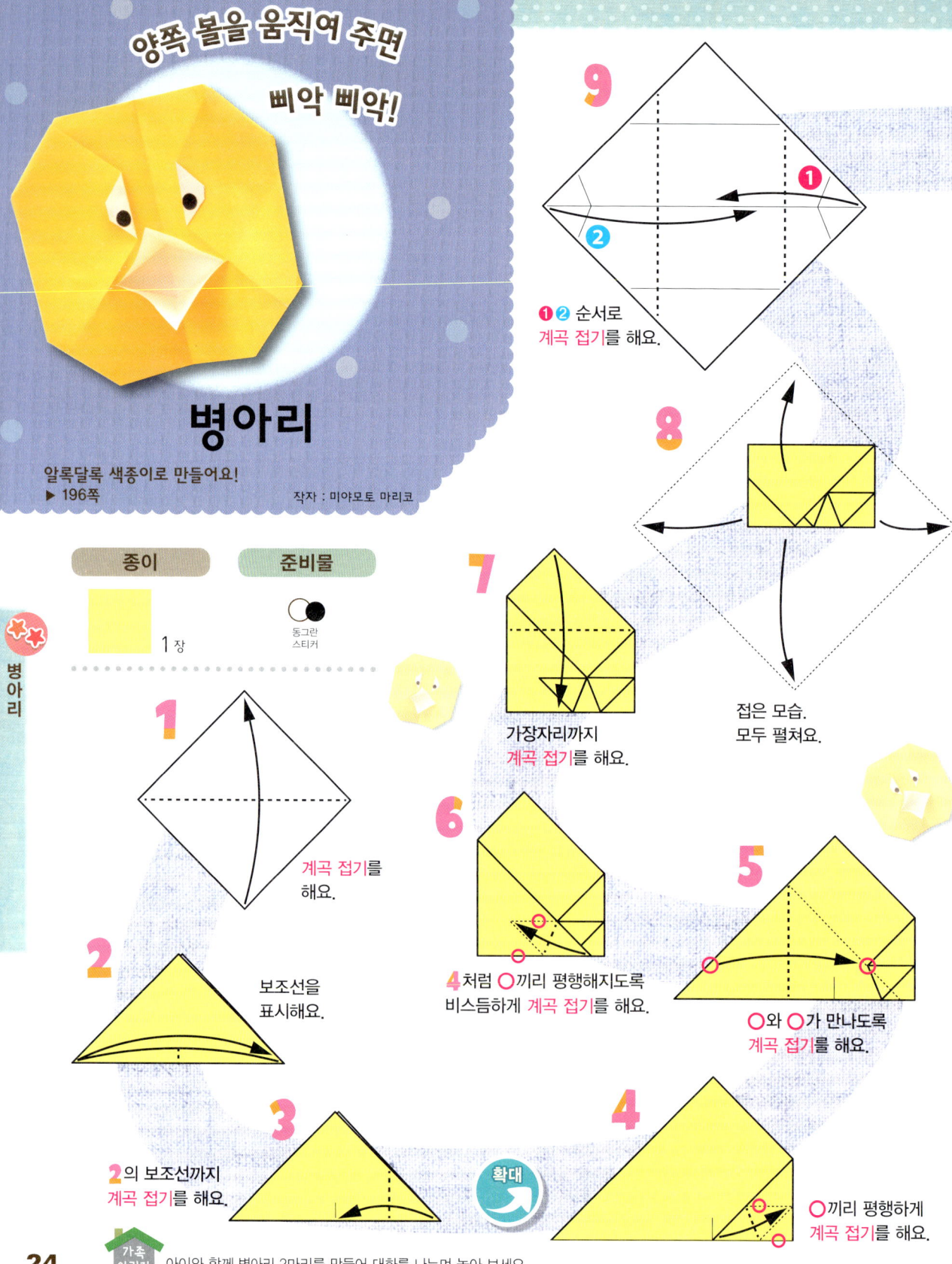

양쪽 볼을 움직여 주면
삐악 삐악!

병아리

알록달록 색종이로 만들어요!
▶ 196쪽

작자 : 미야모토 마리코

병아리

종이

준비물

1 장

동그란
스티커

9
❶❷ 순서로
계곡 접기를 해요.

8
접은 모습.
모두 펼쳐요.

7
가장자리까지
계곡 접기를 해요.

6
4처럼 ⭘끼리 평행해지도록
비스듬하게 계곡 접기를 해요.

5
⭘와 ⭘가 만나도록
계곡 접기를 해요.

1
계곡 접기를
해요.

2
보조선을
표시해요.

3
2의 보조선까지
계곡 접기를 해요.

4
⭘끼리 평행하게
계곡 접기를 해요.

확대

가족
알림장
아이와 함께 병아리 2마리를 만들어 대화를 나누며 놀아 보세요.

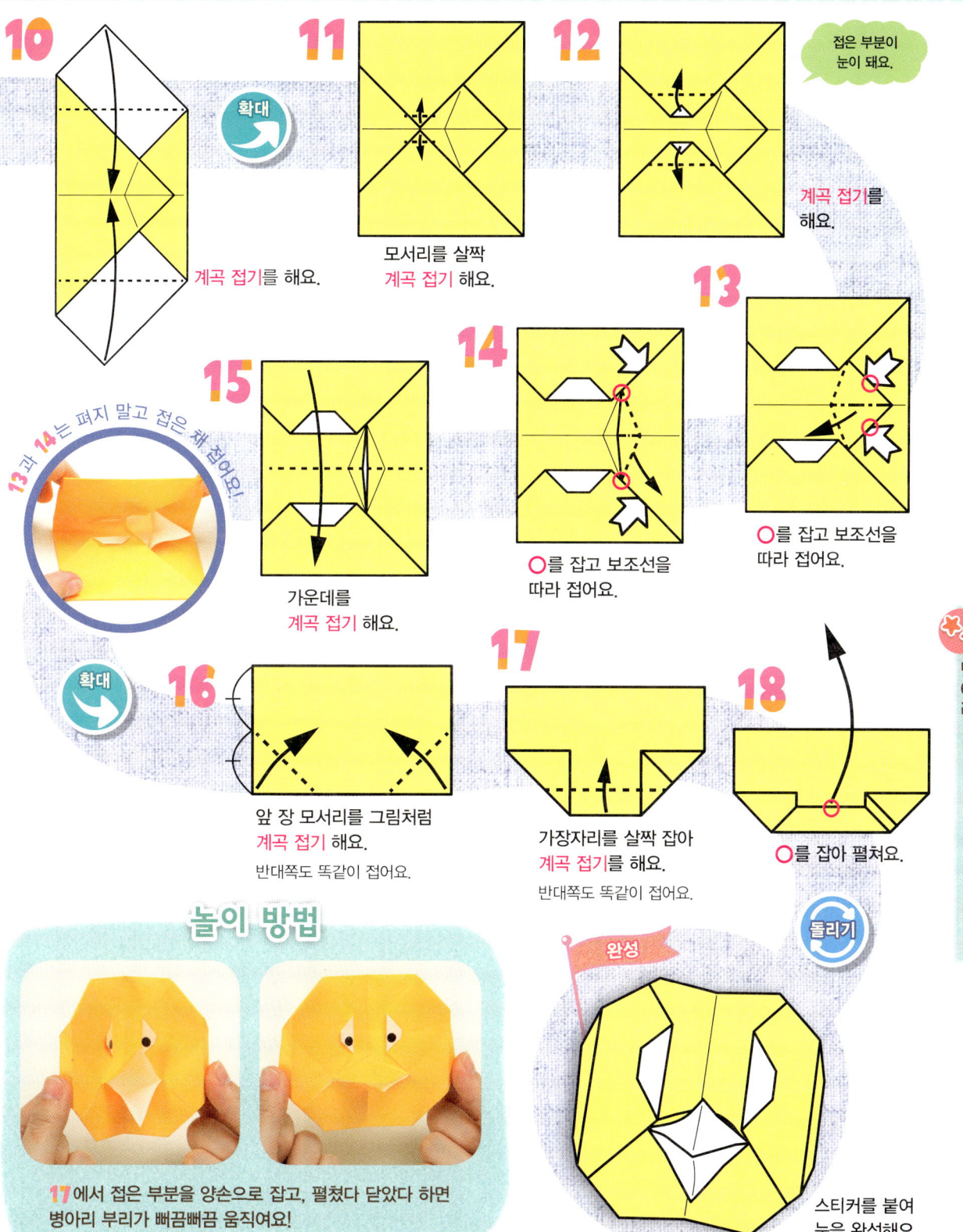

10 계곡 접기를 해요.

확대

11 모서리를 살짝 계곡 접기 해요.

12 접은 부분이 눈이 돼요. 계곡 접기를 해요.

13과 14는 펴지 말고 접은 채 접어요!

15 가운데를 계곡 접기 해요.

14 ○를 잡고 보조선을 따라 접어요.

13 ○를 잡고 보조선을 따라 접어요.

확대

16 앞 장 모서리를 그림처럼 계곡 접기 해요. 반대쪽도 똑같이 접어요.

17 가장자리를 살짝 잡아 계곡 접기를 해요. 반대쪽도 똑같이 접어요.

18 ○를 잡아 펼쳐요.

병아리

돌리기

완성

스티커를 붙여 눈을 완성해요.

놀이 방법

17에서 접은 부분을 양손으로 잡고, 펼쳤다 닫았다 하면 병아리 부리가 뻐끔뻐끔 움직여요!

폴짝폴짝 점프시키며 놀아요!

개구리

전승 작품

이 부분이 앞다리가 돼요.

7

6 대각선으로 계곡 접기를 해요.

계곡 접기를 해요.

5 ★을 ★에 모은다는 느낌으로 보조선을 따라 접어요.

여기서부터 접어요.

4 보조선을 표시해요.

뒤집기

3 보조선을 표시해요.

확대

종이	준비물
1장	동그란 스티커 펜

개구리

1 보조선을 표시해요.

2 계곡 접기를 해요.

가족 알림장 처음에는 어른이 만들어서 개구리를 점프시켜 보세요. 아이가 무척 기뻐할 거예요.

8 확대 ↗

가운데까지 계곡 접기를 해요.

9

앞 장에만 보조선을 표시해요.

10

이 꼭짓점에 맞춰요.

계곡 접기를 해요.

이렇게 빼내요!

12

앞 장 1장의 ○를 잡고 양옆으로 펼쳐서 **13**과 같은 모양이 되도록 접어요.

11

계곡 접기를 해요.

13

계곡 접기를 해요.

14

대각선으로 계곡 접기를 해요.

이 부분이 뒷다리가 돼요.

15

계곡 접기를 해요.

16

계곡 접기를 2번 반복해요.

17

접은 모습

뒤집기 ↻

완성

스티커와 펜으로 눈을 완성해요.

놀이 방법

엉덩이를 손가락으로 눌렀다 떼면 폴짝 뛰어올라요.
15에서 너비를 다르게 접어서 점프 시합을 해 보세요!

개구리

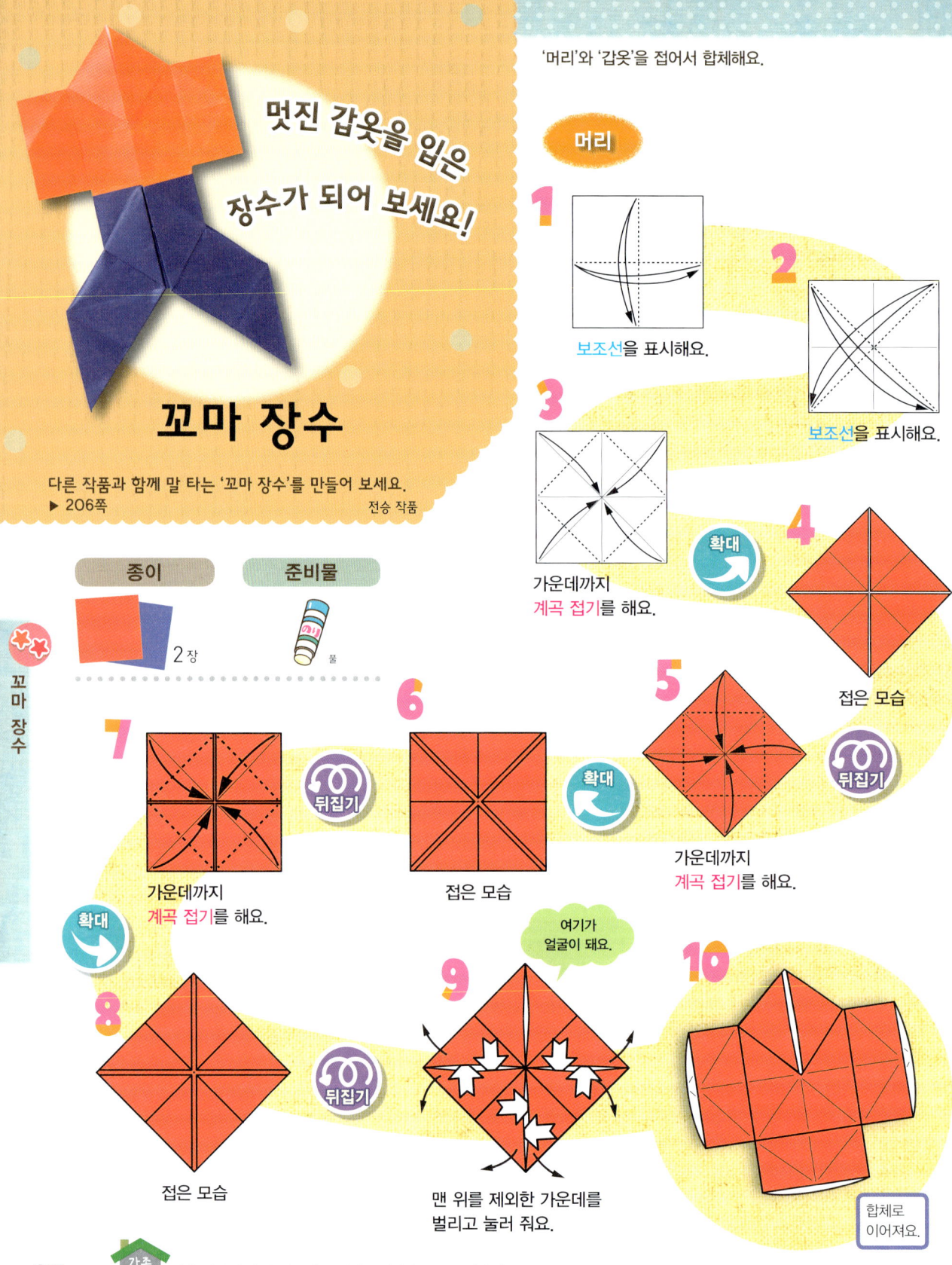

멋진 갑옷을 입은
장수가 되어 보세요!

꼬마 장수

다른 작품과 함께 말 타는 '꼬마 장수'를 만들어 보세요.
▶ 206쪽
전승 작품

종이   준비물

2장   풀

꼬마 장수

'머리'와 '갑옷'을 접어서 합체해요.

머리

1 보조선을 표시해요.

2 보조선을 표시해요.

3 가운데까지 계곡 접기를 해요.

확대

4 접은 모습

5 가운데까지 계곡 접기를 해요.

뒤집기

6 접은 모습

확대

7 가운데까지 계곡 접기를 해요.

확대

8 접은 모습

뒤집기

9 맨 위를 제외한 가운데를 벌리고 눌러 줘요.

여기가 얼굴이 돼요.

10 합체로 이어져요.

가족 알림장 같은 과정이 몇 번 반복돼요. 뒤집는 과정에 특히 주의하세요.

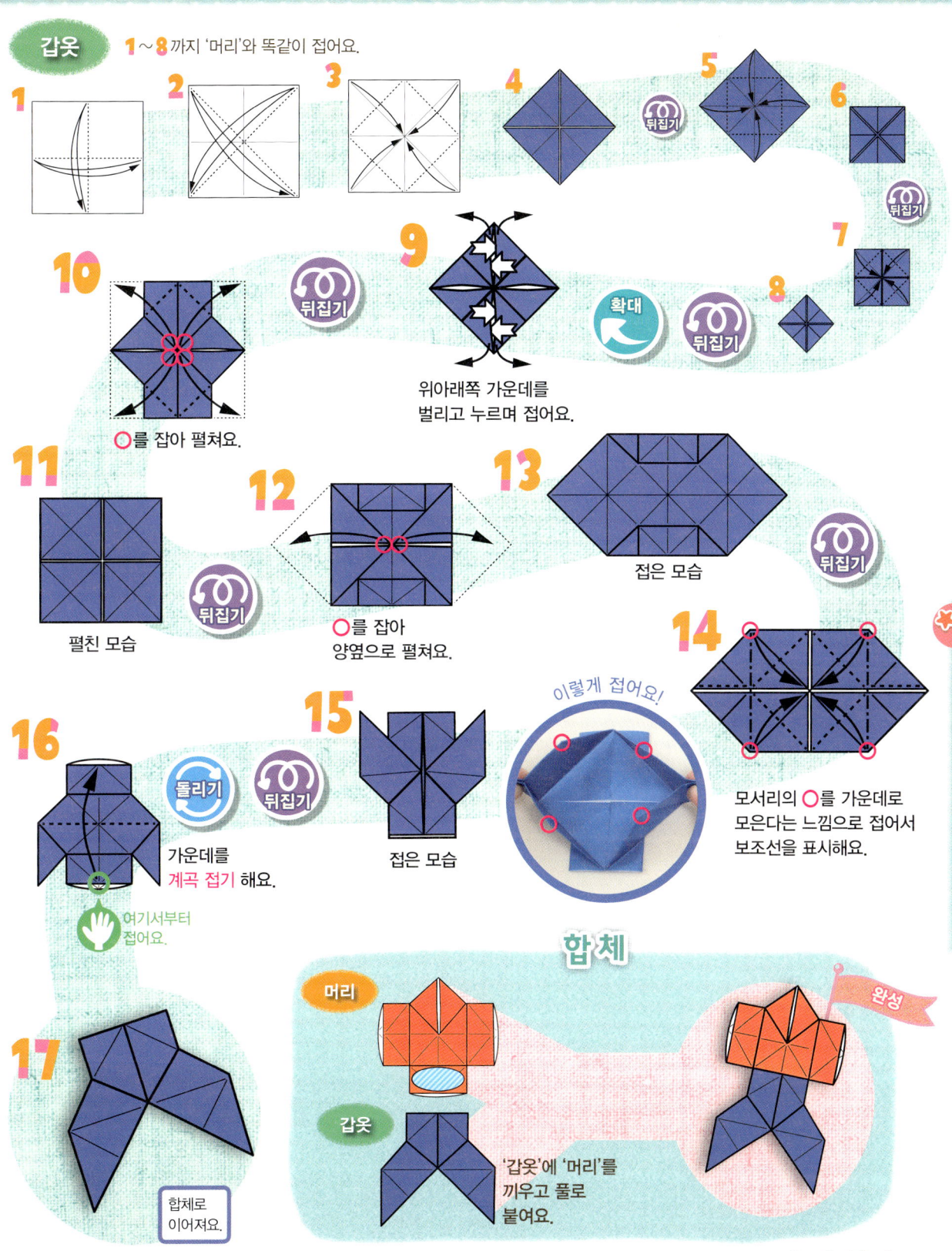

갑옷 **1~8**까지 '머리'와 똑같이 접어요.

1 **2** **3** **4** **5** 뒤집기 **6**

뒤집기 **7**

8 뒤집기 확대

9 위아래쪽 가운데를 벌리고 누르며 접어요.

10 ◯를 잡아 펼쳐요.

뒤집기

11 펼친 모습

뒤집기

12 ◯를 잡아 양옆으로 펼쳐요.

13 접은 모습

뒤집기

14 모서리의 ◯를 가운데로 모은다는 느낌으로 접어서 보조선을 표시해요.

꼬마 장수

15 접은 모습

이렇게 접어요!

16 가운데를 계곡 접기 해요.

돌리기 뒤집기

여기서부터 접어요.

17 합체로 이어져요.

합체

머리

갑옷

'갑옷'에 '머리'를 끼우고 풀로 붙여요.

완성

놀이 접기 **29**

인형(돼지·개구리)

재미있는
인형극 놀이를 해 볼까요?

종이 색깔과 크기를 바꿔서 '개구리', '아기 돼지 삼 형제',
'토끼와 거북이'를 접어 보세요.
▶ 193, 196, 204, 205쪽

작자 : 니와 다이코

6 모퉁이에서
산 접기를 해요.

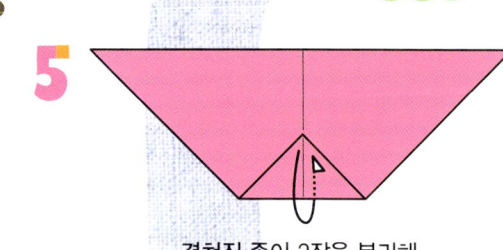

여기가
코가 돼요.

5 겹쳐진 종이 2장을 분리해,
안쪽 종이를 가운데로 넣어요.

4 2장을 한꺼번에
3의 표시까지
계곡 접기를 해요.

인형(돼지·개구리)

종이

5장

(2장이 1마리 분량)
※ 개구리 배를 하얗게 만들 때는 흰 색종이가 필요해요.

준비물

스카치테이프 동그란
스티커 펜 빨대

돼지와 개구리의 '얼굴'과 '몸통'을 각각 접어서
합치면 완성이에요.

돼지 얼굴

귀엽게 접어
주시옹~

3 앞 장만
가장자리까지 접어
보조선을 표시해요.

여기서부터
접어요.

1 보조선을 표시해요.

2 계곡 접기를 해요.

확대

돌리기

 가족
알림장 4분의 1 크기 종이로 접으면 손가락 인형으로 만들어 가지고 놀 수 있어요.

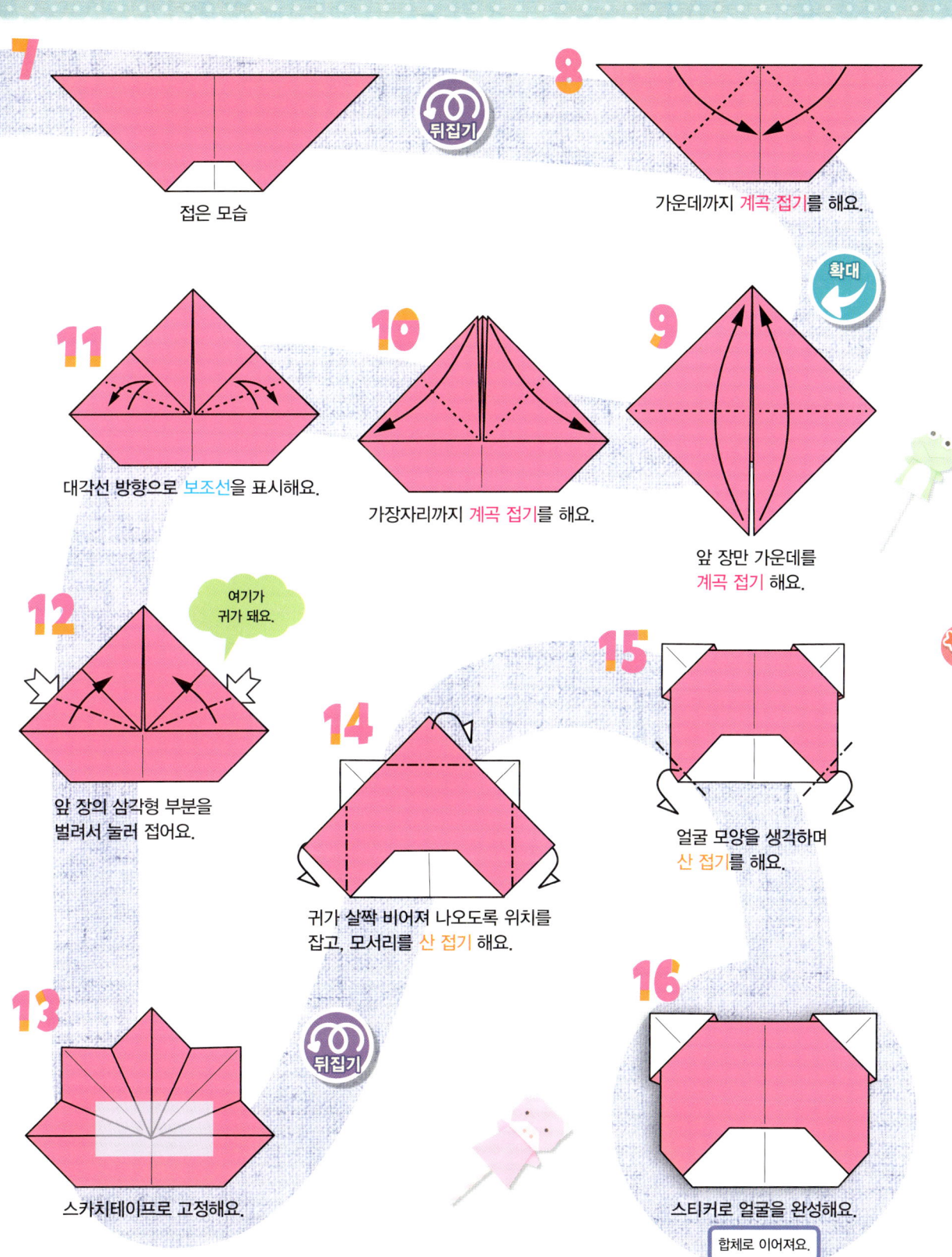

7 접은 모습

뒤집기

8 가운데까지 계곡 접기를 해요.

확대

9 앞 장만 가운데를 계곡 접기 해요.

10 가장자리까지 계곡 접기를 해요.

11 대각선 방향으로 보조선을 표시해요.

12 여기가 귀가 돼요.
앞 장의 삼각형 부분을 벌려서 눌러 접어요.

14 귀가 살짝 비어져 나오도록 위치를 잡고, 모서리를 산 접기 해요.

15 얼굴 모양을 생각하며 산 접기를 해요.

13 스카치테이프로 고정해요.

뒤집기

16 스티커로 얼굴을 완성해요.

합체로 이어져요.

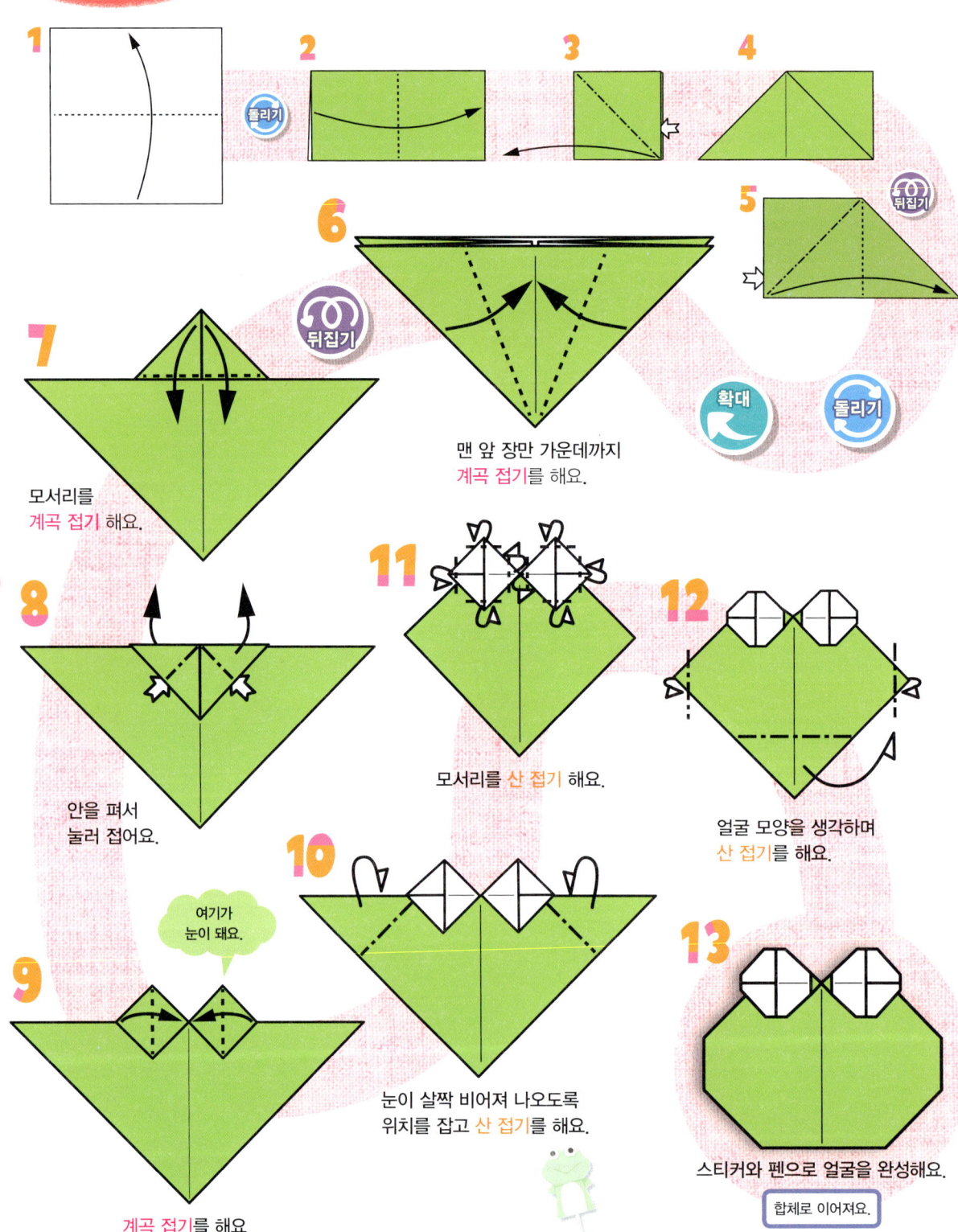

개구리 얼굴   1∼5까지 '풍선'(36쪽) 접는 방법과 같아요.

1

2 돌리기

3

4

5 뒤집기

6

맨 앞 장만 가운데까지
계곡 접기를 해요.

확대   돌리기

7 뒤집기

모서리를
계곡 접기 해요.

8

안을 펴서
눌러 접어요.

9

여기가
눈이 돼요.

계곡 접기를 해요.

10

눈이 살짝 비어져 나오도록
위치를 잡고 산 접기를 해요.

11

모서리를 산 접기 해요.

12

얼굴 모양을 생각하며
산 접기를 해요.

13

스티커와 펜으로 얼굴을 완성해요.

합체로 이어져요.

인형(돼지·개구리)

32

몸통

1 보조선을 표시해요.

2 가운데까지 계곡 접기 해요.

3 가운데까지 계곡 접기 해요.

확대

여기서부터 접어요.

4 보조선까지 계곡 접기를 해요.

5 안쪽 모서리를 빼내요.

6 가장자리에서 산 접기를 해요.

7 안쪽 종이를 빼내며, ★을 안으로 모은다는 느낌으로 계곡 접기를 해요.

여기가 손이 돼요.

8 안으로 꺾어 접기(7쪽)를 해요.

뒤집기

9

합체로 이어져요.

인형(돼지·개구리)

합체

얼굴

'얼굴'을 '몸통'에 스카치테이프로 붙여요.
몸통에 빨대를 끼워서 가지고 놀 수 있어요!

몸통

돼지

개구리

완성

개구리도 같은 방법으로 접어요. 개구리 몸통에 흰 색종이를 잘라 붙이면 뽀얀 배를 만들 수 있어요!

목이 흔들흔들
춤을 춰요!

사자탈

무늬가 들어간 색종이를 사용해 '설날' 분위기를 내 보세요.
▶ 207쪽

작자 : 미야모토 마리코

'머리'와 '몸통'을 따로 접은 후
붙여서 완성해요.

머리

돌리기 / 확대

1 그림처럼 잘라요.

2 계곡 접기를 해요.

돌리기

3 가운데에 보조선을 표시해요.

확대

4 그림처럼 계곡 접기를 해요.

여기가 입이 돼요.

5 앞 장 가장자리를 계곡 접기 해요.

6 앞 장을 밑으로 접어요.

7 아래쪽 가장자리에 맞춰 계곡 접기를 해요.

8 앞 장 가장자리를 계곡 접기 해요.

9 가장자리까지 계곡 접기를 하고, 안쪽의 종이를 꺼내요.

10 모서리를 가장자리까지 계곡 접기 해요.

11 얼굴 모양을 생각하며 모서리에서 산 접기를 해요.

여기가 뿔이 돼요.

확대

12 뿔 모양을 생각하며 산 접기를 해요.

13 스티커와 펜으로 얼굴을 완성해요.

합체로 이어져요.

종이

2장

준비물

가위 / 동그란 스티커 / 펜 / 풀

사자탈

가족 알림장 설날 장식으로 접어서 흥겨운 명절 분위기를 내 보세요.

몸통

1 보조선을 표시해요.

2 가운데까지 계곡 접기를 해요.

확대

3 가운데까지 계곡 접기를 해요.

4 접은 모습

뒤집기

5 계곡 접기를 해요.

돌리기

6 반대편 모서리에서 계곡 접기를 해요.

여기를 접어요.

확대

7 가장자리에서 살짝 떨어져 계곡 접기를 해요.

8 가장자리에서 계곡 접기를 해요.

9 가장자리에서 계곡 접기를 해요.

10 가장자리에서 계곡 접기를 해요.

11 접은 모습

12 양옆으로 펼쳐요.

뒤집기

13 안을 펼치고 세운다는 느낌으로 접어요.

이렇게 접어요.

뒤집기

돌리기

14 합체로 이어져요.

사자탈

합체

머리

몸통

완성

'몸통' 위에 '머리'를 풀로 붙여요.

놀이 방법

'머리'를 손가락으로 살짝 눌렀다가 떼 보세요!

후우~ 불면 팽팽해져요!

풍선

전승 작품

종이

1 장

풍선

13 에서 잘 불어야 해요옹~

5 ○를 잡고 펴서 누르며 접어요.

뒤집기

4 접은 모습

3 ○를 잡고 펴서 누르며 접어요.

1 계곡 접기를 해요.

돌리기 확대

2 계곡 접기를 해요.

가족 알림장 바닥에 떨어지지 않도록 손 위로 튀기며 가지고 놀아요.

6 가운데까지 **계곡 접기**를 해요.

7 여기서부터 접어요.
보조선을 표시해요.

9 앞 장을 **계곡 접기** 해요.

8 가운데까지 **계곡 접기**를 해요.

10 **계곡 접기**를 하고, 안으로 밀어 넣어요.

11 접은 모습
반대쪽도 **6~10**과 똑같이 접어요.

12 반대쪽까지 접은 모습

13 아래쪽 구멍에 바람을 불어넣어 풍선을 부풀려요.

완성

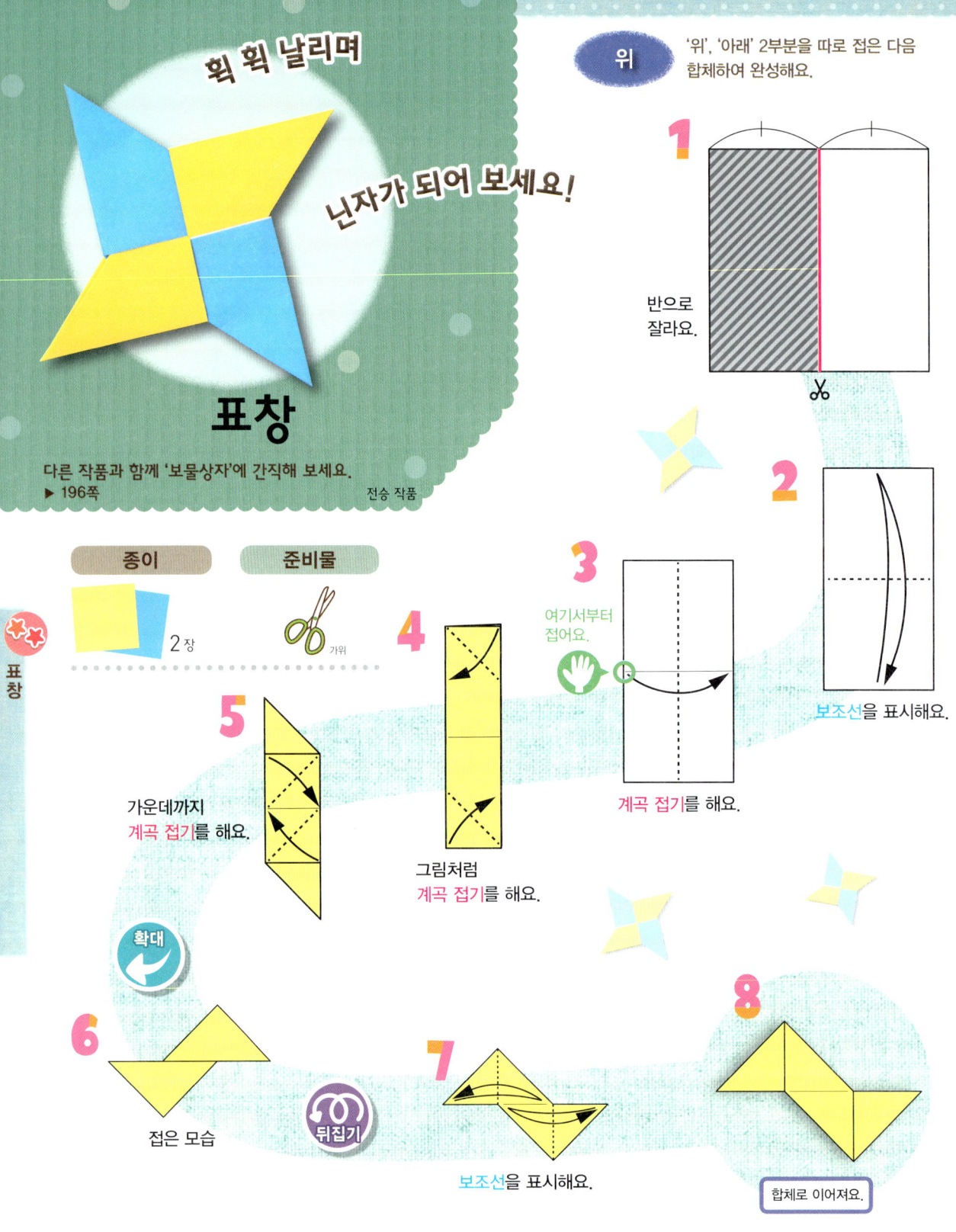

획 획 날리며

닌자가 되어 보세요!

표창

다른 작품과 함께 '보물상자'에 간직해 보세요.
▶ 196쪽

전승 작품

위 '위', '아래' 2부분을 따로 접은 다음 합체하여 완성해요.

1 반으로 잘라요.

2 보조선을 표시해요.

3 여기서부터 접어요.
계곡 접기를 해요.

종이
2장

준비물
가위

표창

4 그림처럼 계곡 접기를 해요.

5 가운데까지 계곡 접기를 해요.

확대

6 접은 모습

뒤집기

7 보조선을 표시해요.

8 합체로 이어져요.

가족 알림장 양면 색종이 1장을 앞뒤로 사용해서 접어도 예뻐요.

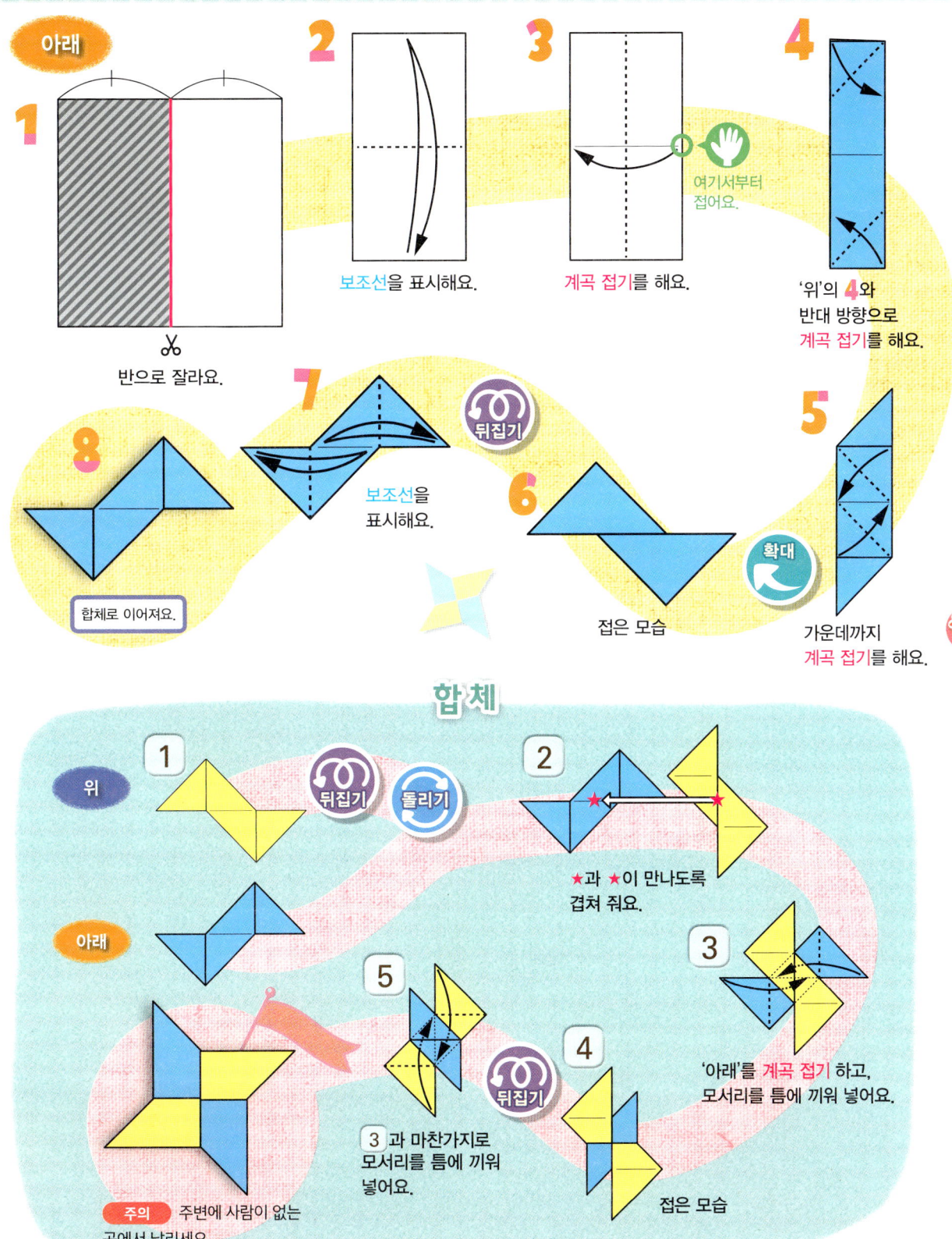

아래

1
반으로 잘라요.

2
보조선을 표시해요.

3
계곡 접기를 해요.
여기서부터 접어요.

4
'위'의 **4**와 반대 방향으로 계곡 접기를 해요.

5
가운데까지 계곡 접기를 해요.
확대

6
접은 모습

7
보조선을 표시해요.
뒤집기

8
합체로 이어져요.

표창

합체

1
위
뒤집기 돌리기

2
★과 ★이 만나도록 겹쳐 줘요.

아래

3
'아래'를 계곡 접기 하고, 모서리를 틈에 끼워 넣어요.

4
접은 모습

5
뒤집기
3 과 마찬가지로 모서리를 틈에 끼워 넣어요.

주의 주변에 사람이 없는 곳에서 날리세요.

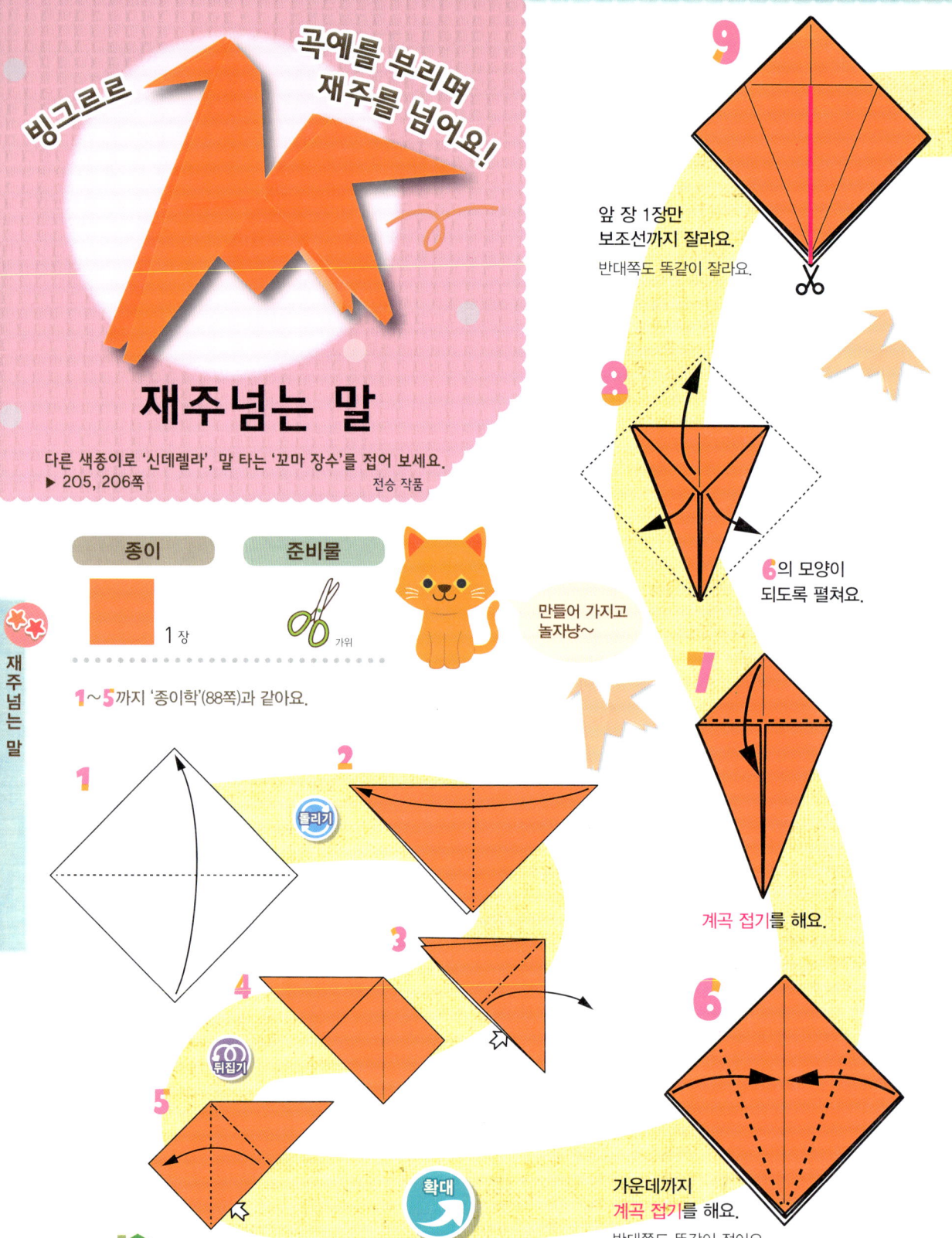

빙그르르

곡예를 부리며 재주를 넘어요!

재주넘는 말

다른 색종이로 '신데렐라', 말 타는 '꼬마 장수'를 접어 보세요.
▶ 205, 206쪽   전승 작품

재주넘는 말

종이

1 장

준비물

가위

만들어 가지고 놀자냥~

1∼5까지 '종이학'(88쪽)과 같아요.

1

2 돌리기

3

4 뒤집기

5

확대

6

가운데까지 계곡 접기를 해요.
반대쪽도 똑같이 접어요.

7

계곡 접기를 해요.

8

6의 모양이 되도록 펼쳐요.

9

앞 장 1장만 보조선까지 잘라요.
반대쪽도 똑같이 잘라요.

가족 알림장 가지고 노는 방법을 익힐 때까지 몇 번 연습해 보세요.

10

그림처럼
계곡 접기를 해요.
반대쪽도 똑같이 접어요.

11

계곡 접기를 해요.
반대쪽도 똑같이 접어요.

12

접은 모습

14

다리 끝에 있는 발굽을
안으로 꺾어 접기(7쪽) 해요.
반대쪽도 똑같이 접어요.

머리와
꼬리가 돼요.

13

돌리기

안으로 꺾어 접기(7쪽)를 해요.

완성

재주넘는 말

놀이 방법

말 꼬리를 손가락으로 힘껏 튕겨 올리면
빙그르르 한 바퀴 공중제비를 돌아요!

깜찍한 옷을
입히며 놀아요★

종이인형

여러 가지 색깔로 접어서 '옷가게', '신데렐라'를 만들어 보세요.
▶ 203, 205쪽

작자 : 니와 다이코

종이인형

종이

5장

준비물

가위   풀   펜

'몸'과 '머리'를 따로 만들어 '종이인형'을 완성해요.

몸   색종이 색깔이 곧 신발 색이 돼요.

1
보조선을
표시해요.

2
보조선을
표시해요.

3
가운데까지
계곡 접기를 해요.

확대

4
가장자리까지
계곡 접기를 해요.

5
접은 모습

6
가운데까지
계곡 접기를 해요.

뒤집기

7
모두 펼쳐요.

뒤집기

8
위아래 모두 **3~7**과
같은 방법으로 접어요.

9
모서리를 계곡 접기 해요.

10
뒤집기
모서리를 계곡 접기 해요.

가족 알림장 '몸'을 접을 때는 까다로운 과정이 많으므로 가족이 대신 접어 줘도 좋아요.

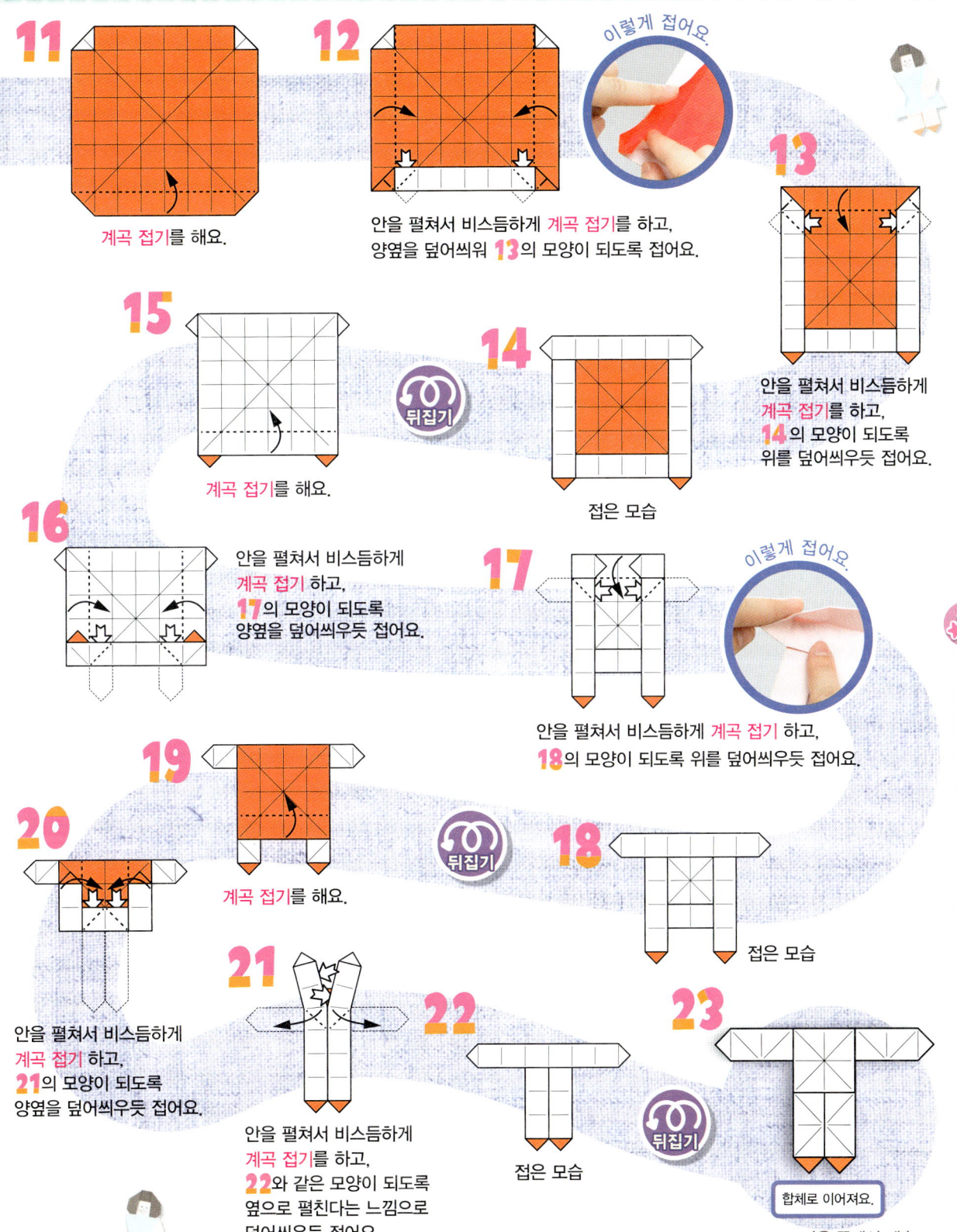

11
계곡 접기를 해요.

12
안을 펼쳐서 비스듬하게 계곡 접기를 하고,
양옆을 덮어씌워 **13**의 모양이 되도록 접어요.

이렇게 접어요.

13
안을 펼쳐서 비스듬하게
계곡 접기를 하고,
14의 모양이 되도록
위를 덮어씌우듯 접어요.

14
접은 모습

뒤집기

15
계곡 접기를 해요.

16
안을 펼쳐서 비스듬하게
계곡 접기 하고,
17의 모양이 되도록
양옆을 덮어씌우듯 접어요.

17
안을 펼쳐서 비스듬하게 계곡 접기 하고,
18의 모양이 되도록 위를 덮어씌우듯 접어요.

이렇게 접어요.

18
접은 모습

뒤집기

19
계곡 접기를 해요.

20
안을 펼쳐서 비스듬하게
계곡 접기 하고,
21의 모양이 되도록
양옆을 덮어씌우듯 접어요.

21
안을 펼쳐서 비스듬하게
계곡 접기를 하고,
22와 같은 모양이 되도록
옆으로 펼친다는 느낌으로
덮어씌우듯 접어요.

22
접은 모습

23
뒤집기

합체로 이어져요.

다음 쪽에서 계속

종이인형

놀이 접기 **43**

'종이인형'에서 계속

머리

1 그림처럼 잘라요.

돌리기 확대

2 보조선을 표시해요.

3 가운데까지 계곡 접기를 해요.

4 가운데까지 계곡 접기를 해요.

5 간격을 벌려요.
가운데를 살짝 띄우고 비스듬하게 계곡 접기를 해요.

6 접는 너비에 따라 종이 모양이 달라져요.
모서리를 산 접기 해요.

7 접는 너비에 따라 종이 모양이 달라져요.
산 접기를 해요.

8 합체로 이어져요.

종이인형

합체

머리
'머리' 밑부분을 풀칠하여 '몸'에 붙여요.

몸

완성

펜으로 눈, 코, 입을 그려 넣어 보세요.

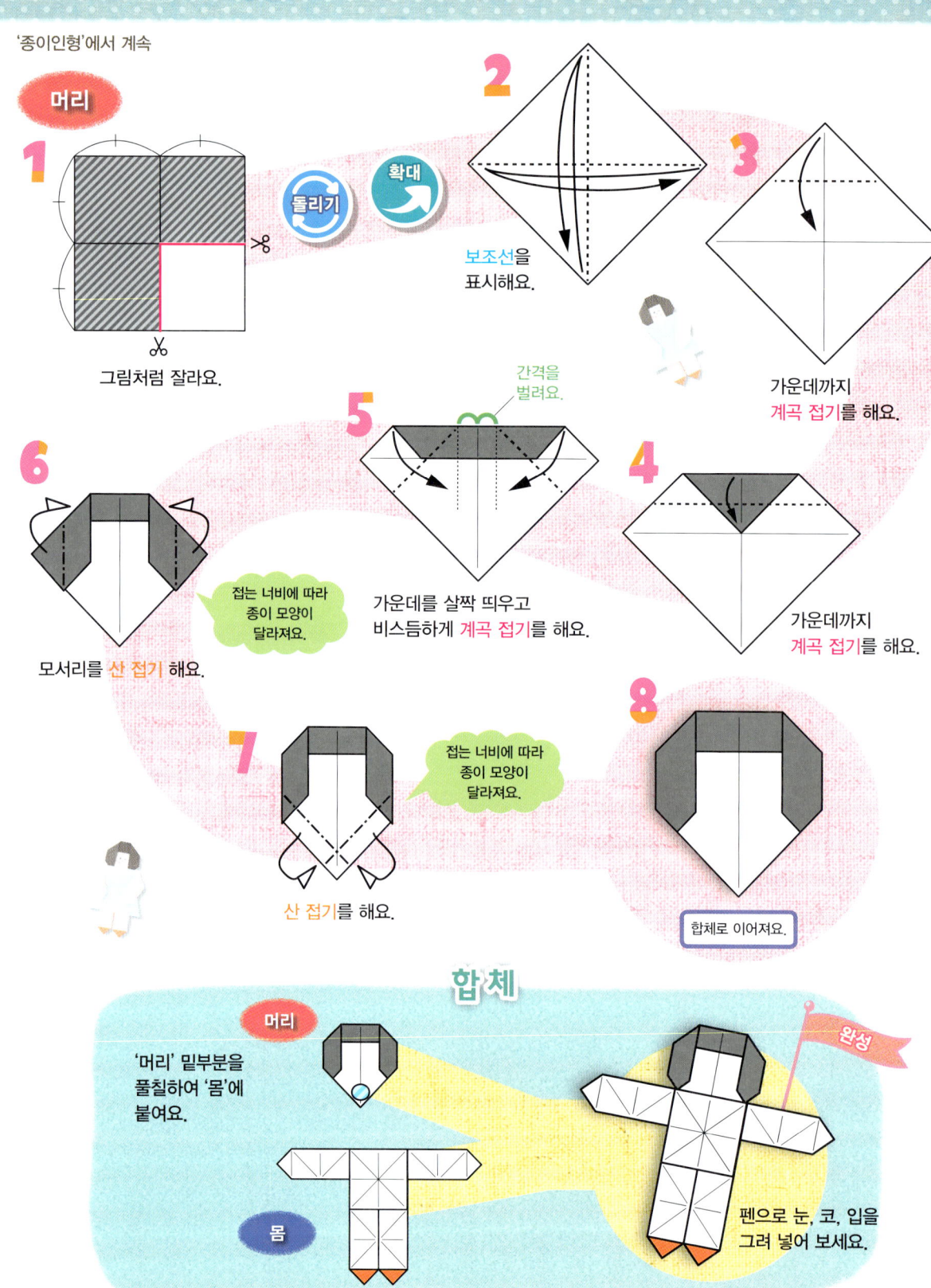

44

갈아입힐 옷은 '투피스'와 '원피스' 2가지를 만들어요.

투피스

1

종이 2장을 각각 그림처럼 잘라요.

돌리기 / 확대

2

종이 2장을 겹쳐 놓아요.
치마를 접고 싶은 색종이를
밑에 놓아요.

3

종이 2장을 한꺼번에
접어서 보조선을 표시해요.

4

간격을 벌려요.

종이 2장을 함께 잡은 다음
가운데에서 조금 떨어진 곳에서
보조선을 표시해요.

아래쪽이
치마를 만들
종이예요.

5

여기서부터
접어요.

종이 2장을 한꺼번에
접어서 가운데까지
보조선을 표시해요.

뒤집기

6

겹쳐진 종이를 떼고
○끼리 맞춘다는 느낌으로
아래쪽 종이를 겹친 후
풀로 붙여요.

7

겹친 모습

뒤집기

8

보조선까지
절개선을 넣어요.

뒤집기

9

절개선을 따라
종이를 나누고
계곡 접기를 해요.

10

아래쪽에서 살짝 비어져 나온 부분을
산 접기 하고 안쪽으로 접어 넣어요.

뒤집기

11

산 접기를 해요.

완성

다음 쪽에서 계속

종이인형

'종이인형'에서 계속

원피스

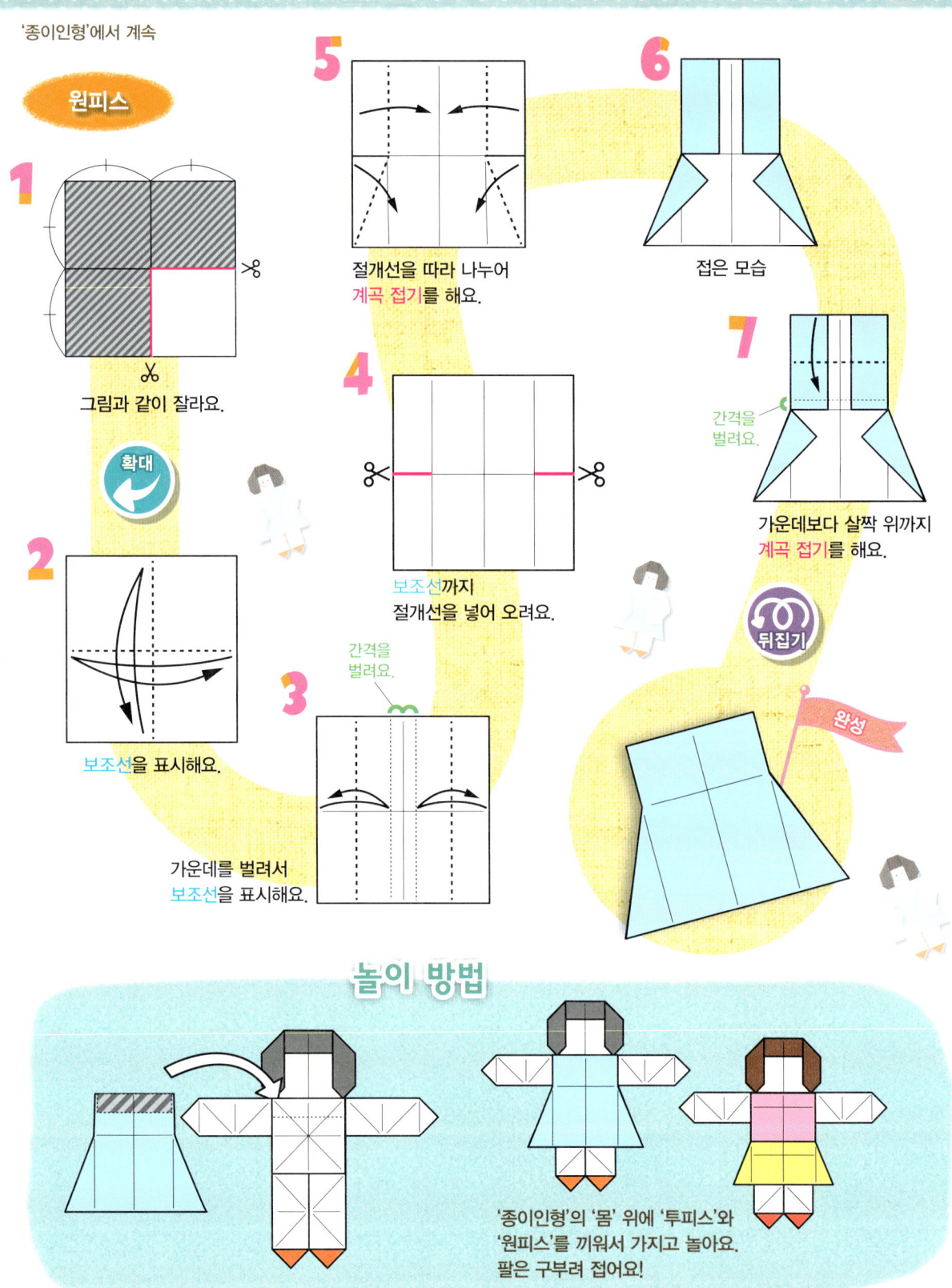

1 그림과 같이 잘라요.

확대

2 보조선을 표시해요.

3 간격을 벌려요.

가운데를 벌려서 보조선을 표시해요.

4 보조선까지 절개선을 넣어 오려요.

5 절개선을 따라 나누어 계곡 접기를 해요.

6 접은 모습

7 간격을 벌려요.

가운데보다 살짝 위까지 계곡 접기를 해요.

뒤집기

완성

놀이 방법

'종이인형'의 '몸' 위에 '투피스'와 '원피스'를 끼워서 가지고 놀아요. 팔은 구부려 접어요!

46

2

계곡 접기를 해요.

1

보조선을 표시해요.

3

돌리기

확대

가운데까지
계곡 접기를 해요.

멋진 투구를 쓴

용감한 장수가
되어 보세요!

투구

꼬마 장수 머리에 씌워서 말 탄 '꼬마 장수'를 만들어 보세요.
▶ 206쪽   전승 작품

4

앞 장을
계곡 접기 해요.

종이

1 장

투구

5

비스듬하게
계곡 접기를 해요.

6

앞 장을
계곡 접기 해요.

7

계곡 접기를 해요.

놀이 방법

큼직한 종이로 만들면
머리에 쓰고 놀 수 있어요!

완성

8

산 접기를 해요.

계곡 접기를 해서 안으로
꽂아 넣어도 좋아요.

팔과 손을 반짝반짝 예쁘게 꾸며 보세요!

팔찌·반지

장신구를 접어 '보석상자'를 장식하거나 '보물상자'에 채워 넣어 보세요.
▶ 194, 196쪽

작자 : 니와 다이코

종이	준비물
1장	풀 / 스카치테이프 / 고무줄 / 가위

팔찌

1 보조선을 표시해요.

2 모서리에서 살짝 떨어진 밑부분까지 계곡 접기를 해요.

뒤집기

3 안쪽에 풀을 발라 붙여요. **확대**

접은 너비에 따라 팔찌 두께가 달라져요.

4 계곡 접기를 하고, 돌돌 말듯 접은 다음 마지막에 풀로 붙여요.

5 접은 모습

뒤집기 **확대**

6 고무줄을 끝에 끼워 계곡 접기를 하고, 스카치테이프를 붙여요.

7 원을 만들고, 반대쪽도 똑같이 원을 만들어 풀리지 않게 고정해요.

돌리기

완성

응용 Tip

반지

1 그림처럼 잘라요.

2 ~ 5 까지 색이 들어간 면이 위로 보이도록 하고, 1 ~ 4 와 같은 방법으로 접어요.

6 손가락에 감아 둘레를 잰 다음, 양 끝을 겹쳐 주고 스카치테이프를 붙여요. 너무 길면 나머지 부분은 잘라내요.

완성

 양면 색종이로 만들면 더욱 예뻐요.

1

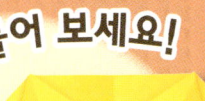

보조선을 표시해요.

2

보조선을 표시해요.

3

가운데까지
계곡 접기를 해요.

반짝반짝 눈부신
메달을 만들어 보세요!

메달

반짝이 종이로 만들어 '보물상자'에 넣어 보세요.
▶ 196쪽   전승 작품

4

가운데까지
계곡 접기를 해요.

확대

5

안쪽 모서리를 펼쳐요.

6

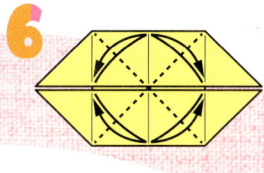

비스듬하게
보조선을
표시해요.

종이

1 장

메달

7

◯를 잡고 펴서
눌러 접어요.

10

◯를 잡고 펴서
눌러 접어요.

9

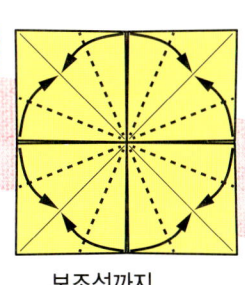

보조선까지
계곡 접기를 해요.

확대

확대

8

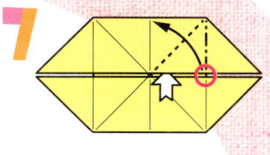

다른 3곳도
7과 같은
방법으로
접어요.

11

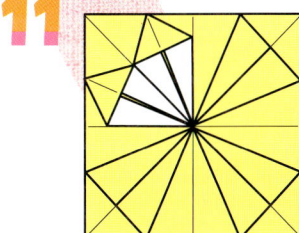

다른 모서리도 펴서
눌러 접어요.

12

모서리를
산 접기 해요.

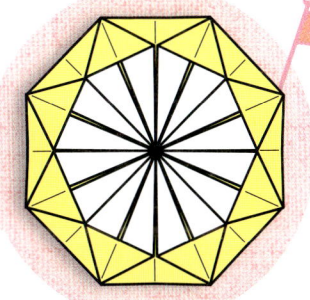

완성

가족
알림장   뒷면에 끈을 달아서 근사한 메달을 만들어 목에 걸어 보세요.

행운의
네 잎 클로버가
세련된 패션 아이템으로♥

클로버 펜던트

다른 작품과 함께 '보석상자'를 꾸며 보세요.
▶ 194쪽

작자 : 니와 다이코

클로버 펜던트

종이	준비물
 1장	 가위 끈 스카치테이프

1

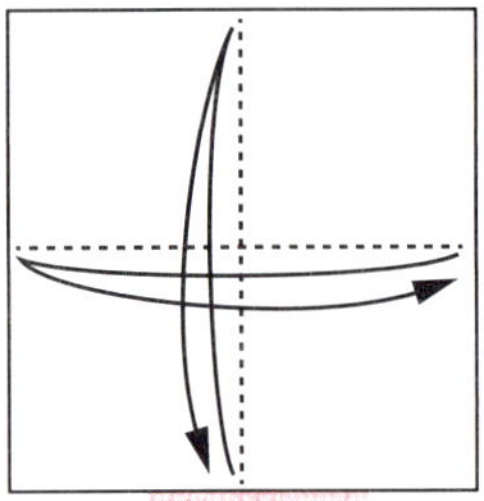

보조선을
표시해요.

2

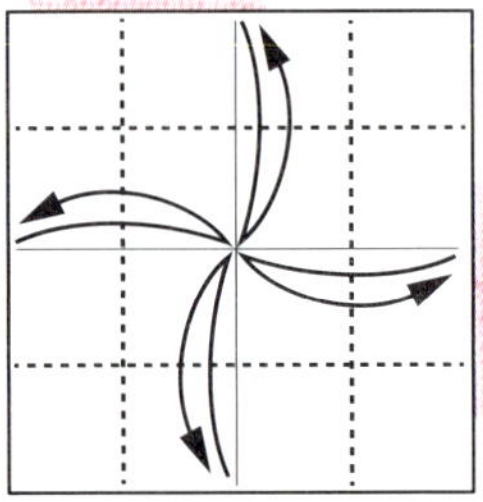

가운데까지 접어서
보조선을 표시해요.

3

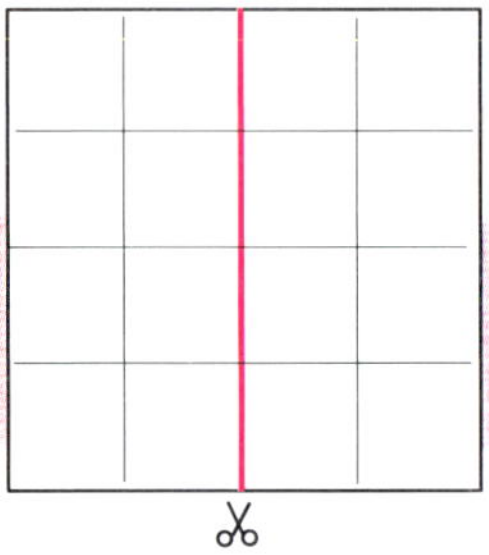

✂

그림과 같이 자르면
종이 2장이 돼요.

확대

4

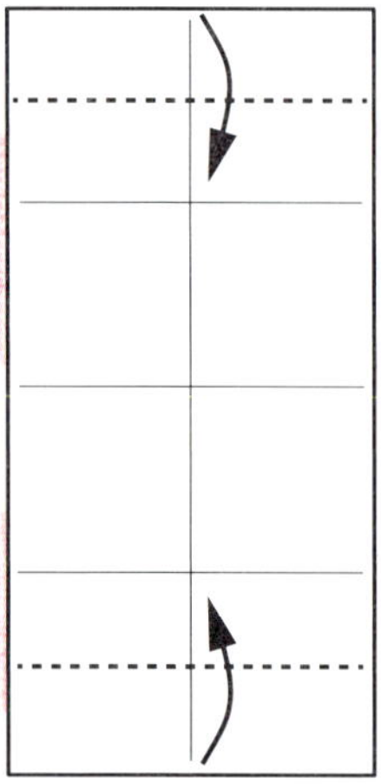

종이 1장을
보조선까지
계곡 접기 해요.

5

접은 모습

뒤집기

6

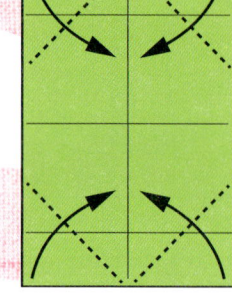

모서리에서 비스듬하게
계곡 접기를 해요.

7

접은 모습

뒤집기

8

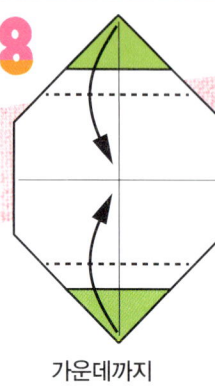

가운데까지
계곡 접기를 해요.

가족
알림장 마음에 드는 색종이와 끈을 골라 개성 만점 나만의 목걸이를 만들어 보세요.

9

확대

뒤집기

접은 모습

10

가운데를 펴고
눌러 줘요.

이렇게 접어요!

12

모서리를 계곡 접기 해요.

11

모서리를 비스듬하게 계곡 접기 해요.

13

가운데까지
계곡 접기를 해요.

14

뒤집기

접은 모습

15

2개 접어요.

합체로 이어져요.

클로버 펜던트

응용 Tip

1

클로버 잎 1장을 다른
잎 위에 겹쳐 놓아요.

2

아래쪽 모서리를
위로 빼요.

3

뒤쪽의 끈을
스카치테이프로 붙여요.

완성

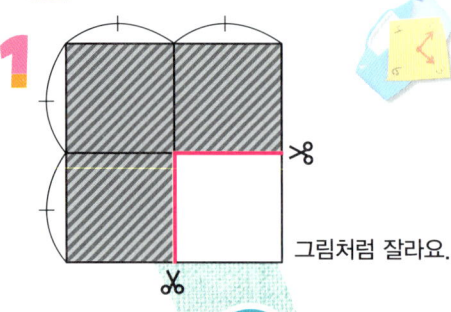

'시계알'과 '시곗줄'을 따로 접은 다음 합체해서 완성해요.

손목시계

다른 작품과 함께 접어 '어버이날'에 선물해 보세요.
▶ 206쪽

작자 : 니와 다이코

나만의 손목시계를
만들어 보세요!

시계알

1 그림처럼 잘라요.

확대

2
좋아하는
색깔로
만드시옹~♪

보조선을
표시해요.

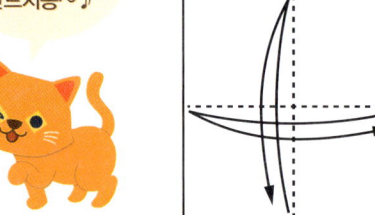

종이
2장 

준비물
가위 고무줄 스카치테이프 펜

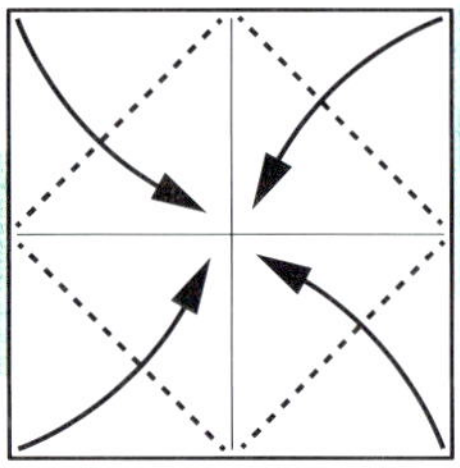

3 가운데까지
계곡 접기를 해요.

확대

4 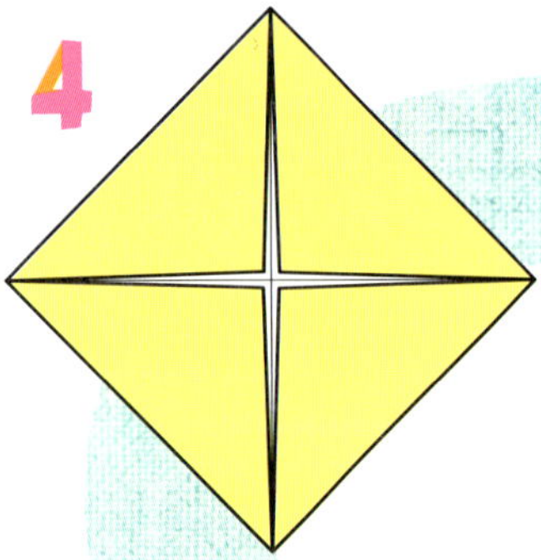
접은 모습

5 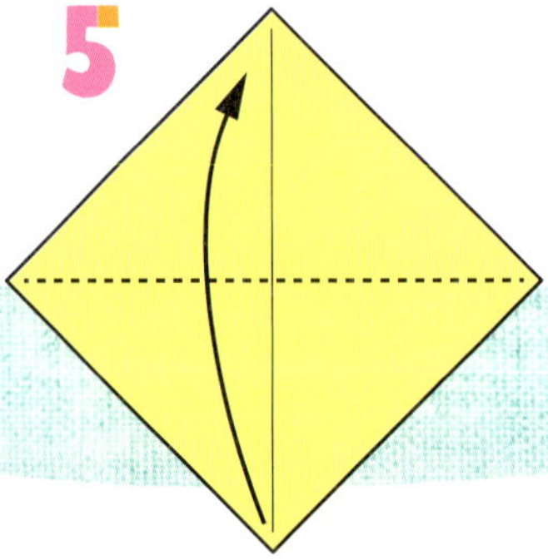
가운데까지
계곡 접기를 해요.

뒤집기

6 합체로 이어져요.

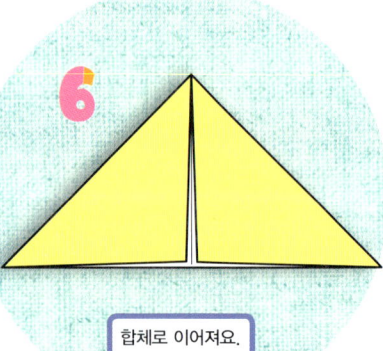

손목시계

가족
알림장 알록달록 색종이로 접어서 시계놀이를 해 보세요.

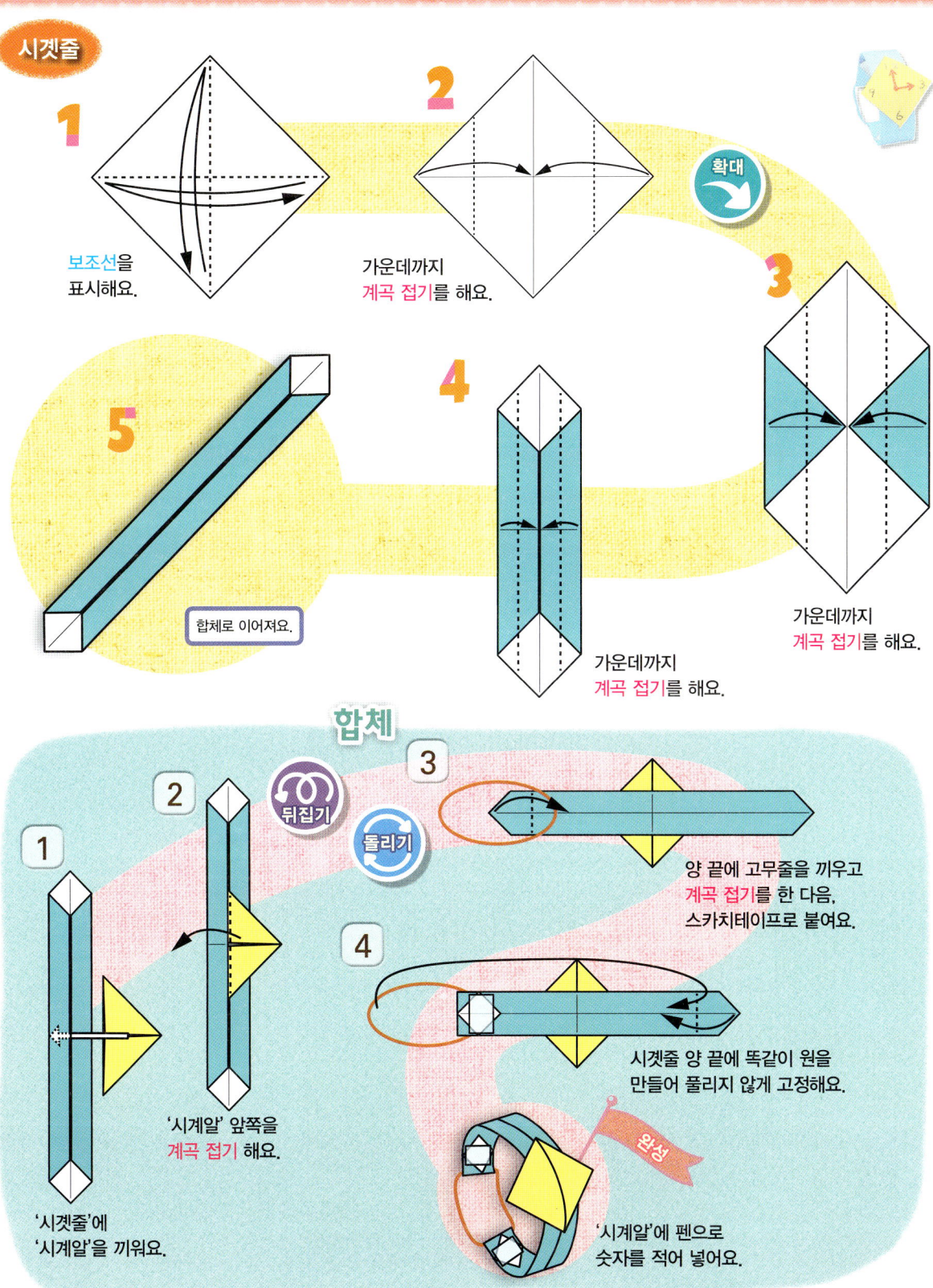

시곗줄

1 보조선을 표시해요.

2 가운데까지 계곡 접기를 해요.

확대

3 가운데까지 계곡 접기를 해요.

4 가운데까지 계곡 접기를 해요.

5 합체로 이어져요.

합체

뒤집기
돌리기

1 '시곗줄'에 '시계알'을 끼워요.

2 '시계알' 앞쪽을 계곡 접기 해요.

3 양 끝에 고무줄을 끼우고 계곡 접기를 한 다음, 스카치테이프로 붙여요.

4 시곗줄 양 끝에 똑같이 원을 만들어 풀리지 않게 고정해요.

완성

'시계알'에 펜으로 숫자를 적어 넣어요.

**멋진 왕관을 쓰고
임금님이 되어 보세요!**

왕관

다른 작품과 함께 접어 '보물상자'를 꾸며 보세요.
▶ 196쪽
작자 : 하라다 시게루

종이

1 장

커다란
직사각형 종이로
접어요.

※ 사진은 A4 크기 종이를 사용했어요.

1

가운데를
계곡 접기 해요.

돌리기

확대

2

보조선을 표시해요.

3

앞 장을 가운데까지
계곡 접기 해요.

4

앞 장을 가운데까지
계곡 접기 해요.

5

삼각형의
가장자리에 맞추어
계곡 접기를 해요.

여기까지
접어요.

6

접은 모습.
삼각형으로 접은 부분을
앞으로 꺼내요.

가족
알림장 신문지처럼 커다란 종이로 접으면 머리에 쓰고 놀 수 있어요. 스티커와 색종이로 장식을 만들어 왕관에 붙여 보세요.

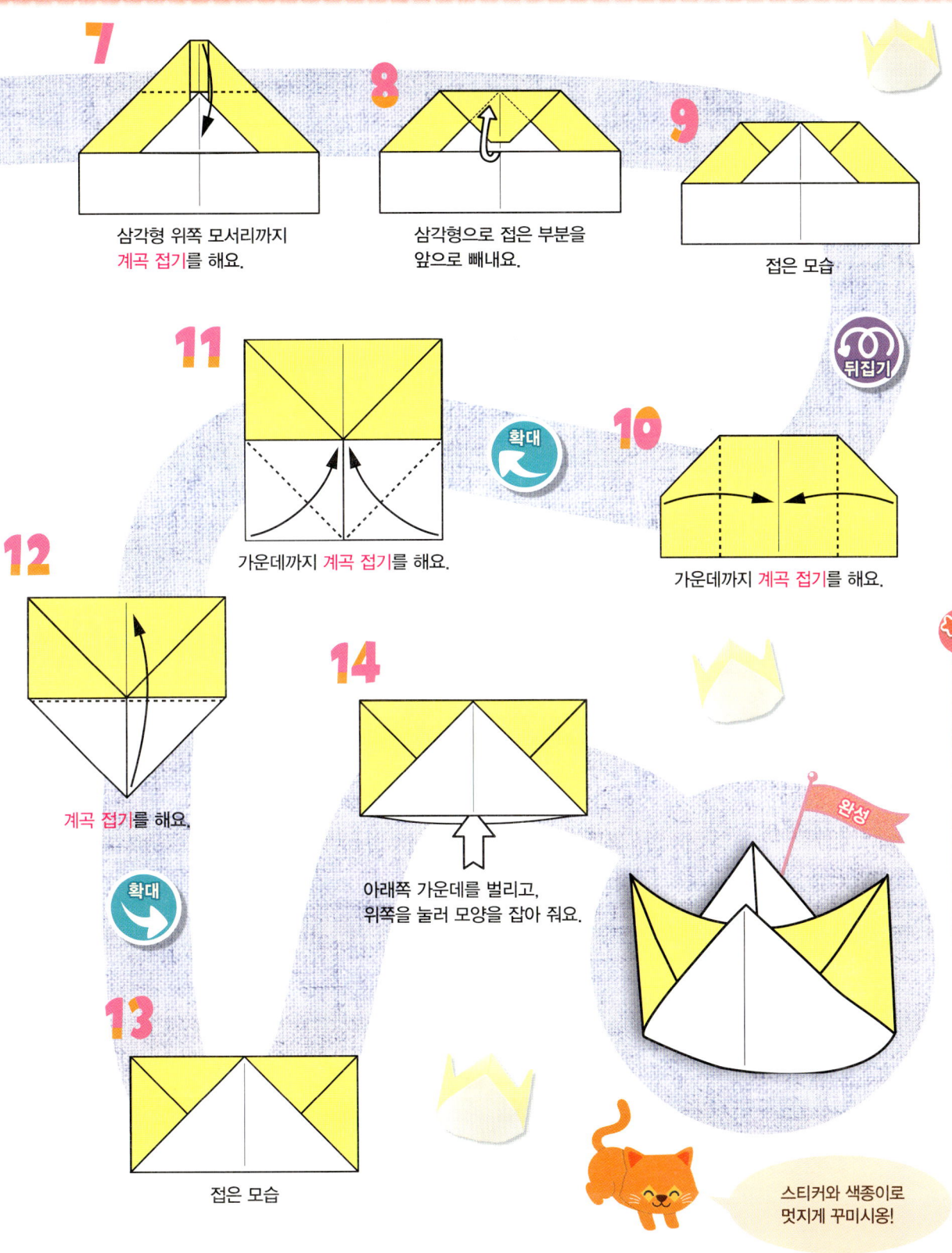

7 삼각형 위쪽 모서리까지 계곡 접기를 해요.

8 삼각형으로 접은 부분을 앞으로 빼내요.

9 접은 모습

뒤집기

10 가운데까지 계곡 접기를 해요.

확대

11 가운데까지 계곡 접기를 해요.

12 계곡 접기를 해요.

확대

13 접은 모습

14 아래쪽 가운데를 벌리고, 위쪽을 눌러 모양을 잡아 줘요.

완성

스티커와 색종이로 멋지게 꾸미시옹!

왕관

리본을 접어

마음껏 멋을 내 보세요!

리본 1

종이 색깔과 크기를 바꾸어 '개구리'와 '보석상자',
'옷가게', '어버이날'에 활용해 보세요.
▶ 193, 194, 203, 206쪽

작자 : 니와 다이코

리본 1

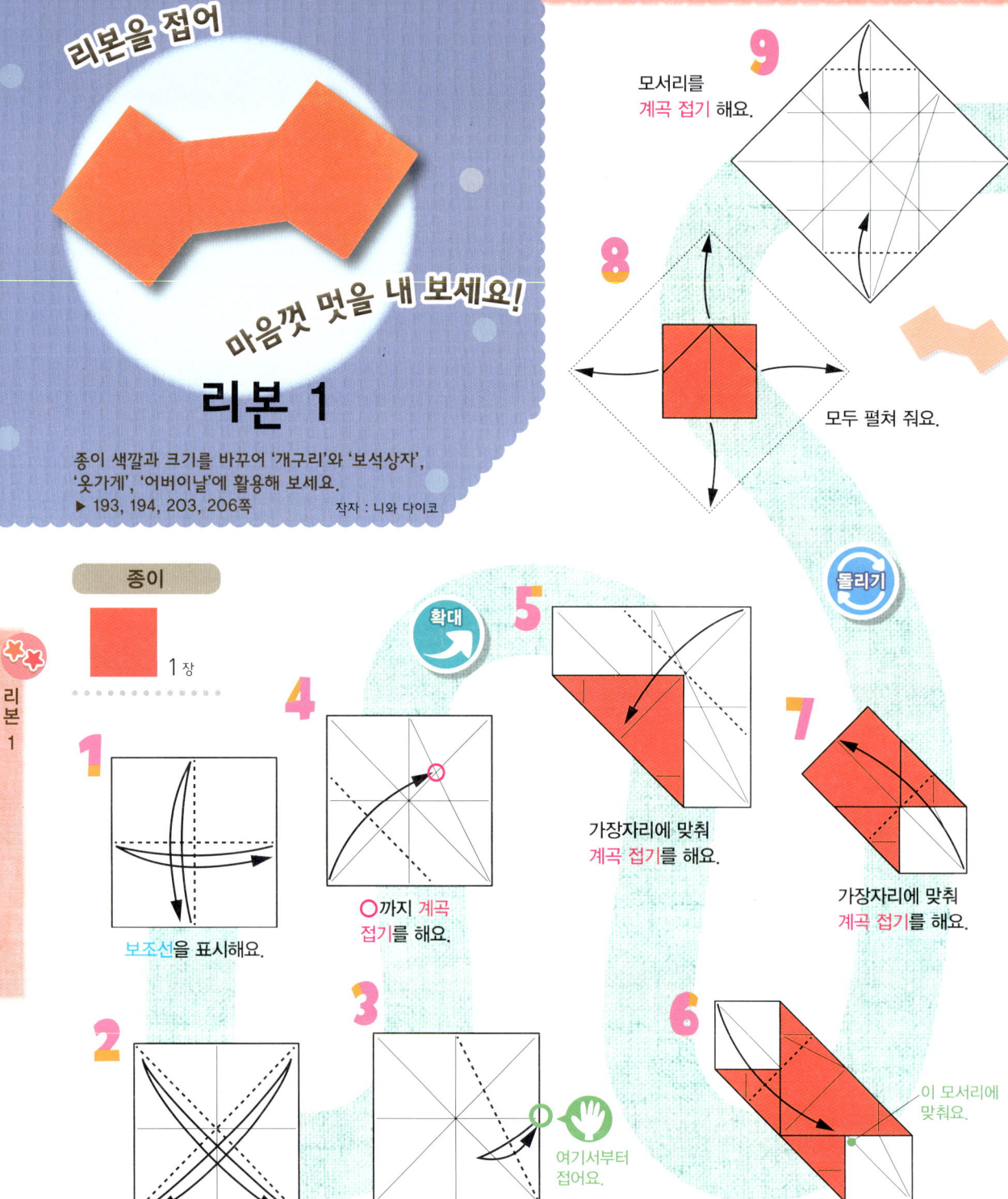

9 모서리를 계곡 접기 해요.

8 모두 펼쳐 줘요.

종이

1 장

1 보조선을 표시해요.

2 보조선을 표시해요.

3 그림처럼 보조선을 표시해요.

여기서부터 접어요.

4 〇까지 계곡 접기를 해요.

확대

5 가장자리에 맞춰 계곡 접기를 해요.

6 모서리에 맞춰 계곡 접기를 해요.

이 모서리에 맞춰요.

돌리기

7 가장자리에 맞춰 계곡 접기를 해요.

가족 알림장 4분의 1, 16분의 1 크기 종이로 접으면 '반지'(48쪽) 등과 조합할 수 있어요.

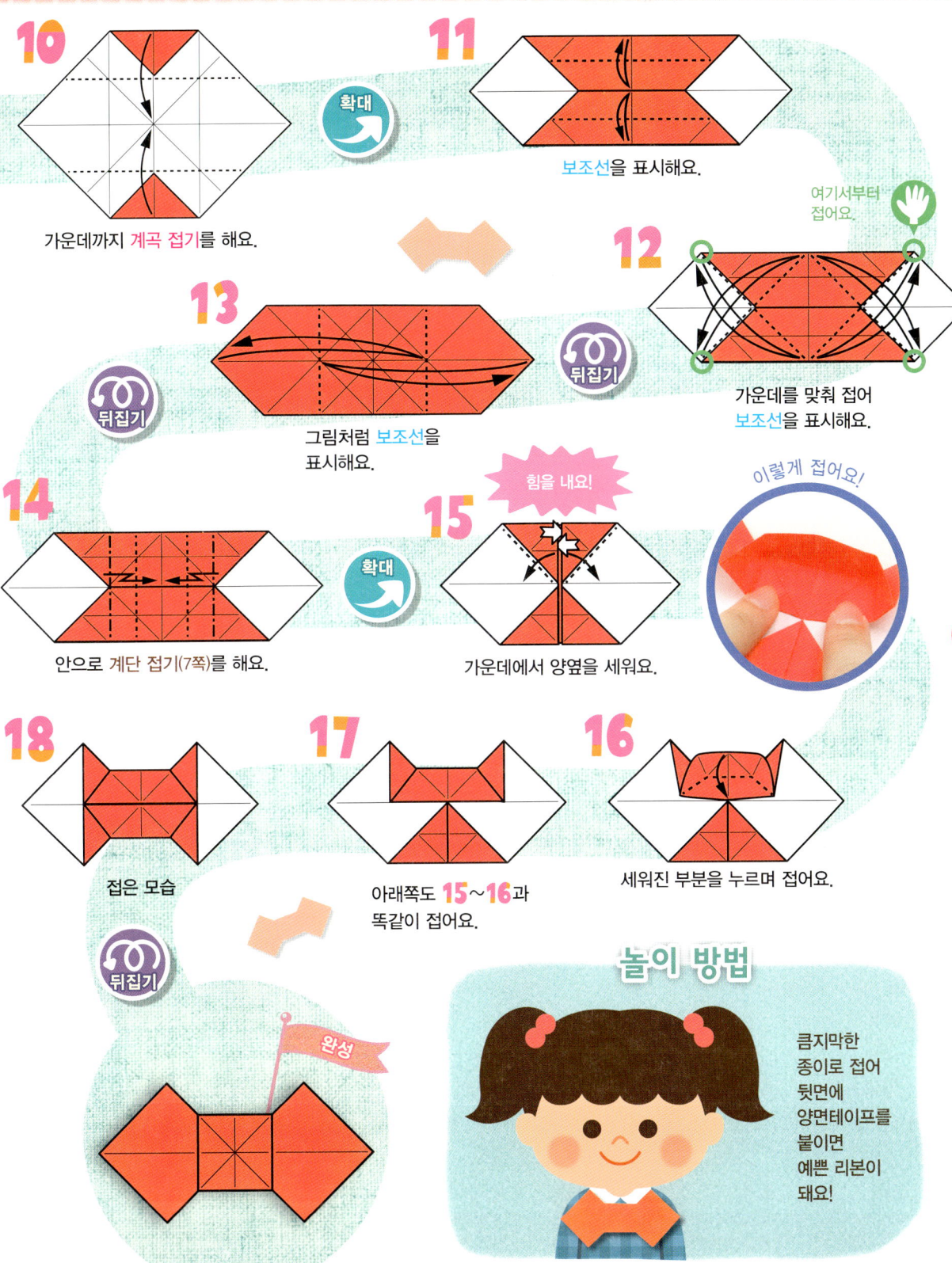

10

가운데까지 계곡 접기를 해요.

확대

11

보조선을 표시해요.

여기서부터 접어요

12

가운데를 맞춰 접어 보조선을 표시해요.

뒤집기

13

그림처럼 보조선을 표시해요.

뒤집기

14

안으로 계단 접기(7쪽)를 해요.

확대

15

힘을 내요!

가운데에서 양옆을 세워요.

이렇게 접어요!

18

접은 모습

17

아래쪽도 **15~16**과 똑같이 접어요.

16

세워진 부분을 누르며 접어요.

뒤집기

완성

놀이 방법

큼지막한 종이로 접어 뒷면에 양면테이프를 붙이면 예쁜 리본이 돼요!

리본 1

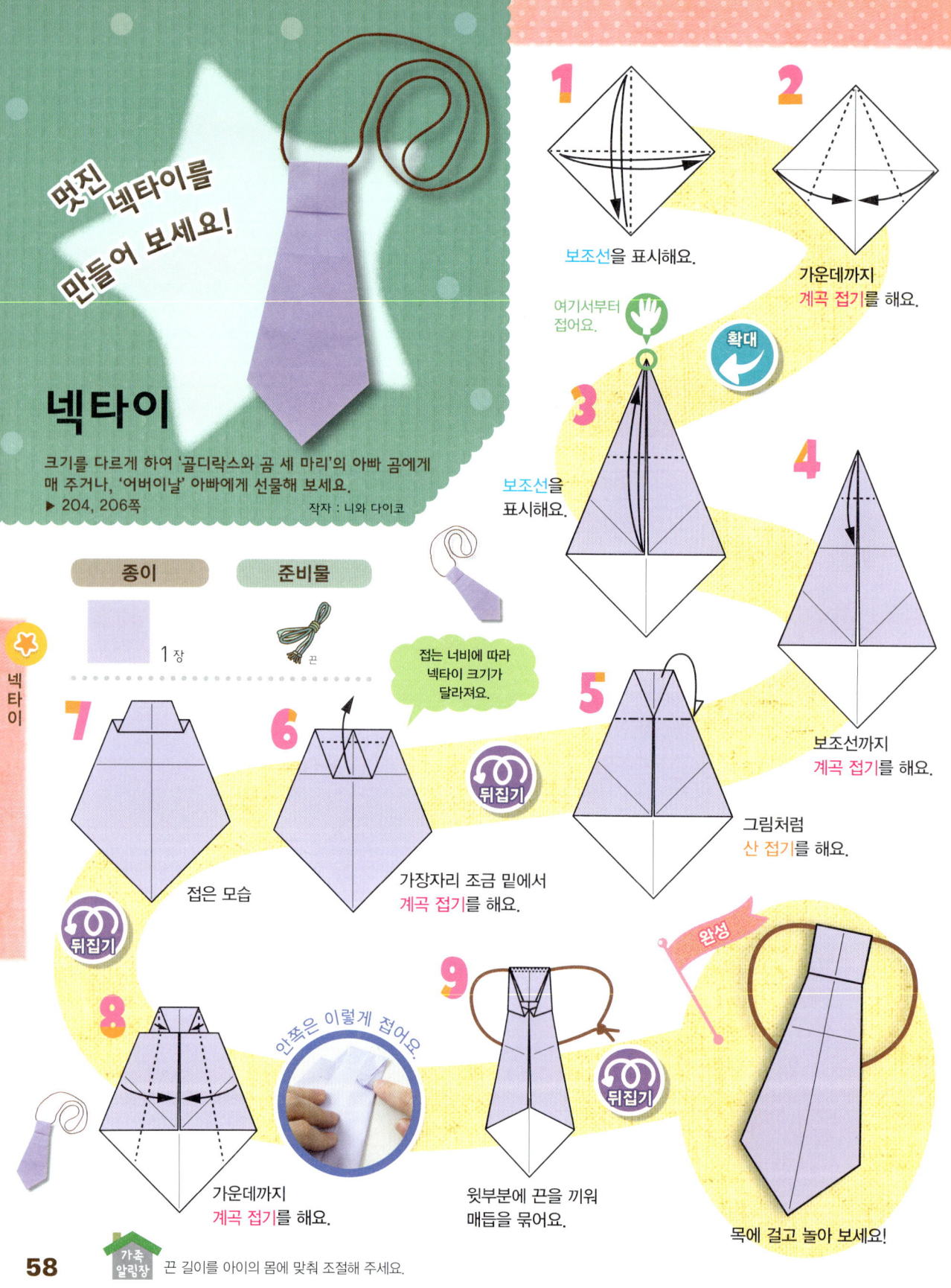

멋진 넥타이를
만들어 보세요!

넥타이

크기를 다르게 하여 '골디락스와 곰 세 마리'의 아빠 곰에게
매 주거나, '어버이날' 아빠에게 선물해 보세요.
▶ 204, 206쪽

작자 : 니와 다이코

종이

준비물

1장

끈

넥타이

접는 너비에 따라
넥타이 크기가
달라져요.

1 보조선을 표시해요.

2 가운데까지 계곡 접기를 해요.

확대

여기서부터 접어요.

3 보조선을 표시해요.

4

5 보조선까지 계곡 접기를 해요.

그림처럼 산 접기를 해요.

뒤집기

6 가장자리 조금 밑에서 계곡 접기를 해요.

7 접은 모습

뒤집기

8 가운데까지 계곡 접기를 해요.

안쪽은 이렇게 접어요.

9 윗부분에 끈을 끼워 매듭을 묶어요.

뒤집기

완성

목에 걸고 놀아 보세요!

58

가족
알림장 끈 길이를 아이의 몸에 맞춰 조절해 주세요.

1 보조선을 표시해요.

2 계곡 접기를 해요.

3 가운데까지 계곡 접기를 해요.

확대

여름철 내내 우렁차게 맴맴맴~

매미

다른 작품과 함께 장식해 보세요.
▶ 199쪽

전승 작품

종이

1 장

매미

4 접는 각도에 따라 날개 방향이 달라져요.

앞 장을 비스듬하게 계곡 접기 해요.

5 앞 장을 계곡 접기 해요.

6 5에서 접은 곳보다 살짝 위에서 계곡 접기를 해요.

7 매미 완성!

산 접기를 해요.
가운데는 산 접기로 보조선을 표시하고, 모양을 잡아 줘요.

완성

우뚝 솟은 뿔에
몸집도 큰
천하장사!

장수풍뎅이

크기와 색깔을 바꿔서 '곤충 왕국', '사슴벌레 VS 장수풍뎅이'를
만들어 재미있게 놀아 보세요.
▶ 192, 200쪽

작자 : 미야모토 마리코

장수풍뎅이

종이

 1장

준비물

자

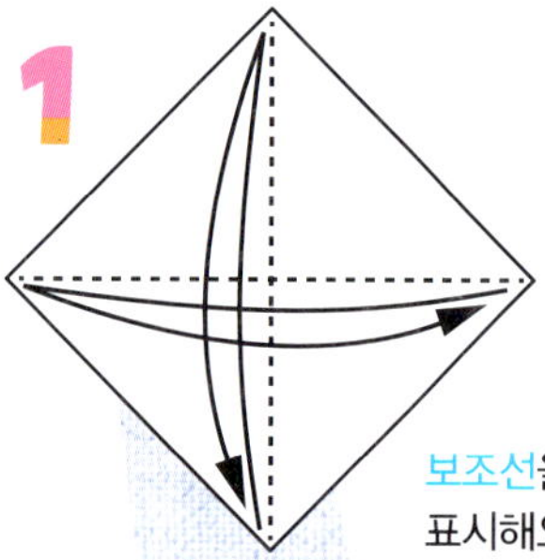

1

보조선을
표시해요.

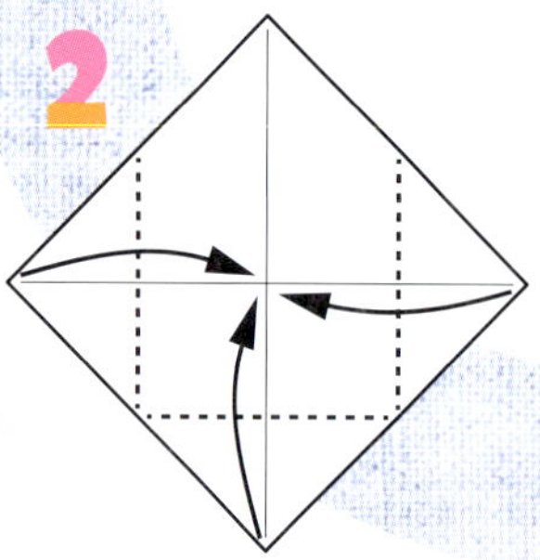

2

가운데까지
계곡 접기를 해요.

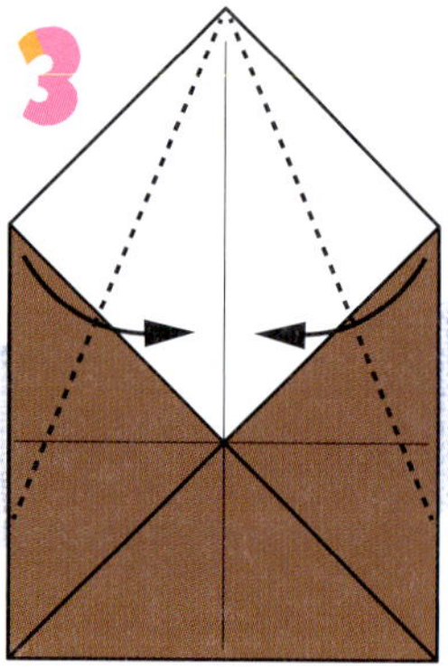

확대

3

가운데까지 비스듬하게
계곡 접기를 해요.

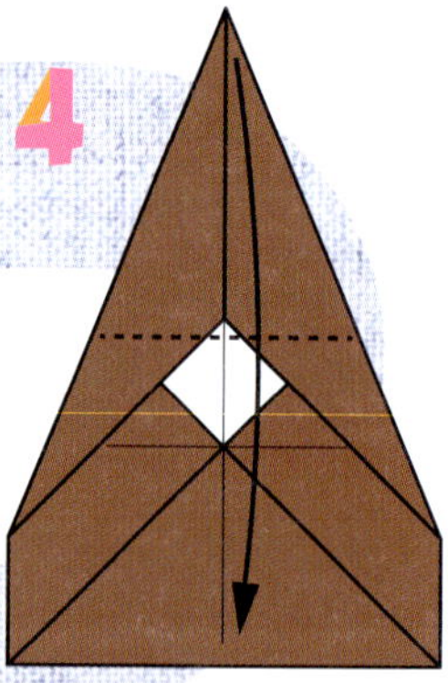

4

아래쪽 가장자리까지
계곡 접기를 해요.

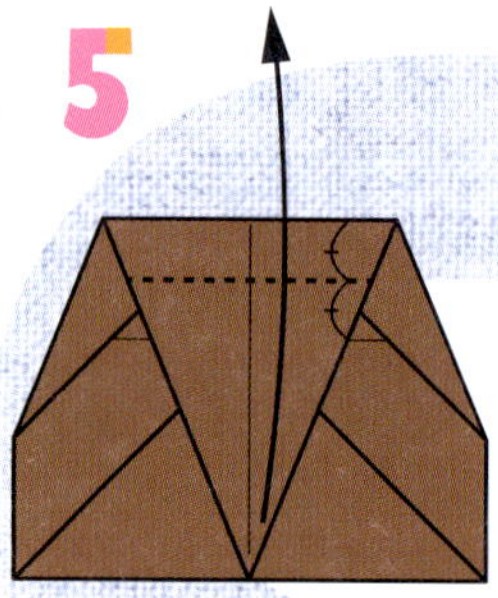

5

그림처럼
계곡 접기를 해요.

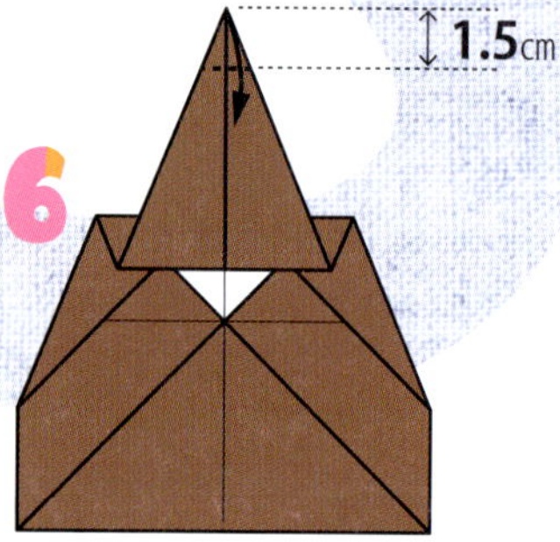

6

그림과 같이 계곡 접기를 해요.

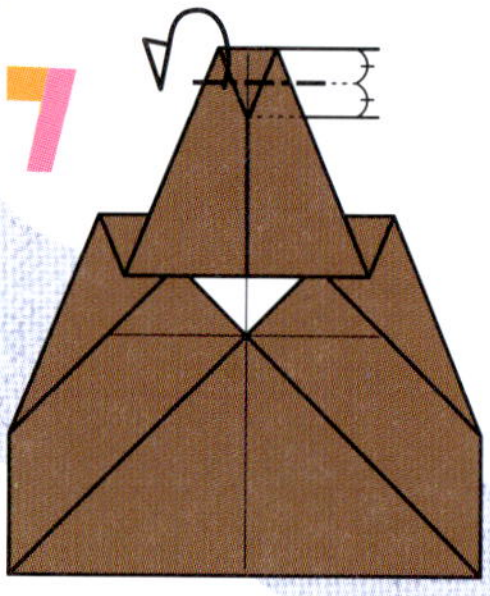

1.5cm

7

그림과 같이
산 접기를 해요.

8

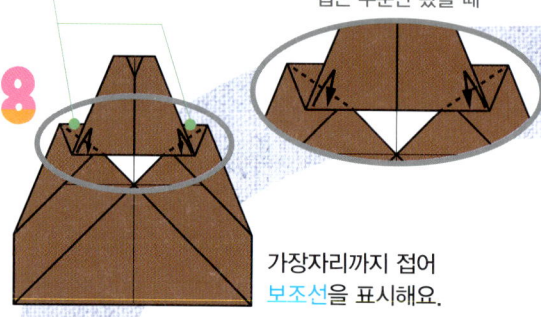

이 가장자리에서 접어요.

접는 부분만 봤을 때

가장자리까지 접어
보조선을 표시해요.

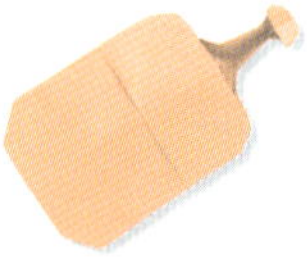

가족
알림장 완성한 후에 등을 살짝 구부려 주면 입체감이 살아나요.

9

그림과 같이 계단
접기(7쪽)를 해요.

10

여기서부터
접어요.

안을 펼치고, 가운데 선에
맞춰 눌러 접어요.

접는 부분만 봤을 때

11

가운데까지
계곡 접기를 해요.

13

모서리를 산 접기 하고,
모양을 잡아 줘요.

확대

뒤집기

12

접은 모습

14

○를 잡고
계곡 접기를 해서
뿔을 만들어요.

이렇게 계곡 접기를 해요.

완성

장수풍뎅이

응용 Tip

뿔 모양이 다른 '장수풍뎅이'를 만들어 보세요!
1~13 까지 똑같이 접어요.

이렇게 산 접기를 해요.

완성

○를 잡고
산 접기 해서
뿔을 만들어요.

크고 튼튼한 턱으로
적을 물리쳐요!

사슴벌레

크기와 색깔을 바꿔서 '곤충 왕국', '사슴벌레 VS 장수풍뎅이'를
접어 재미있게 놀아 보세요.
▶ 192, 200쪽

작자 : 미야모토 마리코

9

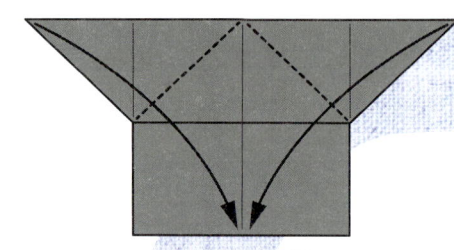

계곡 접기를 해요.

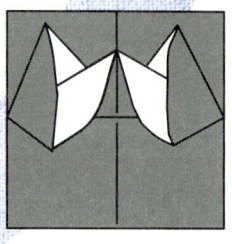

접는 중간 과정

종이

1 장

사슴벌레

8

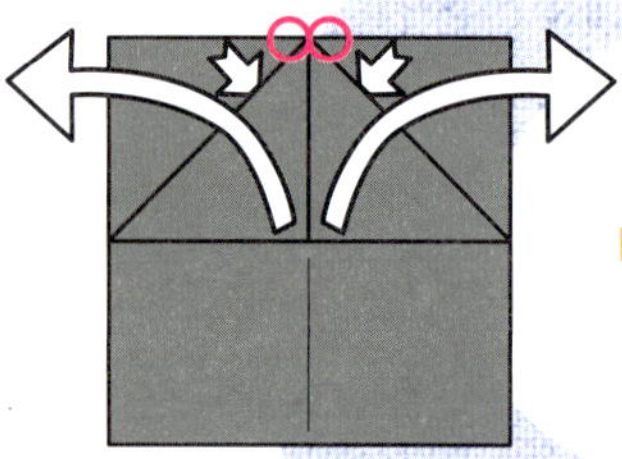

앞 장의 ○를 잡고
양쪽으로 펼쳐서
9와 같은 모양이
되도록 접어요.

7

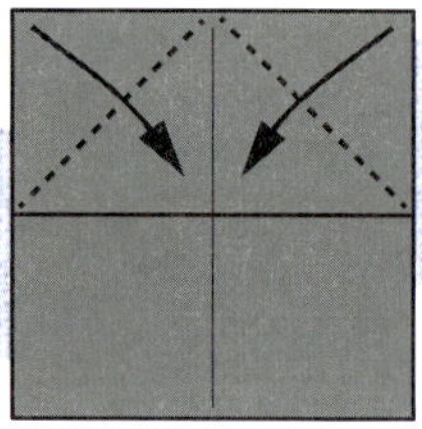

위쪽 모서리에서 가운데까지
계곡 접기를 해요.

6

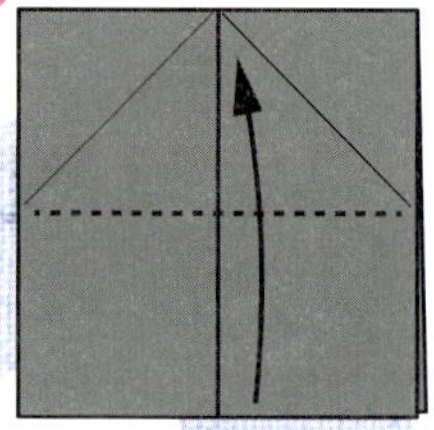

앞 장 가운데를
계곡 접기 해요.

5

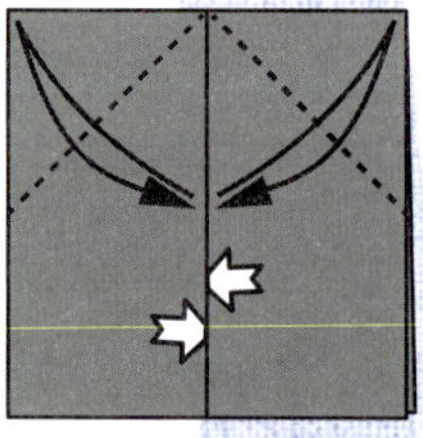

그림과 같이
보조선을 표시해요.

1

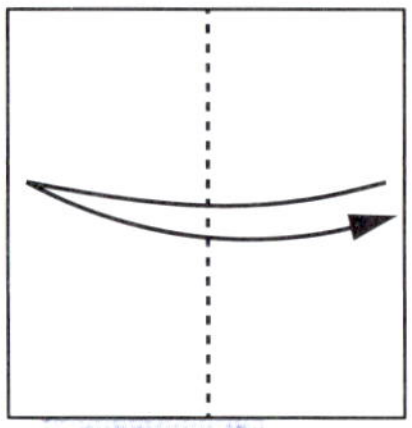

보조선을 표시해요.

2

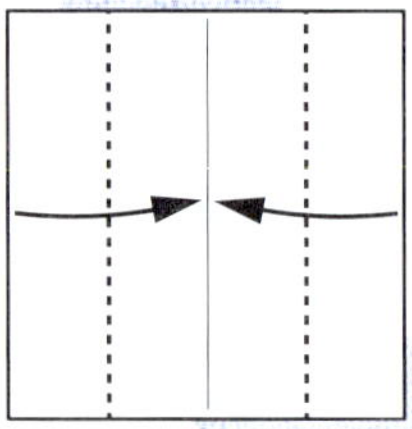

가운데까지
계곡 접기를 해요.

확대

3

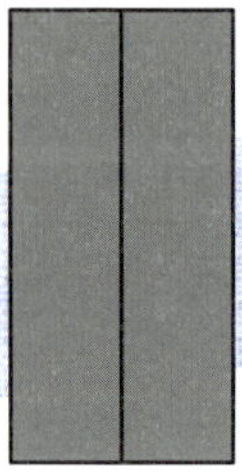

접은 모습

뒤집기

4

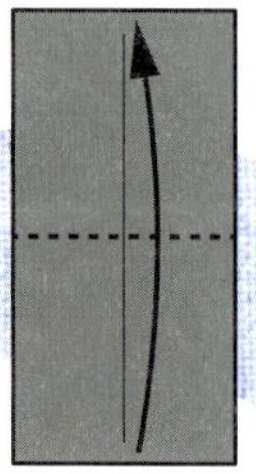

가운데까지
계곡 접기를 해요.

돌리기

확대

가족
알림장

곤충을 좋아하는 아이라면 더욱 좋아할 거예요. '장수풍뎅이(60쪽)'와 함께 접어 보세요.

10

접은 모습

11

이 부분이 턱이 돼요.

가운데를 살짝 띄우고 비스듬하게 **계곡 접기**를 해요.

살짝 간격을 띄어요.

12

접는 너비에 따라 턱의 각도가 달라져요.

비스듬하게 **계곡 접기**를 해요.

13

계곡 접기를 해요.

접는 너비에 따라 턱 모양이 달라져요.

14

앞쪽을 펼쳐요.

15

산 접기를 해요.

16

가장자리에서 조금 떨어진 곳에서 **계곡 접기**를 해요.

간격을 띄어요.

돌리기

17

양옆을 **계곡 접기** 해요.

사슴벌레

18

접은 모습

19

모서리를 **산 접기** 하고 모양을 잡아 줘요.

뒤집기

완성

곤충 **63**

나비야 나비야 이리 날아오너라!

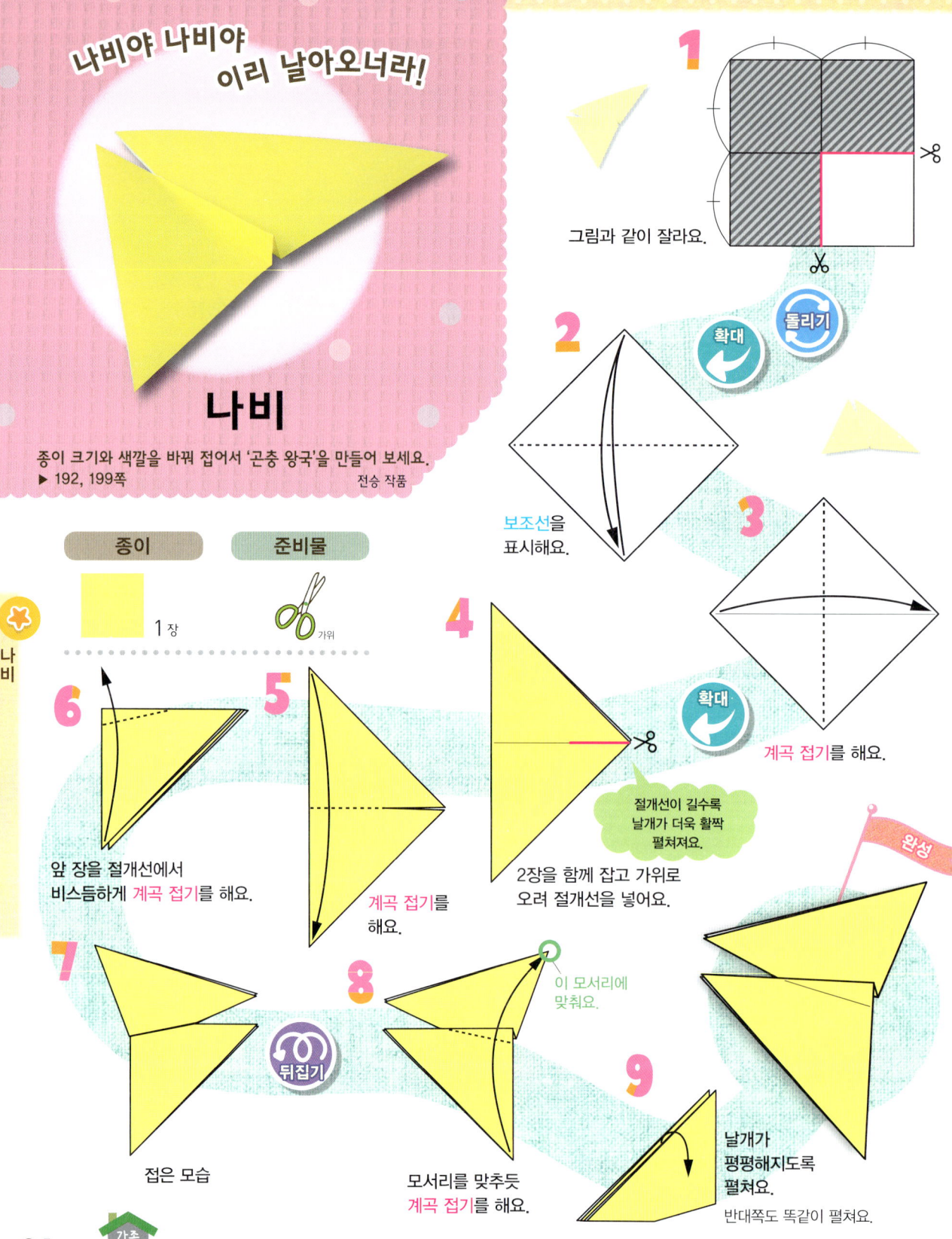

나비

종이 크기와 색깔을 바꿔 접어서 '곤충 왕국'을 만들어 보세요.
▶ 192, 199쪽   전승 작품

종이   **준비물**

나비

1 장   가위

1 그림과 같이 잘라요.

2 보조선을 표시해요.

확대 **돌리기**

3 계곡 접기를 해요.

4 **확대**

절개선이 길수록 날개가 더욱 활짝 펼쳐져요.

2장을 함께 잡고 가위로 오려 절개선을 넣어요.

5 계곡 접기를 해요.

6 앞 장을 절개선에서 비스듬하게 계곡 접기를 해요.

7 접은 모습

뒤집기

8 이 모서리에 맞춰요.

모서리를 맞추듯 계곡 접기를 해요.

9 날개가 평평해지도록 펼쳐요.

반대쪽도 똑같이 펼쳐요.

완성

64

가족 알림장 날개에 무늬를 그리면 더욱 예쁜 나비가 돼요.

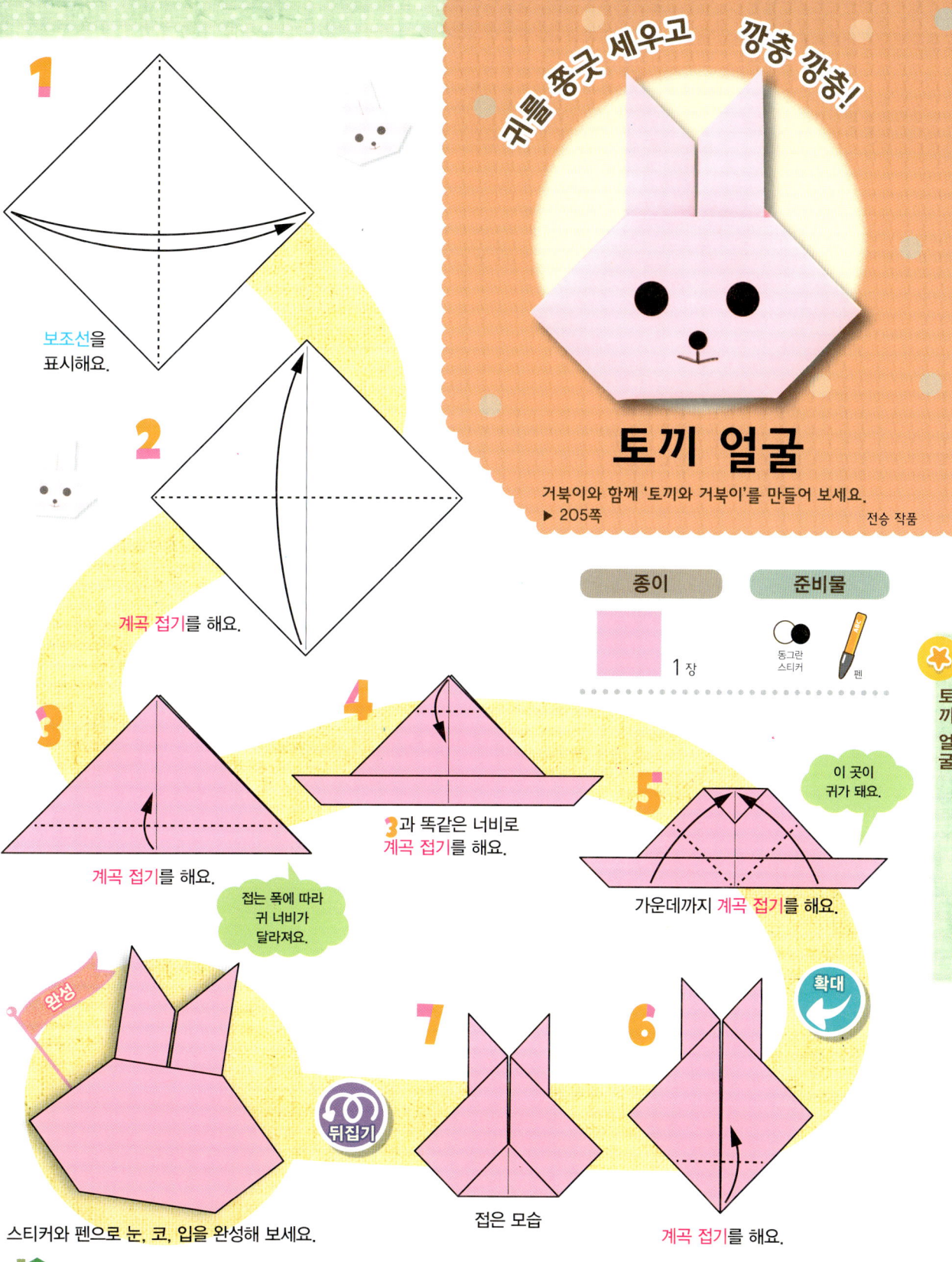

1

보조선을
표시해요.

2

계곡 접기를 해요.

토끼 얼굴

거북이와 함께 '토끼와 거북이'를 만들어 보세요.
▶ 205쪽   전승 작품

종이	준비물
1장	동그란 스티커 펜

토끼 얼굴

3

계곡 접기를 해요.

접는 폭에 따라
귀 너비가
달라져요.

4

3과 똑같은 너비로
계곡 접기를 해요.

5

이 곳이
귀가 돼요.

가운데까지 계곡 접기를 해요.

완성

스티커와 펜으로 눈, 코, 입을 완성해 보세요.

7

접은 모습

뒤집기

6

확대

계곡 접기를 해요.

가족
알림장 '인형' 몸통(33쪽)과 조합해서 인형놀이를 하면 더욱 재미있어요.

동물 **65**

길쭉한 귀를
축 늘어뜨렸어요

멍멍이 얼굴 1

전승 작품

종이	준비물
1 장	동그란 스티커 / 펜

멍멍이 얼굴 1

1
보조선을 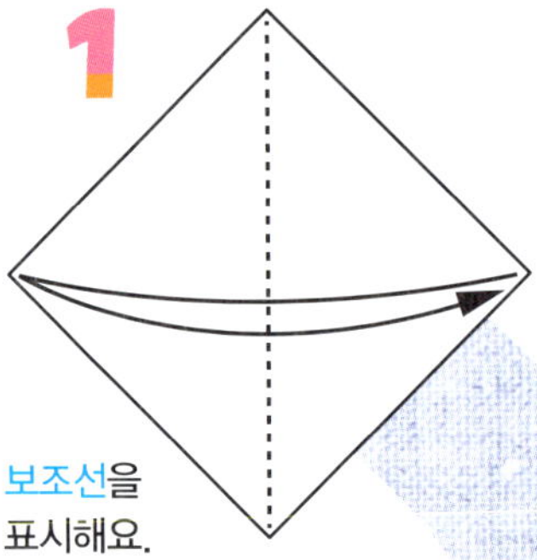
표시해요.

2 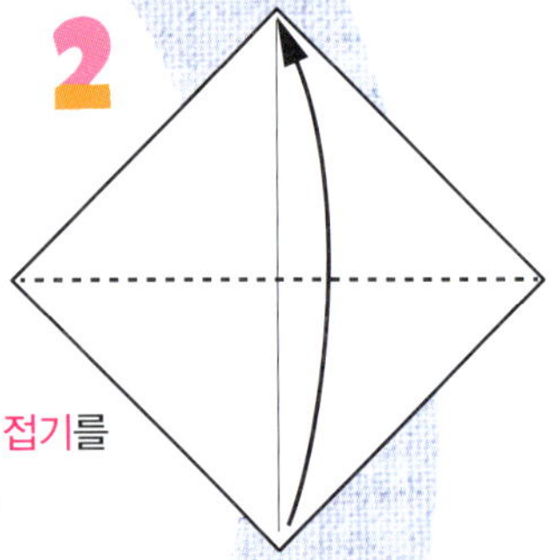
계곡 접기를
해요.

확대

3 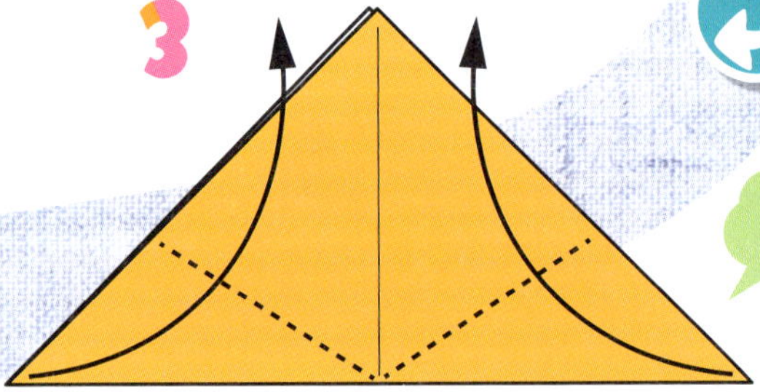
여기가
귀가 돼요.

비스듬하게 계곡 접기를 해요.

돌리기

4 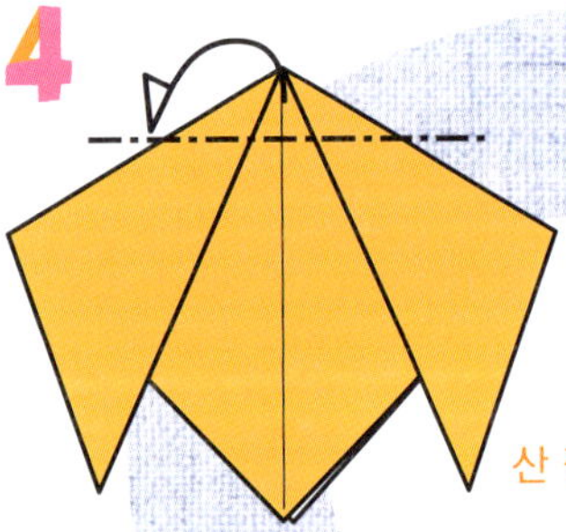
산 접기를 해요.

5 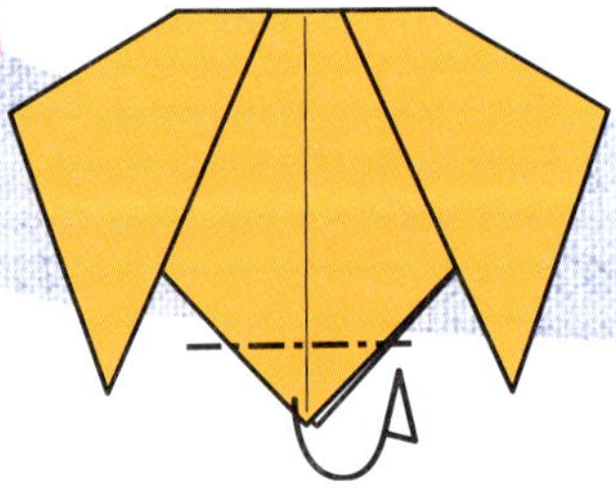
산 접기를 해요.

완성

스티커와 펜으로 눈, 코, 입을 완성해 보세요.

66
가족
알림장 개성 있는 눈, 코, 입으로 세상에서 단 하나뿐인 강아지를 만들어 보세요!

1

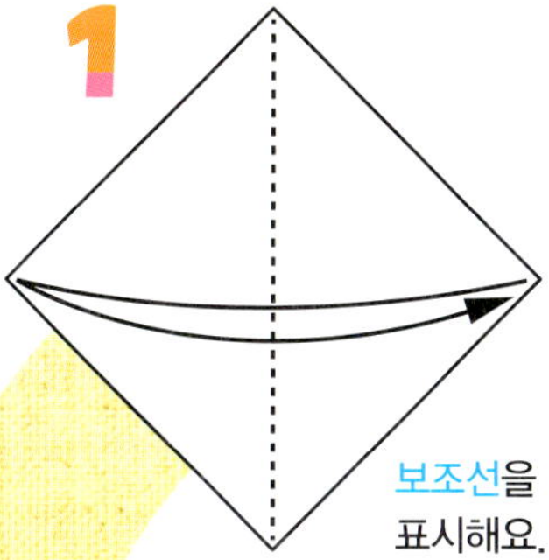

보조선을
표시해요.

2

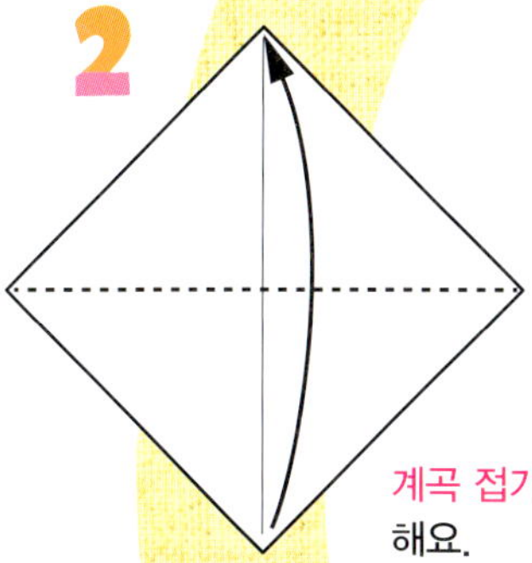

계곡 접기를
해요.

작고 깜찍한

귀를 지녔어요

멍멍이 얼굴 2

전승 작품

종이	준비물
1 장	동그란 스티커　펜

확대

3

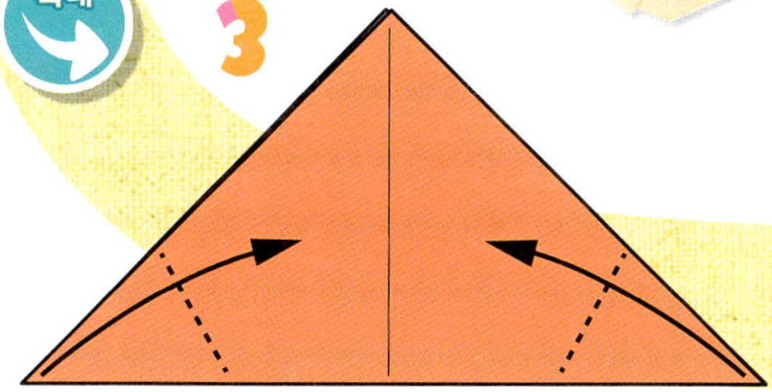

비스듬하게 계곡 접기를 해요.

돌리기

4

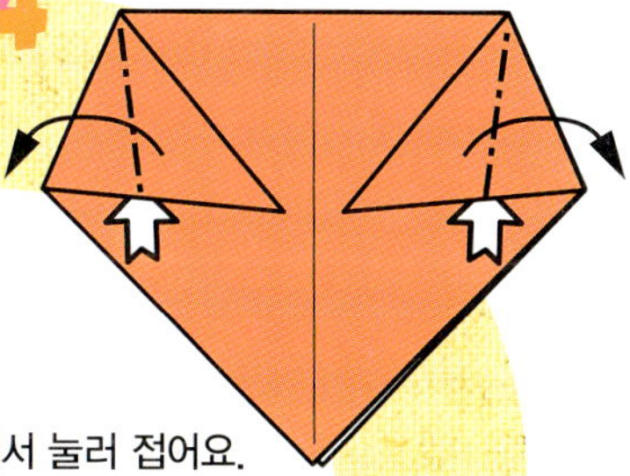

펼쳐서 눌러 접어요.

이 부분이
귀가 돼요.

멍멍이 얼굴 2

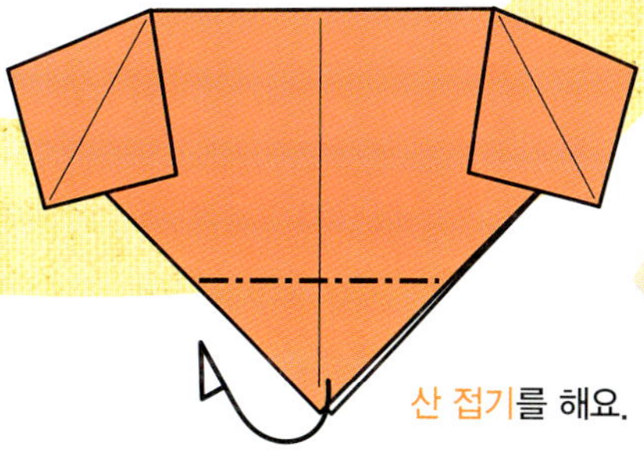

완성

5

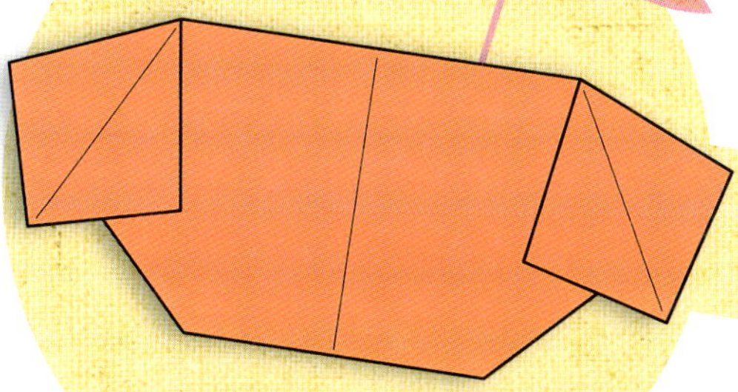

스티커와 펜으로 눈, 코, 입을 완성해 보세요.

산 접기를 해요.

가족
알림장 **3** 에서 귀를 어떻게 접느냐에 따라 분위기가 달라져요. 다양하게 접어 보세요.

동물 **67**

쫑긋 세운 귀로

야옹이 얼굴

도도미를 뽐내 볼까요?

전승 작품

종이	준비물
1장	동그란 스티커 / 펜

1 보조선을 표시해요.

2 계곡 접기를 해요.

확대

3 비스듬하게 계곡 접기를 해요.

완성

4 종이 2장을 함께 잡고 계곡 접기를 해요.

뒤집기

스티커와 펜으로 야옹이 얼굴을 완성해 보세요.

가족 알림장 '멍멍이 얼굴 1', '멍멍이 얼굴 2'(66, 67쪽)와 나란히 장식하면 더욱 깜찍해요.

'머리'와 '몸통'을 따로 접은 다음 합체해서 완성해요.

머리

1～5 까지 '풍선'(36쪽) 접기와 같아요.
색깔 있는 면이 위로 오도록 놓고 접어요.

까망 하양 동글동글
귀요미 친구

판다

다른 작품과 조합해 '동물의 왕국'을 만들어 보세요.
▶ 192쪽

작자 : 미야모토 마리코

1

말리기

2

4

3

뒤집기

5

확대

종이

2장

준비물

풀

판다

6 여기서부터 접어요.

가운데에 보조선을
접어 넣어요.

7

앞 장을 그림과 같이 계곡 접기 해요.

8 여기에 맞춰 접어요.

다음 쪽에서 계속

가장자리에서 살짝 떨어진
곳에 맞춰 계곡 접기를 해요.

가족 알림장 판다곰 특유의 무늬를 만드는 과정이 많으므로, 실제로 판다곰 사진을 보면서 접으면 더욱 잘 접을 수 있어요.

동물 **69**

'판다' 머리에서
이어져요.

9

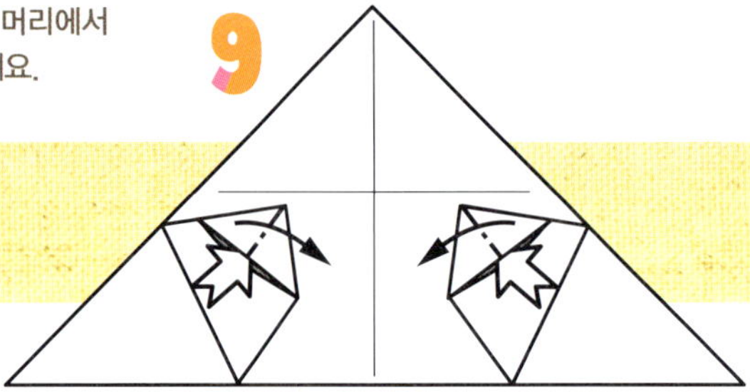

안을 펼친 다음 누르며 접어요.

10

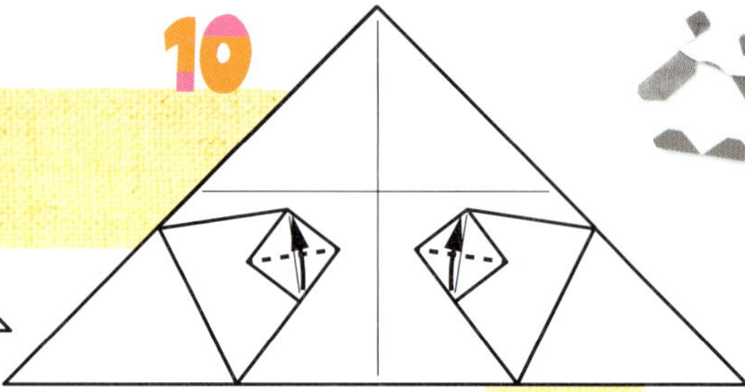

앞쪽 모서리를 계곡 접기 해요.

12

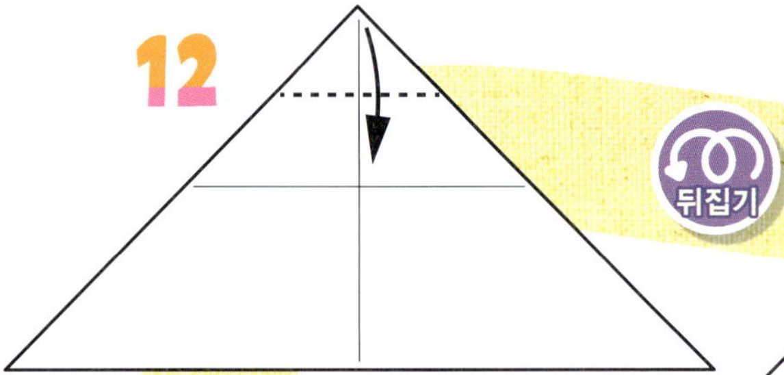

보조선까지 계곡 접기를 해요.

뒤집기

11

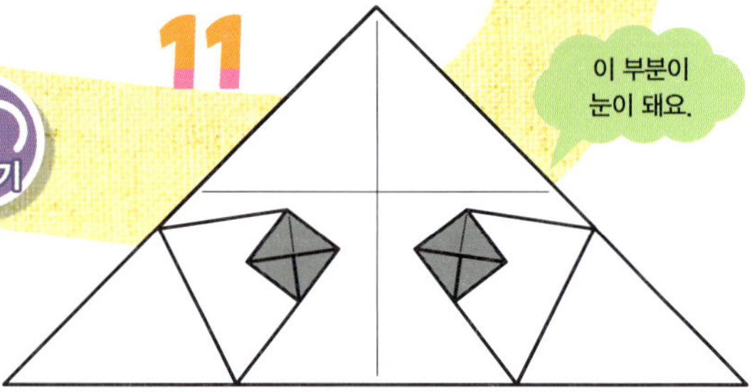

이 부분이
눈이 돼요.

접은 모습

13

이 보조선에
맞춰요.

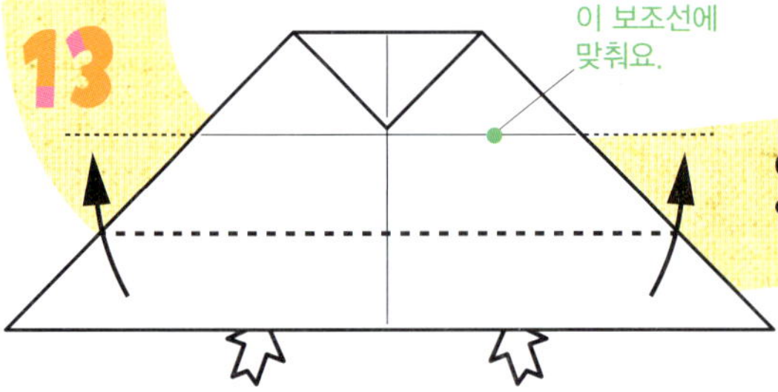

아랫변이 보조선과 만나도록
안을 펴고 눌러 접어요.

판
다

15

접은 모습

14

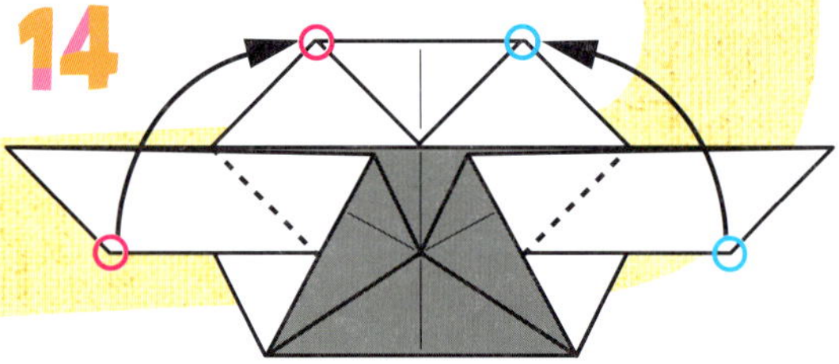

○와 ○, ○와 ○가 만나도록
앞쪽을 계곡 접기 해요.

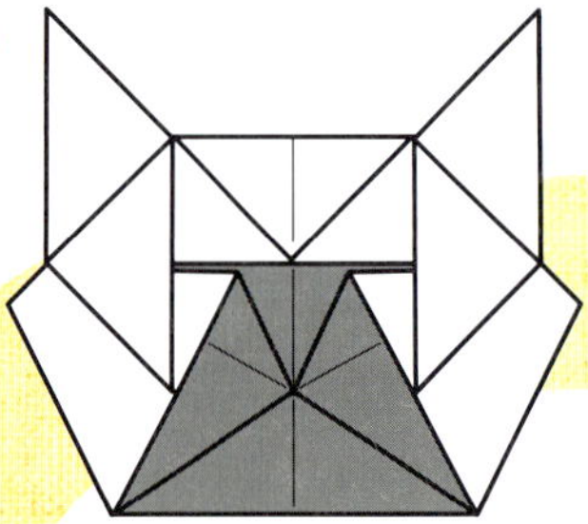

16

뒤집기

그림과 같이
계곡 접기를 해요.

확대

17

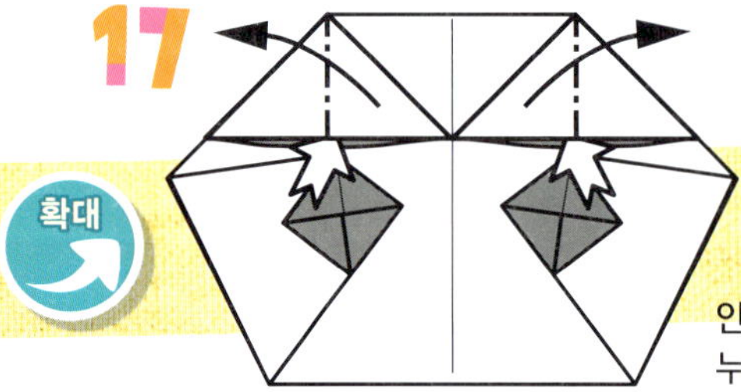

안을 펼치고
누르며 접어요.

18

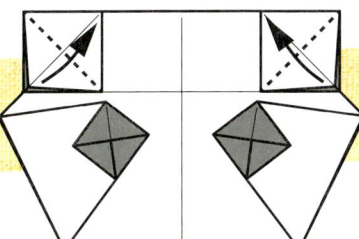

앞쪽을 계곡 접기 해요.

19

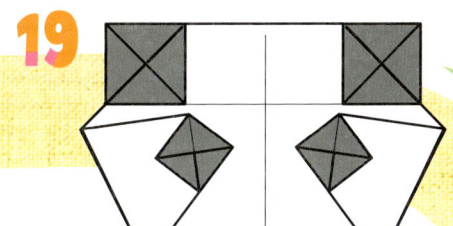

이 부분이 귀가 돼요.

접은 모습. 얼굴을 귀 앞으로 꺼내요.

21

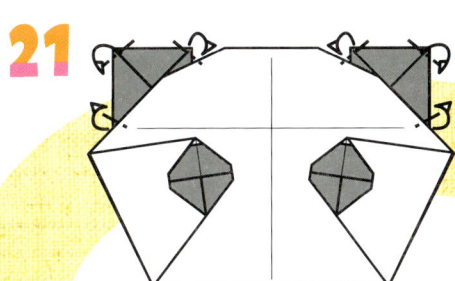

모서리를 산 접기 하고, 귀 모양을 잡아요.

20

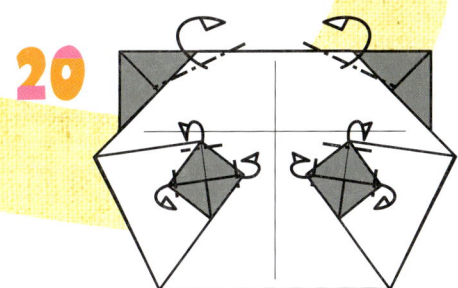

모서리를 산 접기 하고, 모양을 잡아요.

22

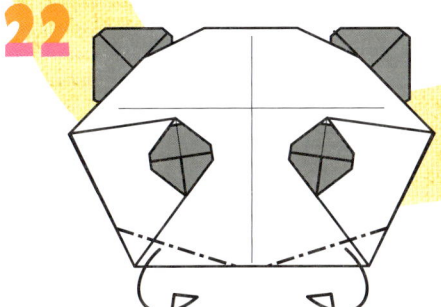

모서리를 산 접기 하고, 얼굴 모양을 잡아요.

23

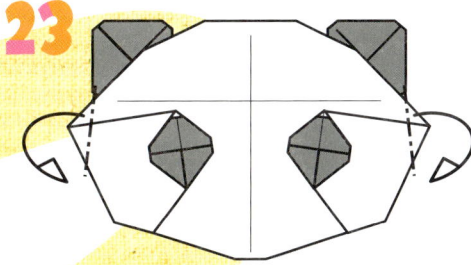

모서리를 산 접기 하고, 얼굴 모양을 잡아요.

24

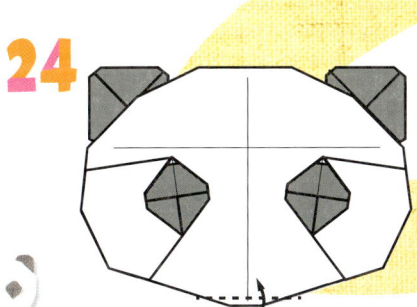

계곡 접기를 해요.

25

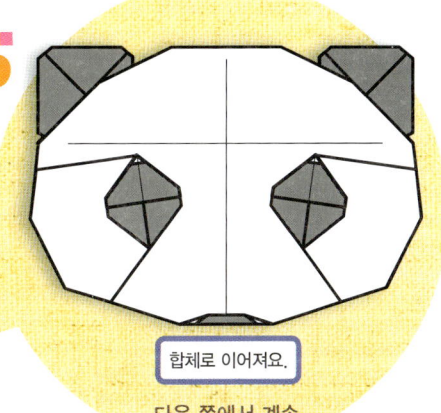

합체로 이어져요.

다음 쪽에서 계속

판다

'판다'에서 계속

몸통

1

위아래쪽 한가운데를 조금
접어 보조선을 표시해요.

2

보조선까지
계곡 접기를 해요.

확대

3

접은 모습

4

뒤집기

보조선에서 비스듬하게
계곡 접기를 해요.

8

앞쪽에 보조선을 표시하고,
7 모양으로 되돌려요.

7

8의 모양이
되도록 펼쳐요.

6

◯끼리 한가운데에서
만나도록 계곡접기를
해요.

뒤집기

5

접은 모습

판다

9

앞 장의 ◯를 잡고
좌우로 펼친 다음,
10과 같은 모양이
되도록 접어요.

확대

아래쪽 모습

중간 과정

11

접은 모습

위쪽도 9～10 과 똑같이 접어요.

돌리기

10

계곡 접기를 해요.

12

접은 모습

72

13

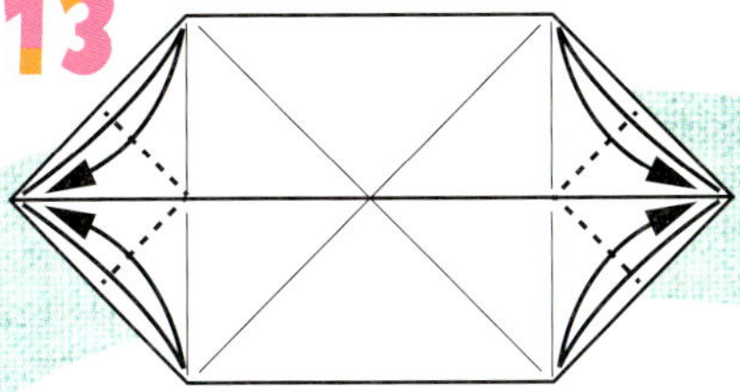

보조선을 표시해요.

14 힘을 내요!

그림과 같이 종이를 펼쳐서 넘긴 다음 뒤집어 접기(7쪽) 해요.

종이를 펼치고 보조선을 따라 넘겨서

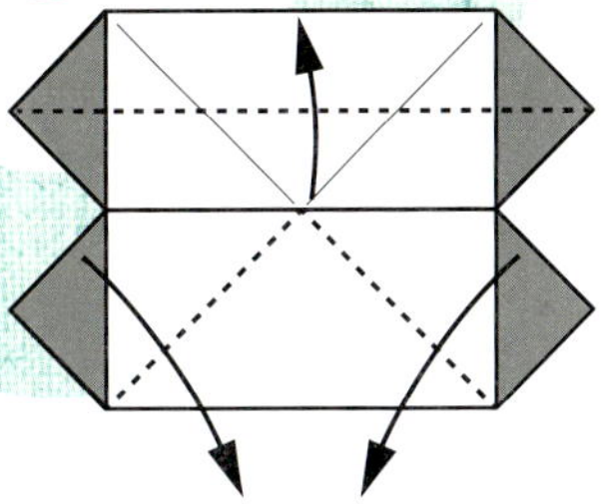

뒤집어씌워요.

17 이 부분이 손이 돼요.

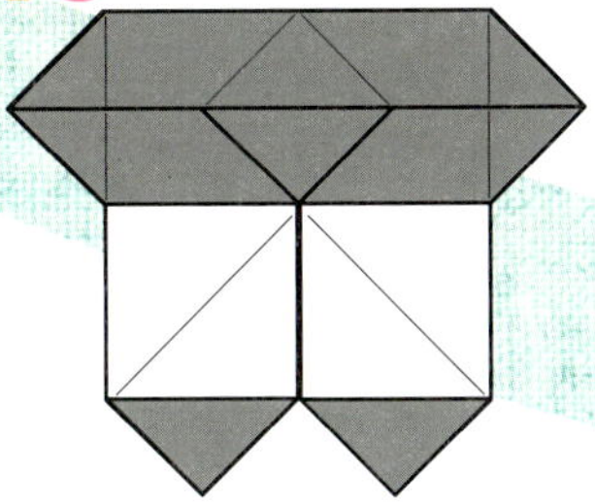

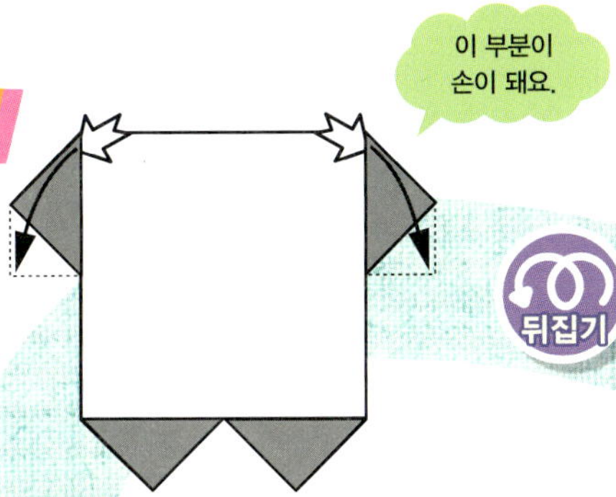

앞 장을 펼치고 **18**과 같은 모양이 되도록 접어요.

16

접은 모습

뒤집기

15

그림과 같이 계곡 접기를 해요.

판 다

18

여기가 발이 돼요.

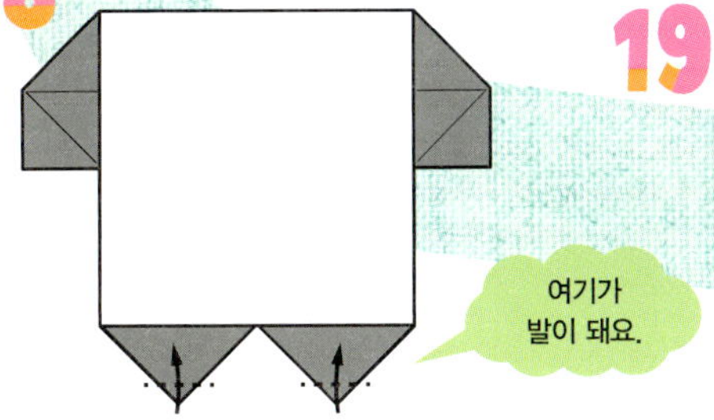

모서리를 계곡 접기 해요.

19

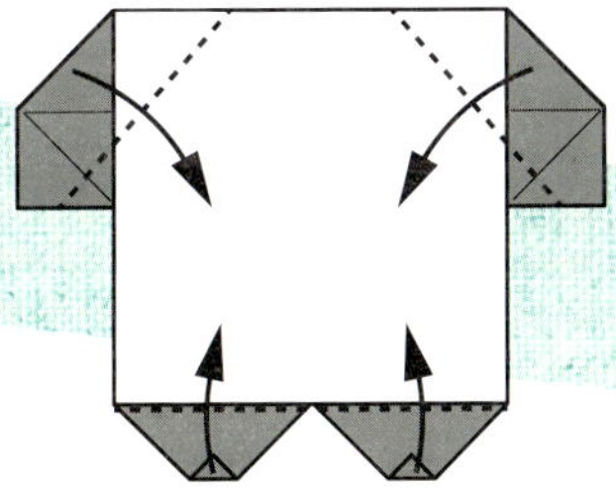

그림과 같이 계곡 접기를 해요.

20

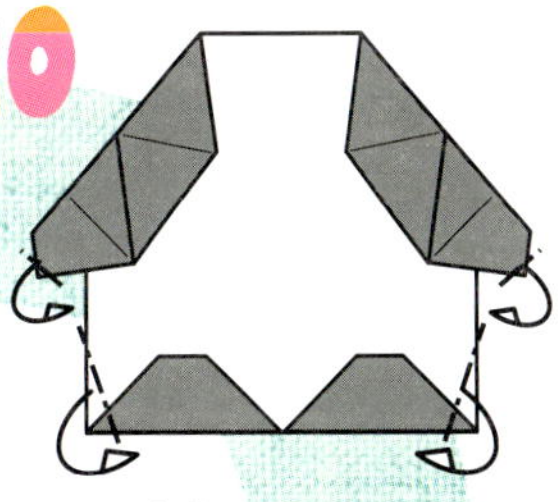

모서리를 산 접기 하고, 모양을 잡아 줘요.

합체

머리

완성

몸통

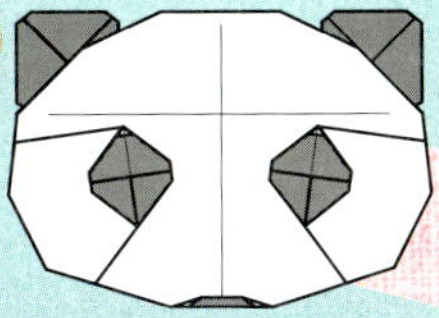

'머리'를 '몸통'에 겹쳐 놓고 풀로 붙여요.

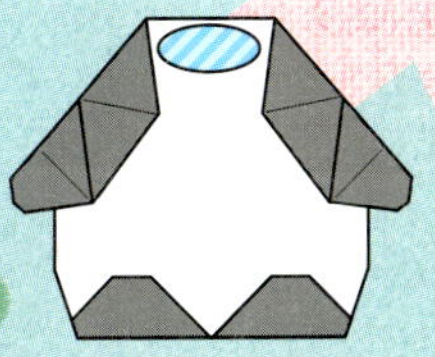

21

합체로 이어져요.

코끼리

코끼리 아저씨는
코가 손이래~♪♩

종이 색깔과 크기를 바꿔서 '동물의 왕국',
'코끼리 가족'을 만들어 보세요.
▶ 192, 195쪽

작자 : 미야모토 마리코

코끼리

종이

2장

준비물

풀   동그란
      스티커

'머리'와 '몸통'을 따로 접은 다음 합체해서 완성해요.

몸통

1 보조선을 표시해요.

2 가운데까지 계곡 접기를 해요.

확대

3 가장자리에서 살짝 밖으로 튀어나가도록 계곡 접기를 해요.

비어져 나가는 너비에 따라 다리 굵기가 달라져요.

4 접은 모습

뒤집기

5 앞 장의 가장자리까지 비스듬하게 보조선을 표시해요.

이렇게 접어요.

6 앞 장을 계곡 접기 하고, 보조선을 따라 안을 펼쳐서 눌러 접어요.

7 가운데에서 계곡 접기를 해요.

확대

8 모서리를 안으로 꺾어 접기(7쪽) 해요.

9 합체로 이어져요.

가족
알림장
4분의 1 크기의 종이로 접으면 아기 코끼리가 돼요. 과정이 복잡하니 아이 대신 가족이 접으세요.

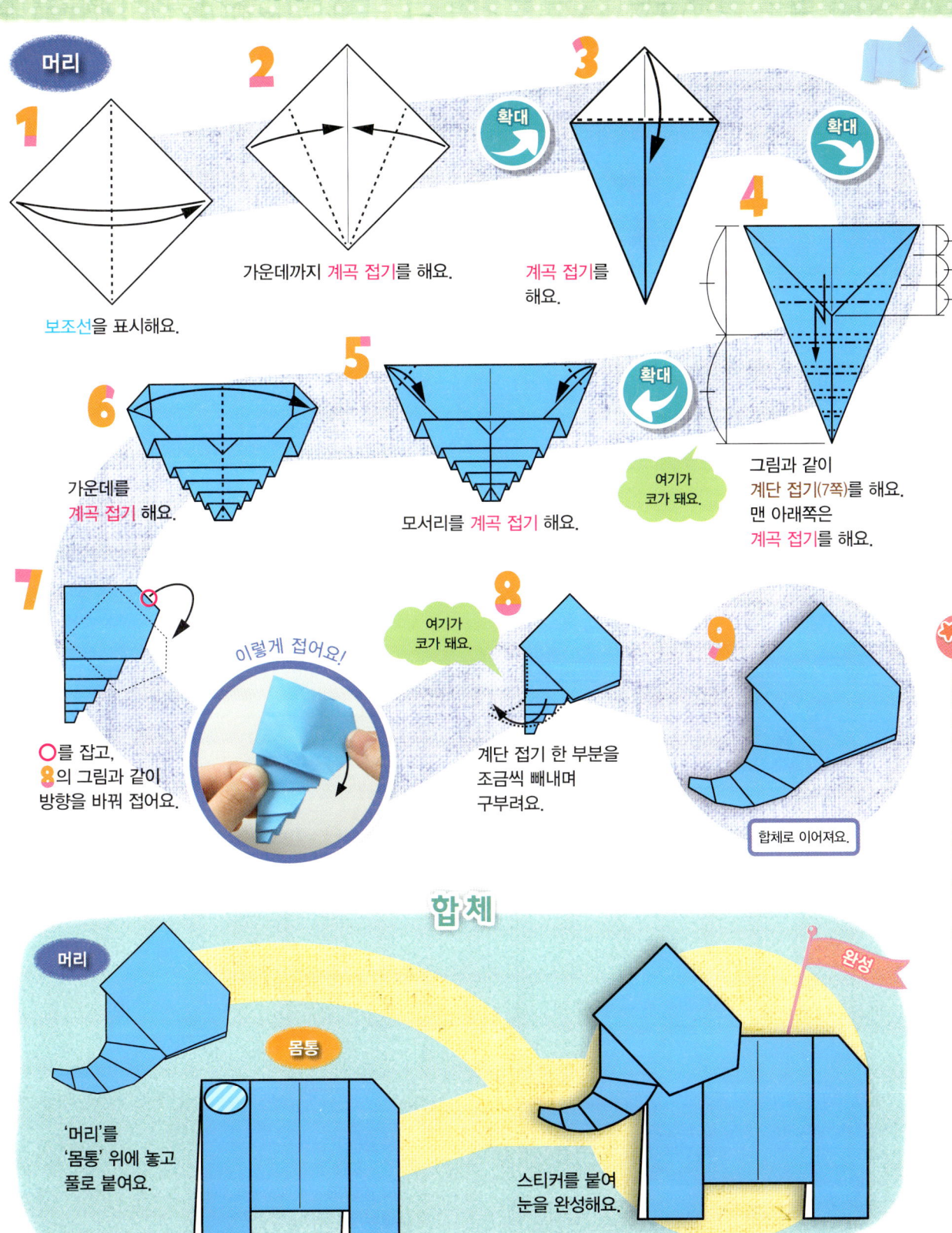

머리

1 보조선을 표시해요.

2 가운데까지 계곡 접기를 해요.

3 확대 계곡 접기를 해요.

4 확대 그림과 같이 계단 접기(7쪽)를 해요. 맨 아래쪽은 계곡 접기를 해요.

5 확대 모서리를 계곡 접기 해요. 여기가 코가 돼요.

6 가운데를 계곡 접기 해요.

7 ○를 잡고, **8**의 그림과 같이 방향을 바꿔 접어요.

이렇게 접어요!

8 여기가 코가 돼요. 계단 접기 한 부분을 조금씩 빼내며 구부려요.

9 합체로 이어져요.

코끼리

합체

머리 '머리'를 '몸통' 위에 놓고 풀로 붙여요.

몸통

완성

스티커를 붙여 눈을 완성해요.

곰 세 마리가 한 집에 있어~♪

'머리'와 '몸통'을 따로 접은 다음 합체해서 완성해요.

곰돌이

종이 색깔과 크기를 바꿔서 '동물의 왕국', '골디락스와 곰 세 마리'를 접어 보세요.
▶ 192, 204쪽

작자 : 미야모토 마리코

종이

2장

준비물

풀　동그란 스티커

곰돌이

머리

돌리기　확대

1 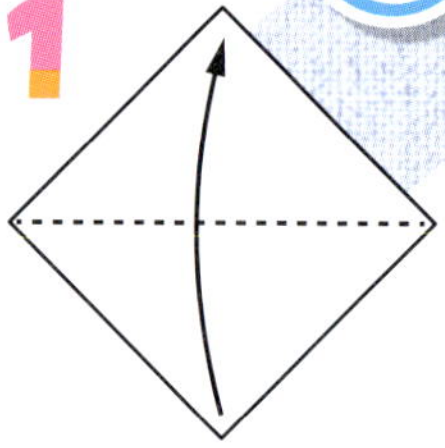
계곡 접기를 해요.

2 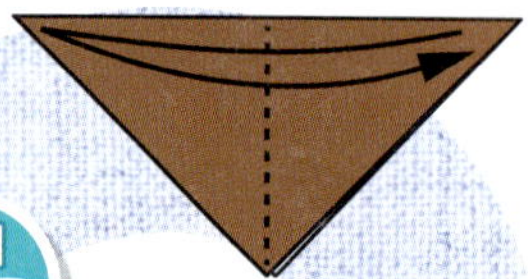
보조선을 표시해요.

3 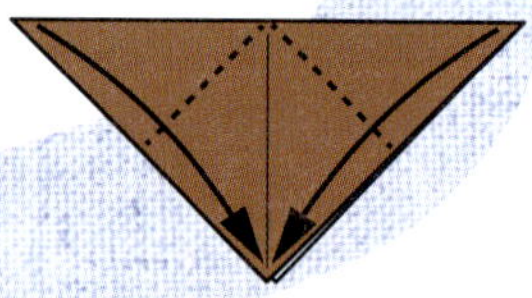
가운데까지 계곡 접기를 해요.

확대

4 
가운데까지 계곡 접기를 해요.

5 
비스듬하게 계곡 접기를 해요.

접는 너비에 따라 귀의 크기가 달라져요.

6 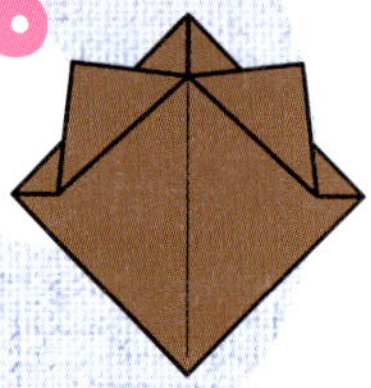
접은 모습

뒤집기

7 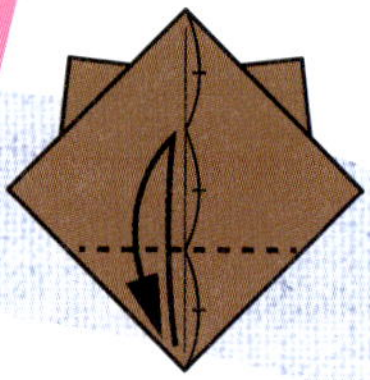
그림과 같이 보조선을 표시해요.

8 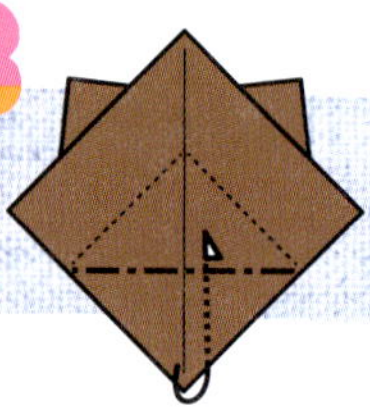
아래쪽을 산 접기 하고, 안쪽으로 접어요.

9 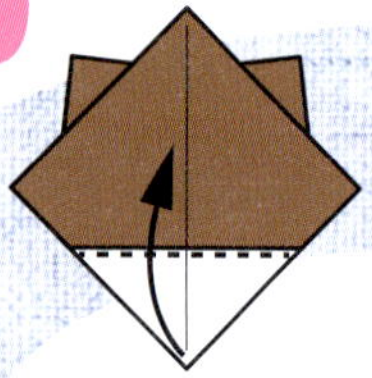
가장자리까지 계곡 접기를 해요.

확대

10 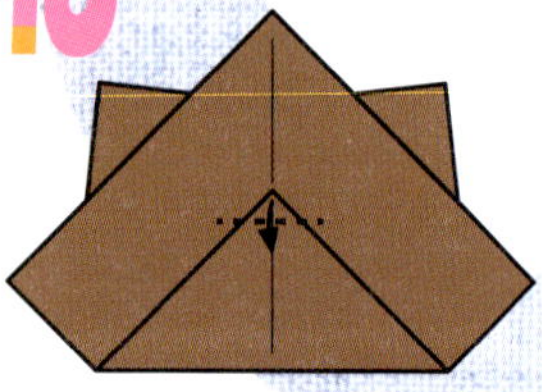
모서리를 계곡 접기 해요.

11 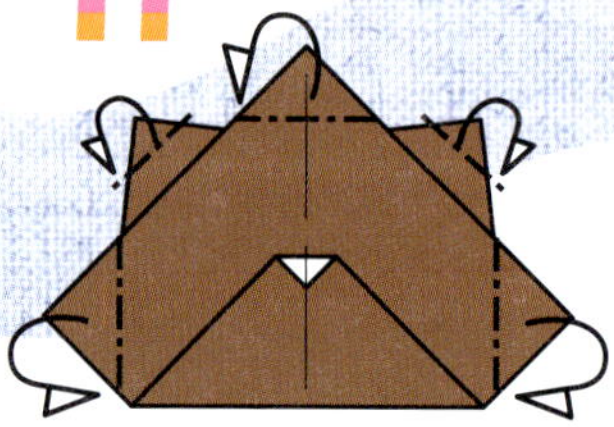
모서리를 산 접기 해서 얼굴 모양을 잡아요.

12 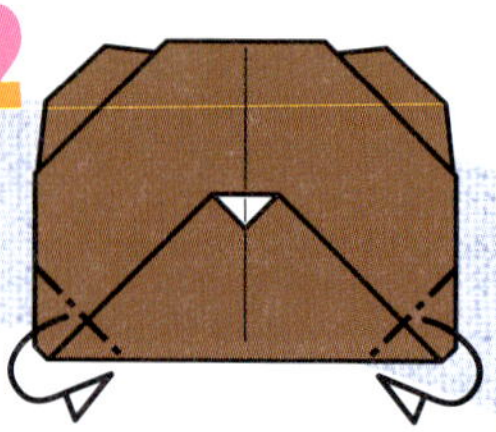
모서리를 산 접기 해요.

13 
합체로 이어져요.

가족 알림장　다리를 벌려 세울 수 있어서 여기저기 장식하기에 좋아요.

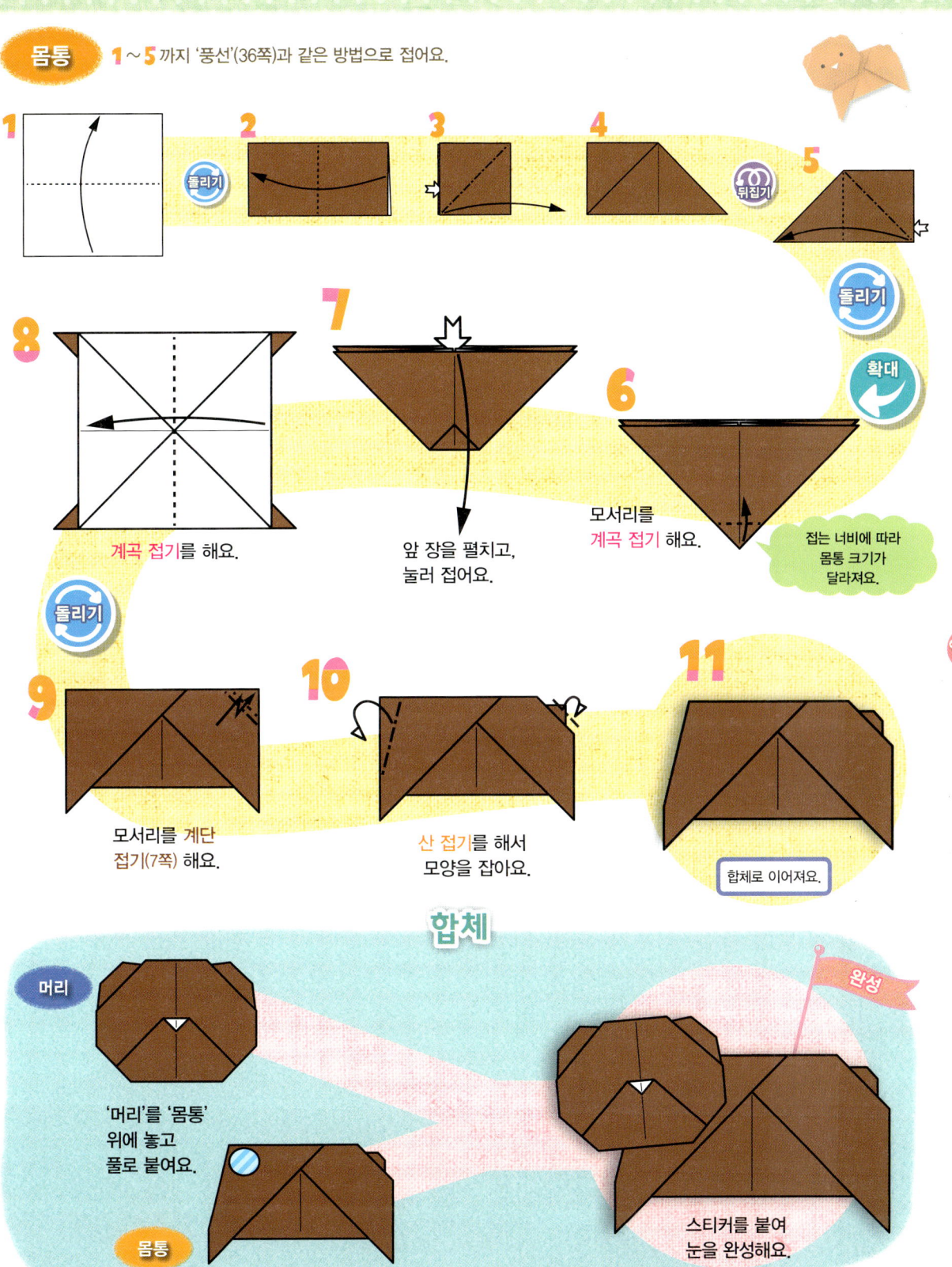

몸통 **1 ~ 5** 까지 '풍선'(36쪽)과 같은 방법으로 접어요.

1

2 돌리기

3

4 뒤집기

5

돌리기

확대

6 모서리를 **계곡 접기** 해요.

접는 너비에 따라 몸통 크기가 달라져요.

7 앞 장을 펼치고, 눌러 접어요.

8 **계곡 접기**를 해요.

돌리기

9 모서리를 **계단 접기**(7쪽) 해요.

10 **산 접기**를 해서 모양을 잡아요.

11 합체로 이어져요.

곰돌이

합체

머리

몸통

완성

'머리'를 '몸통' 위에 놓고 풀로 붙여요.

스티커를 붙여 눈을 완성해요.

어흥~
나는 동물의 왕!

사자

종이 색깔과 크기를 바꿔서 '동물의 왕국'을 만들어 보세요.
▶ 192쪽

작자 : 미야모토 마리코

'머리'와 '몸통'을 따로 접은 다음 합체해서 완성해요.

머리 1~6 까지 곰돌이 '머리'(76쪽)와 같은 방법으로 접어요.

1

돌리기 2

3

6 5 4

뒤집기 **확대** 7

보조선을 표시해요.

여기서부터 접어요.

접는 너비에 따라 머리 크기가 달라져요.

8 앞 장을 산 접기 하고 안쪽으로 접어요.

9 가장자리에서 계곡 접기를 해요.

확대 10 위에서 아래로 계곡 접기를 해요.

이 부분이 갈기가 돼요.

11 3군데를 계곡 접기 해요.

12 모서리를 산 접기 해요.

13 산 접기를 해서 얼굴 모양을 완성해요.

14 합체로 이어져요.

종이
3장

준비물
가위 풀 동그란 스티커

사자

가족 알림장 '곰돌이'(76쪽)와 중간 과정까지 접는 방법이 같아요. 2가지를 함께 접으면 일석이조!

갈기

색깔이 진한 색종이로 접어요.

1

보조선을 표시해요.

2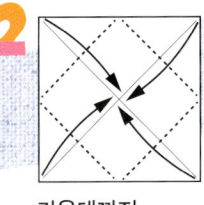

가운데까지
계곡 접기를 해요.

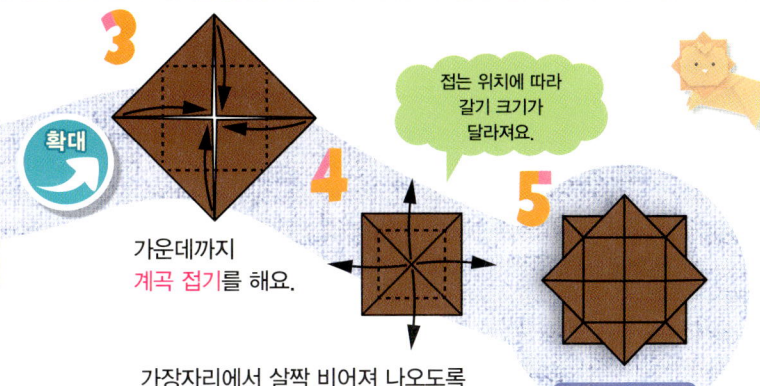

3

확대

가운데까지
계곡 접기를 해요.

접는 위치에 따라
갈기 크기가
달라져요.

4

가장자리에서 살짝 비어져 나오도록
계곡 접기를 해서 펴 줘요.

5

합체로 이어져요.

몸통

1~8 까지 곰돌이 '몸통'(77쪽)과 똑같이 접어요.

1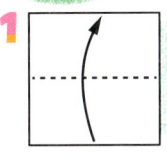

2 돌리기

3

4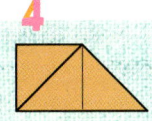

뒤집기

5  돌리기

6

7

8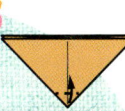

사
자

10

확대

안쪽 종이만 꼬리
모양으로 오려 줘요.

9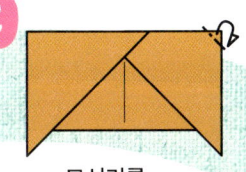

모서리를
산 접기 해요.

확대

돌리기

접을 부분만
봤을 때

11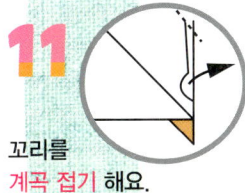

꼬리를
계곡 접기 해요.

12

합체로 이어져요.

합체

1 '머리'를 '갈기'에 겹쳐 놓고 풀로 붙여요.

머리

2 **1** 을 '몸통'에 겹쳐 놓고
풀로 붙여요.

완성

갈기

몸통

스티커를 붙여
눈을 완성해요.

동물 **79**

야옹~
귀엽지용!

아기 고양이

종이 색깔과 크기를 바꿔서 '야옹이와 멍멍이', '핼러윈'을
만들어 보세요.
▶ 192, 207쪽

작자 : 미야모토 마리코

종이
2장

준비물
풀   동그란 스티커

아기 고양이

'머리'와 '몸통'을 따로 접은 다음 합체해서 완성해요.

몸통

1
보조선을 표시해요.

2
가운데까지 계곡 접기를 해요.

3
가운데까지 계곡 접기를 해요.

확대

4
가운데까지 계곡 접기를 해요.

확대

5
아랫변에서 조금 떨어진 곳으로 비스듬하게 보조선을 표시해요.

간격을 띄워요.

6
5의 보조선과 가운데에서 교차하도록 비스듬하게 보조선을 표시해요.

여기서 교차시켜요.

7
이 부분이 꼬리가 돼요.

○를 잡고 계곡 접기를 해요.

8
모서리를 계곡 접기 해요.

9
꼬리를 계곡 접기 해요.

10
모서리를 계곡 접기 해요.

뒤집기

11
합체로 이어져요.

가족 알림장   꼬리를 버팀목 삼아 앉혀 둘 수 있어서 장식용으로 좋아요.

머리 **1~5**까지 '풍선'(36쪽)과 똑같이 접어요.

1

2 돌리기

3

4

5 돌리기

뒤집기

확대

6 아래쪽 가운데까지 계곡 접기를 해요.

9 접는 위치에 따라 눈 크기가 달라져요. 가장자리를 따라 계곡 접기를 해요.

8 가운데로 비스듬하게 계곡 접기를 해요. 뒤집기

7 접은 모습

확대

10 안을 펼치고 눌러 접어요.

11 계곡 접기를 해요.

12 모서리를 산 접기 해요.

13 앞 장을 계곡 접기 해요.

14 계곡 접기를 해요.

19 합체로 이어져요.

18 모서리를 산 접기 하고 모양을 잡아요.

17 뒤집기 접은 모습

16 귀 위치를 생각하며 접어요. 계곡 접기를 해요. 앞에서 보면서 귀 위치를 조정해요.

뒤집기

15 접은 모습

아기 고양이

합체

완성

머리

'머리'를 '몸통' 위에 놓고 풀로 붙여요.

스티커를 붙여 눈을 완성해 보세요.

몸통

동물 **81**

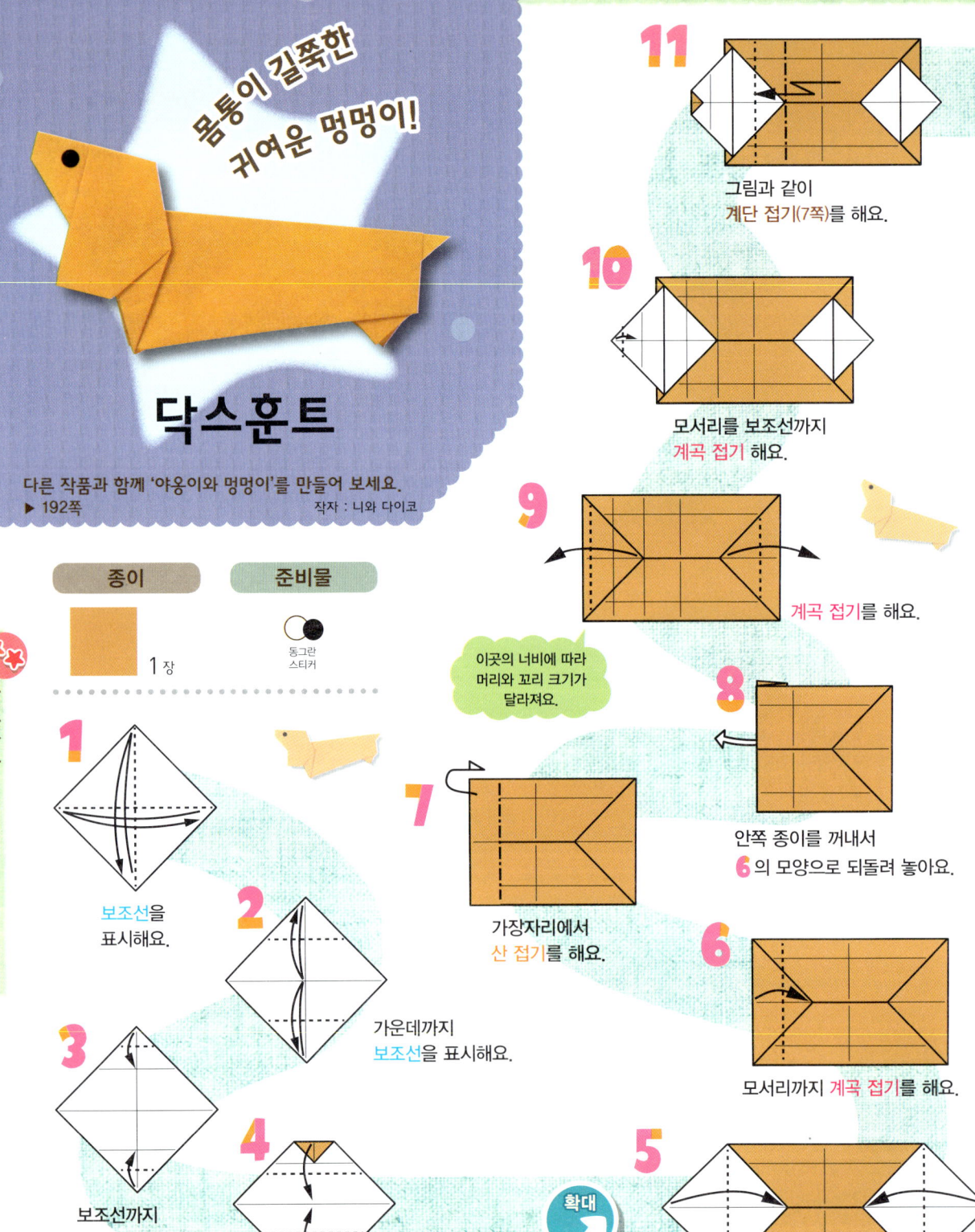

몸통이 길쭉한
귀여운 멍멍이!

닥스훈트

다른 작품과 함께 '야옹이와 멍멍이'를 만들어 보세요.
▶ 192쪽
작자 : 니와 다이코

닥스훈트

종이

1 장

준비물

동그란
스티커

1 보조선을
표시해요.

2 가운데까지
보조선을 표시해요.

3 보조선까지
계곡 접기를 해요.

4 가운데까지
계곡 접기를 해요.

확대

5 계곡 접기를 해요.

6 모서리까지 계곡 접기를 해요.

7 가장자리에서
산 접기를 해요.

8 안쪽 종이를 꺼내서
6의 모양으로 되돌려 놓아요.

이곳의 너비에 따라
머리와 꼬리 크기가
달라져요.

9 계곡 접기를 해요.

10 모서리를 보조선까지
계곡 접기 해요.

11 그림과 같이
계단 접기(7쪽)를 해요.

82

가족
알림장

13. 14에서 머리 기울기를 다르게 접어 다양한 표정을 만들어 보세요.

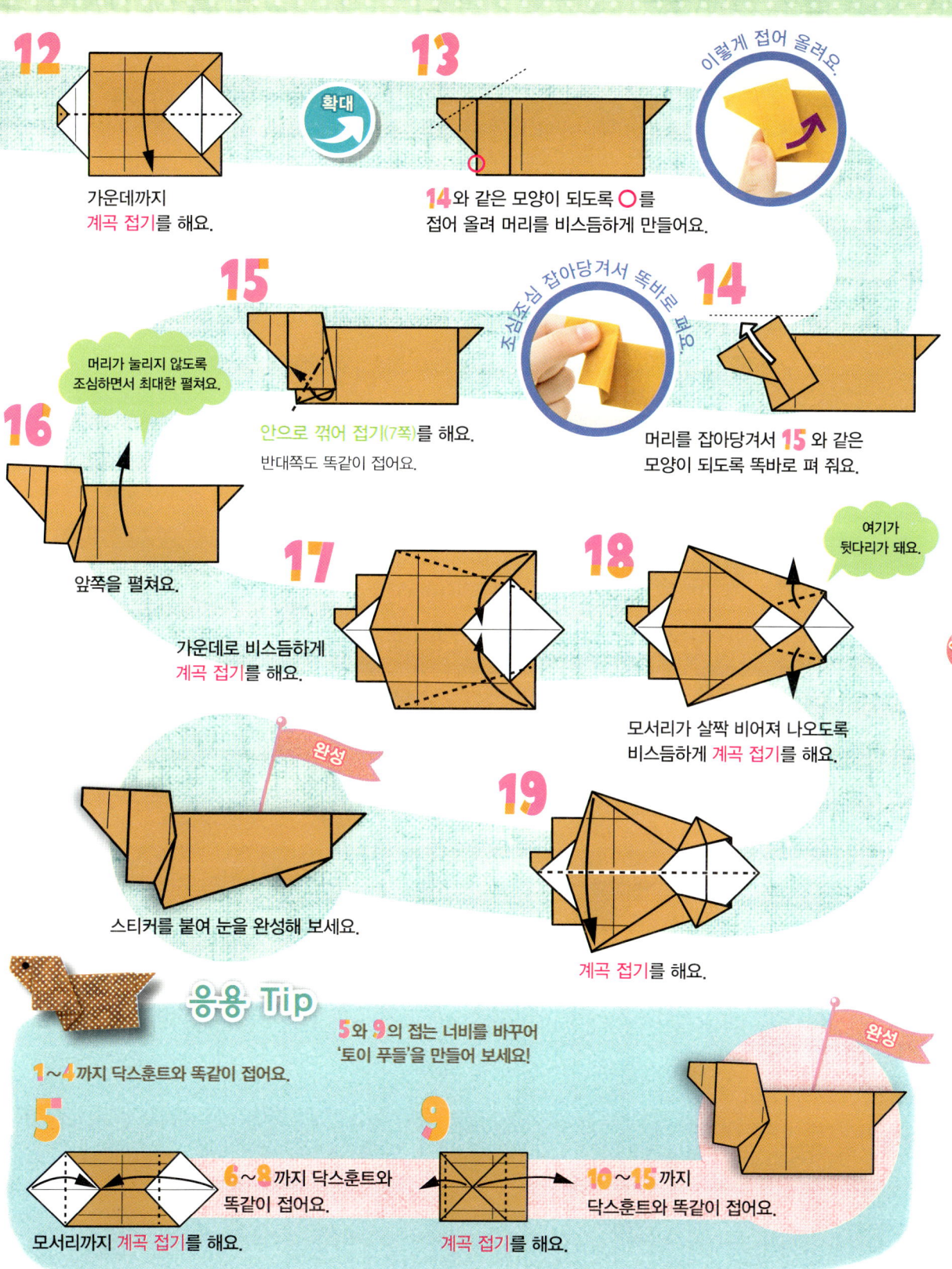

12 가운데까지
계곡 접기를 해요.

확대

13 **14**와 같은 모양이 되도록 ◯를
접어 올려 머리를 비스듬하게 만들어요.

이렇게 접어 올려요.

15 안으로 꺾어 접기(7쪽)를 해요.
반대쪽도 똑같이 접어요.

머리가 눌리지 않도록
조심하면서 최대한 펼쳐요.

조심조심 잡아당겨서 똑바로 펴요.

14 머리를 잡아당겨서 **15**와 같은
모양이 되도록 똑바로 펴 줘요.

16 앞쪽을 펼쳐요.

17 가운데로 비스듬하게
계곡 접기를 해요.

18 모서리가 살짝 비어져 나오도록
비스듬하게 계곡 접기를 해요.

여기가
뒷다리가 돼요.

닥스훈트

완성

스티커를 붙여 눈을 완성해 보세요.

19 계곡 접기를 해요.

응용 Tip

5와 **9**의 접는 너비를 바꾸어
'토이 푸들'을 만들어 보세요!

1~4까지 닥스훈트와 똑같이 접어요.

완성

5 모서리까지 계곡 접기를 해요.

6~8까지 닥스훈트와
똑같이 접어요.

9 계곡 접기를 해요.

10~15까지
닥스훈트와 똑같이 접어요.

거북이

엉금엉금 느려도
영차영차
잘도 기어요!

다른 작품과 함께 '동물의 왕국', '낚시', '토끼와 거북이'를
만들어 보세요.
▶ 192, 197, 205쪽

전승 작품

1 보조선을 표시해요.

2 계곡 접기를 해요. 돌리기

3 가운데까지 계곡 접기를 해요. 확대

4 위쪽으로 계곡 접기를 해요.

5 가운데까지 계곡 접기를 해요.

6 가장자리까지 비스듬하게 계곡 접기를 해요.

이 부분이 머리가 돼요.

7 계단 접기(7쪽)를 해요.

8 앞 장을 오려서 절개선을 넣어요.

9 8 에서 가장자리까지 계곡 접기를 해요.

10 접은 모습 뒤집기

완성

종이

준비물

1장

가위

거북이

가족 알림장 4분의 1 크기 종이로 새끼 거북이를 접어서 거북이 가족을 만들 수 있어요.

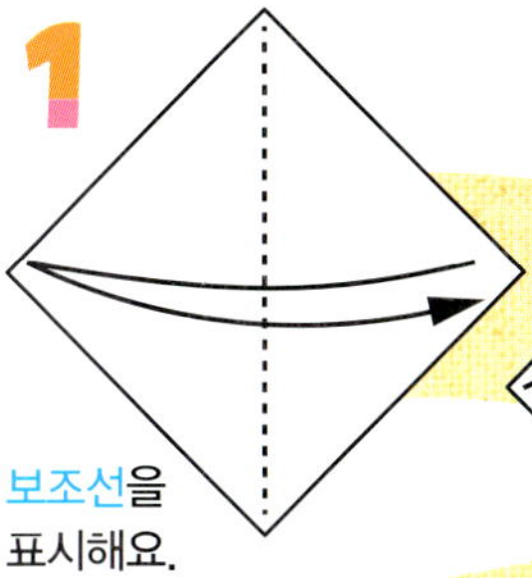

1
보조선을
표시해요.

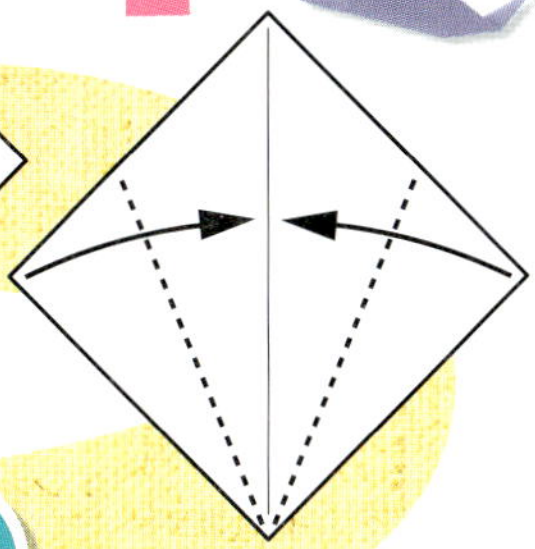

2

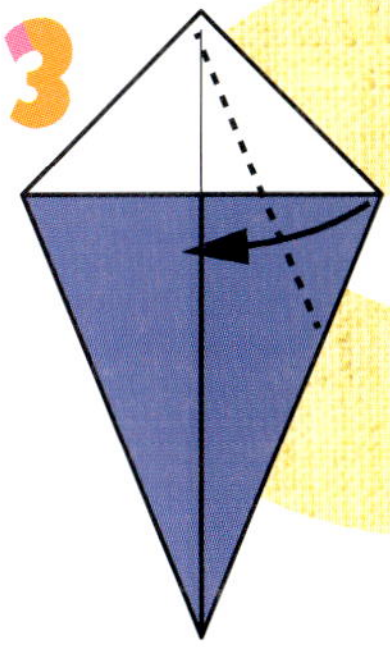

3
가운데에서 살짝
떨어진 지점에서
계곡 접기를 해요.

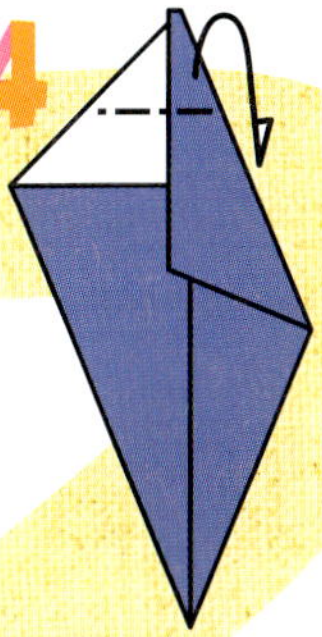

확대
가운데까지
계곡 접기를 해요.

4
접는 너비에 따라
입 크기가
달라져요.

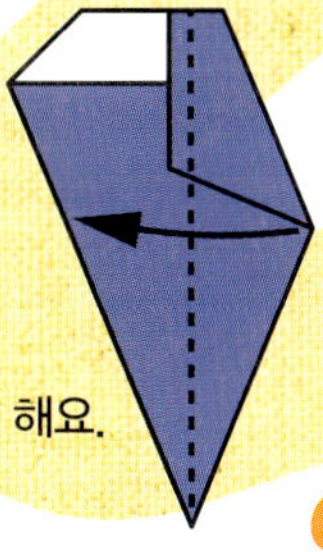

산 접기를 해요.

5
가운데까지
계곡 접기를 해요.

6
접은
모습

뒤집기 돌리기 확대

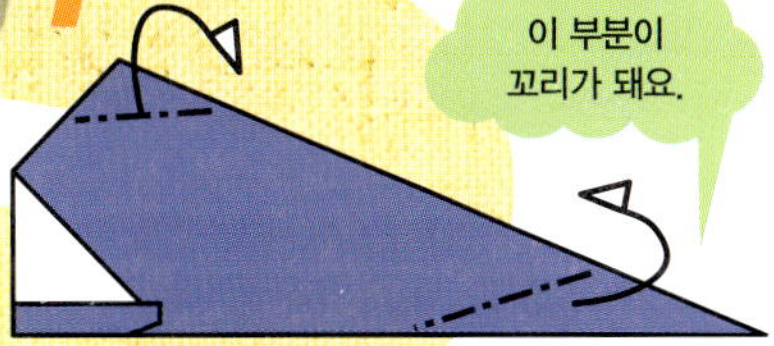

7
이 부분이
꼬리가 돼요.

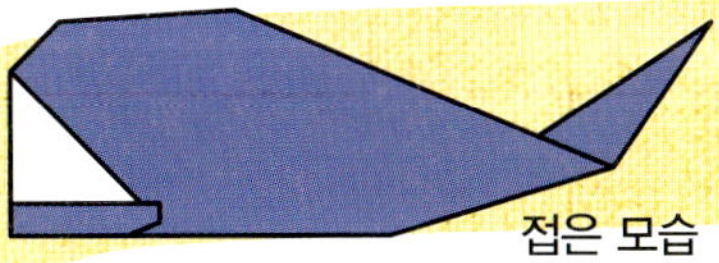

8
접은 모습

산 접기를 해요.

9 물줄기를 만들어요.

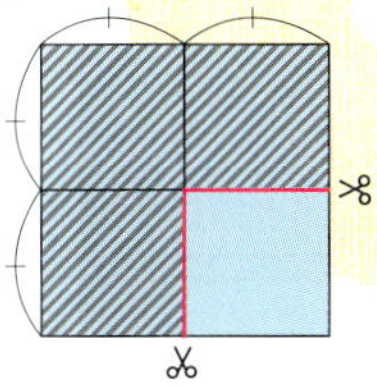

그림처럼 잘라요.

확대 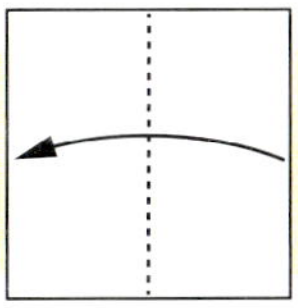
계곡 접기를
해요.

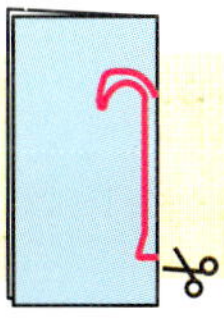

물줄기 모양으로
잘라서 펼쳐요.

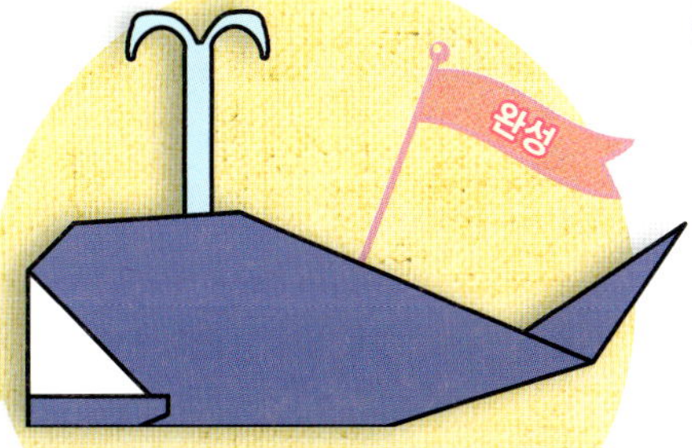

완성

물줄기는 뒷면에 풀로 붙이세요.
스티커와 펜으로 얼굴을 꾸며 보세요.

머리 위로 시원한
물줄기를 슈욱!

고래

색종이 색깔과 크기를 바꿔 접어서 '낚시' 놀이를 하며
놀아 보세요.
▶ 197쪽

작자 : 미야모토 마리코

종이	준비물
2장	가위 풀 동그란 스티커 펜

고래

가족
알림장
25×25cm 정사각형 색종이로 접으면 커다란 고래를 만들 수 있어요.

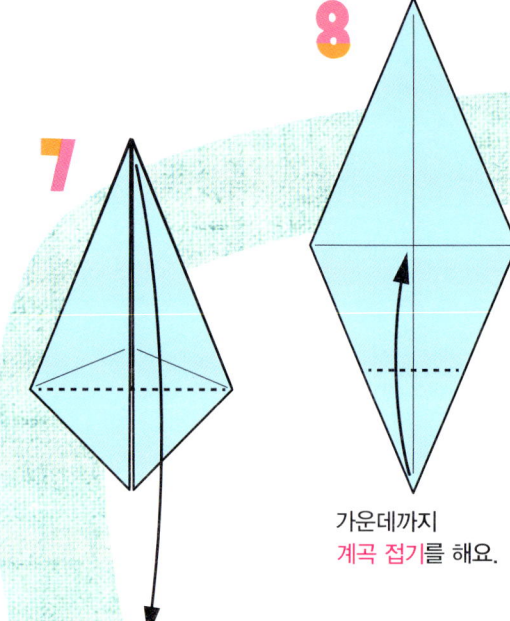

바다 위로 점프하는 것이

특기예요!

돌고래

색깔과 크기를 바꿔 접어서 '동물의 왕국', '낚시' 놀이를 해 보세요.
▶ 192, 197쪽

작자 : 미야모토 마리코

돌고래

종이	준비물

1 장

동그란
스티커

1

보조선을 표시해요.

2

가운데까지
계곡 접기를 해요.

확대

3

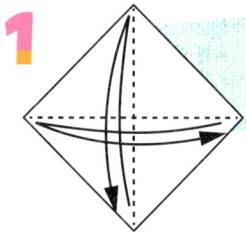

접은 모습

뒤집기

4

계곡 접기를 해요.

확대

5

접은 모습

6

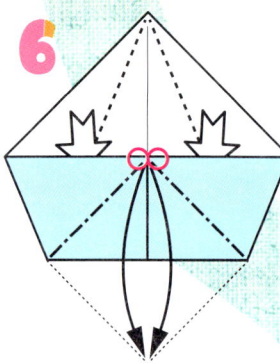

○를 잡고, **7**과 같은
모양이 되도록 빼내요.

뒤집기

7

앞 장을 계곡 접기 해요.

8

가운데까지
계곡 접기를 해요.

가족
알림장

12에서, 양옆을 서로 반대 방향으로 바꿔 접으면 오른쪽을 바라보는 돌고래가 돼요.

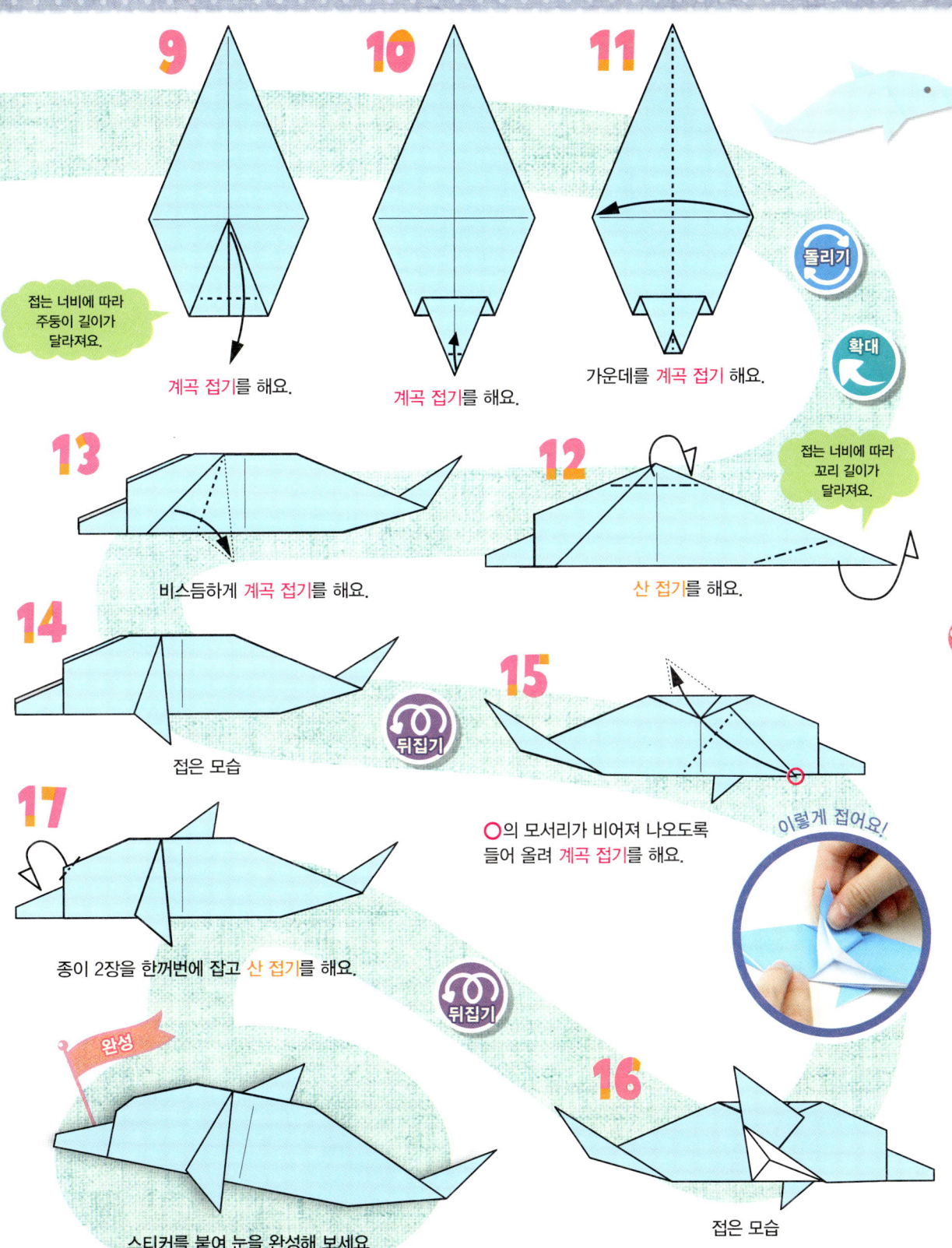

9

접는 너비에 따라 주둥이 길이가 달라져요.

계곡 접기를 해요.

10

계곡 접기를 해요.

11

가운데를 계곡 접기를 해요.

돌리기

확대

접는 너비에 따라 꼬리 길이가 달라져요.

13

비스듬하게 계곡 접기를 해요.

12

산 접기를 해요.

14

접은 모습

뒤집기

15

◯의 모서리가 비어져 나오도록 들어 올려 계곡 접기를 해요.

이렇게 접어요!

17

종이 2장을 한꺼번에 잡고 산 접기를 해요.

뒤집기

완성

스티커를 붙여 눈을 완성해 보세요.

16

접은 모습

돌고래

고이고이 접어서
마음을 전해 보세요!

종이학

전승 작품

종이

1장

종이학

잘 접어 보시옹~

1 계곡 접기를 해요.

확대

돌리기

2 계곡 접기를 해요.

3 펼쳐서 포개 접어요.

4 접은 모습

뒤집기

5 **3**과 같은 모양이 되도록 펼쳐서 포개 접어요.

6 가운데까지 계곡 접기를 해요. 반대쪽도 똑같이 접어요.

확대

7 계곡 접기를 해요.

가족 알림장 모서리끼리 딱 맞춰서 접도록 중간중간 확인해 주세요.

8

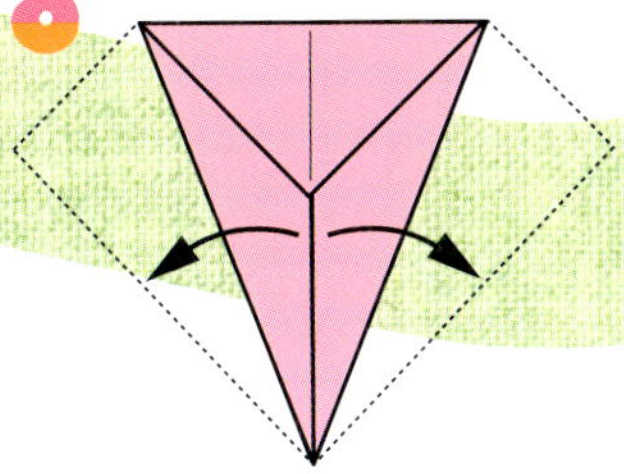

6에서 접은 부분을 접기 전 상태로 되돌려 놓아요.

9

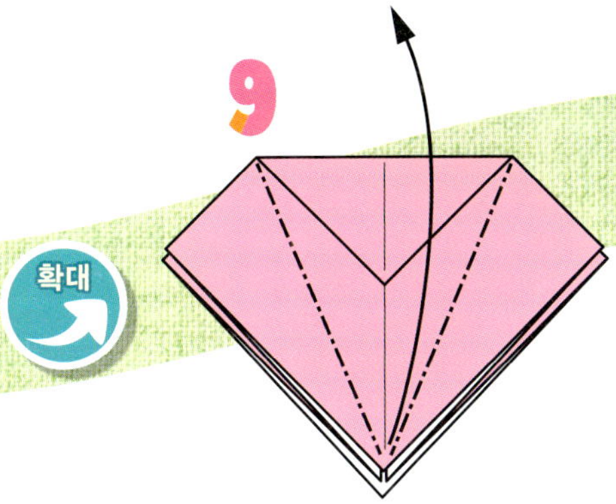

확대

앞 장을 잡아서 위로 올리고, 보조선을 따라 접어요.
반대쪽도 똑같이 접어요.

확대

10

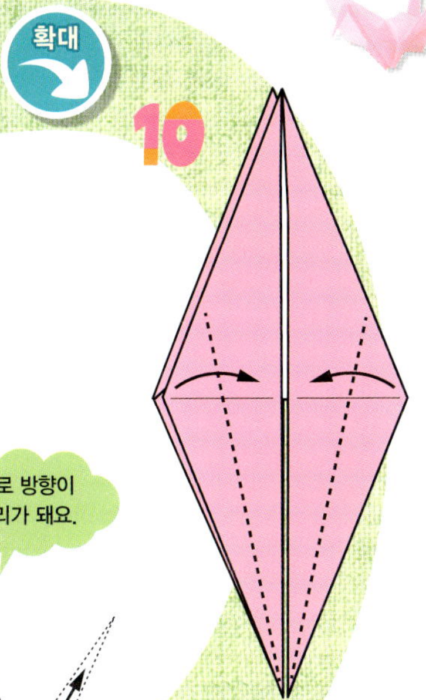

가운데까지 **계곡 접기**를 해요.
반대쪽도 똑같이 접어요.

세로 방향이 머리가 돼요.

이렇게 접어요!

11

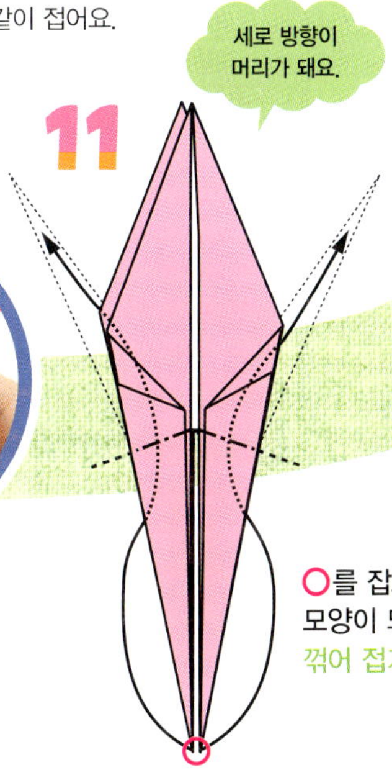

○를 잡고 **12**와 같은 모양이 되도록 **안으로 꺾어 접기**(7쪽)를 해요.

12

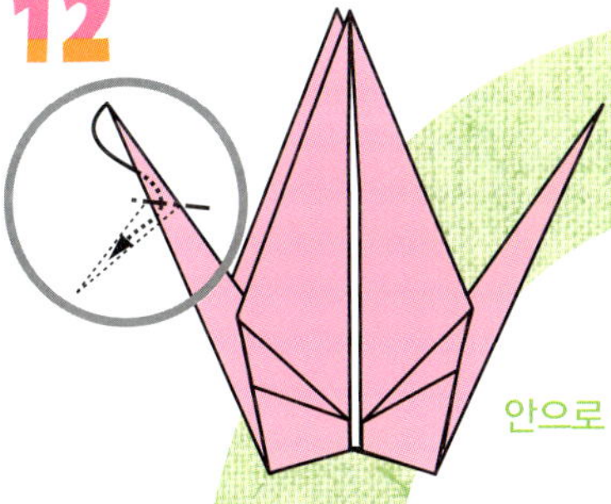

안으로 꺾어 접기를 해요.

앞부분 확대

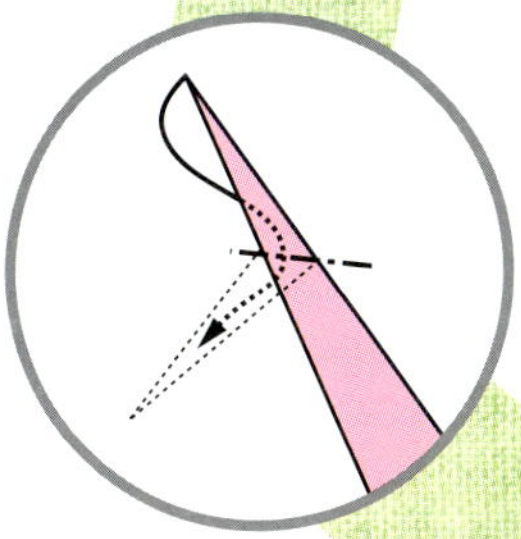

13

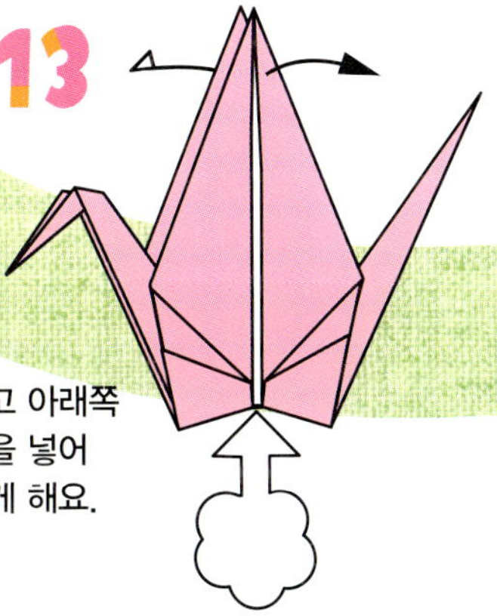

날개를 펼치고 아래쪽 구멍에 바람을 넣어 부풀어 오르게 해요.

완성

뒤뚱뒤뚱 달려서
물속으로 풍덩!

펭귄

다른 작품과 함께 '동물의 왕국', '펭귄'을 만들어 보세요.
▶ 192, 195쪽
작자 : 미야모토 마리코

펭귄

종이 | **준비물**
1장 | 스카치테이프 · 동그란 스티커

11 접은 모습.
그림 12와 같이 펼쳐요.

12 그림과 같이 계곡 접기를 해요.

10 가장자리까지 계곡 접기를 해요.

8 가장자리까지 계곡 접기를 해요.

9 가장자리에서 간격을 살짝 띄우고 계곡 접기를 해요.
간격을 띄워요.

1 보조선을 표시해요.

뒤집기

2 계곡 접기를 해요.

7 가장자리까지 계곡 접기를 해요.

6 모서리 부분을 접어요.
모서리 부분에서 계곡 접기를 해요.

확대

3 그림과 같이 계곡 접기를 해요.
반대쪽도 똑같이 접어요.

4 ○를 잡아 올려 그림과 같이 접어요.
반대쪽도 똑같이 접어요.
부분은 너비가 같아요.

이렇게 접어요.

5 계곡 접기를 해요.
반대쪽도 똑같이 접어요.
여기가 날개가 돼요.

가족 알림장 **24**에서 겹치는 너비를 바꾸어 날씬한 펭귄과 통통한 펭귄을 만들어 보세요.

13 그림과 같이 계곡 접기를 해요.

14 가장자리까지 계곡 접기를 해요.

15 접은 모습

여기가 부리가 돼요.

확대

16 부리만 확대해서 봤을 때
비스듬하게 계곡 접기를 해요.

19 산 접기를 해요.

확대

18 접은 모습

이렇게 잡고 접어요.

17 ○를 꼬집듯이 잡아서 접어요.

뒤집기

이렇게 접어요.

20 ○가 비어져 나와 **21**과 같은 모양이 되도록 가운데에서 계곡 접기를 해요.

21 안쪽을 계곡 접기 해요. 반대쪽도 똑같이 접어요.

이 부분을 접어요.

확대

22 앞쪽 모서리를 산 접기 하고 세워요. 반대쪽도 똑같이 접어요.

펭귄

완성 스티커를 붙여 눈을 완성해 보세요.

24 뒤에서 봤을 때
겹치는 너비에 따라 펭귄 모양이 달라져요.
스카치테이프로 가장자리를 고정해요. 안을 펼쳐서 모양을 잡아요.

돌리기

23 가장자리에서 살짝 산 접기를 하여 보조선을 표시해요. 반대쪽도 똑같이 접어요.

새 **91**

부릉 부릉~

신나게 달려 보세요!

버스

다른 작품과 함께 '씽씽이 마을'을 만들어 보세요.
▶ 198쪽

작자 : 니와 다이코

종이

2장

준비물

가위 풀 크레파스

버스

'차체'와 '바퀴'를 따로 접은 다음 합체해서 완성해요.

차체

1 보조선을 표시해요.

2 가운데까지 계곡 접기를 해서 보조선을 표시해요.

3 보조선까지 계곡 접기를 해요.

돌리기

4 보조선까지 계곡 접기를 해요.

확대

5 보조선까지 계곡 접기를 해요.

확대

6 가운데를 계곡 접기 해요.

7 모서리에서 비스듬하게 보조선을 표시해요.

8 안으로 꺾어 접기(7쪽)를 해요.

9 바깥쪽에서 안에 있는 종이를 빼내요.

10 계곡 접기를 하고, 양 끝을 안으로 끼워 넣어요.

11 합체로 이어져요.

가족 알림장 '차체'는 앞뒤를 뒤집으면 반대쪽을 바라보는 모양이 돼요. '바퀴'는 접기 어려우니 처음에는 15㎝ 정사각형 종이로 연습해 보세요.

바퀴

1 그림처럼 잘라요.
2장을 사용해요.

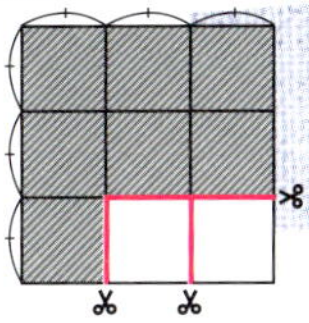

확대

2 보조선을 표시해요.

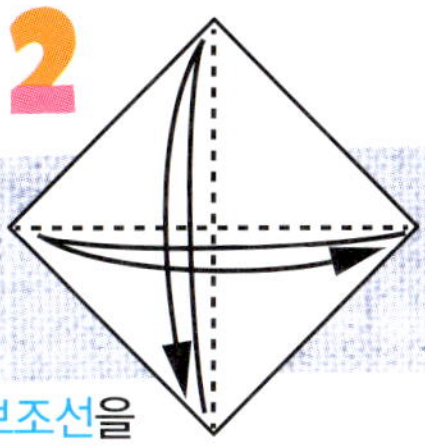

3 가운데까지 계곡 접기를 해요.

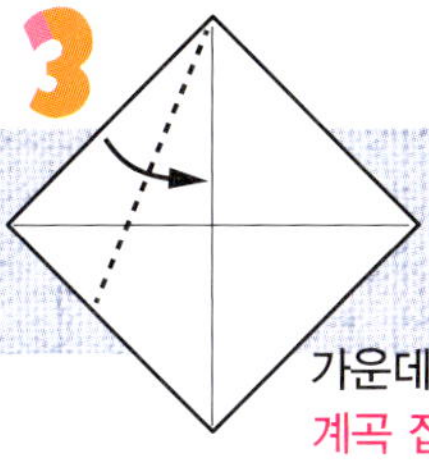

확대

4 가운데까지 계곡 접기를 해요.

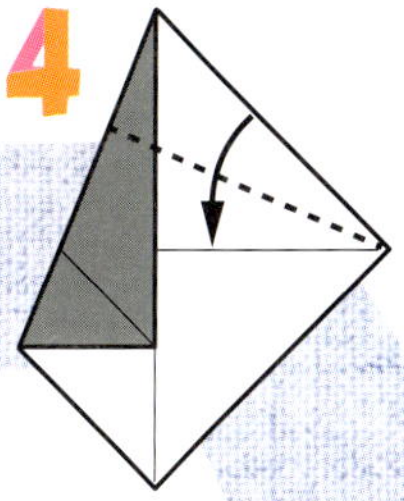

5 보조선까지 계곡 접기를 해요.

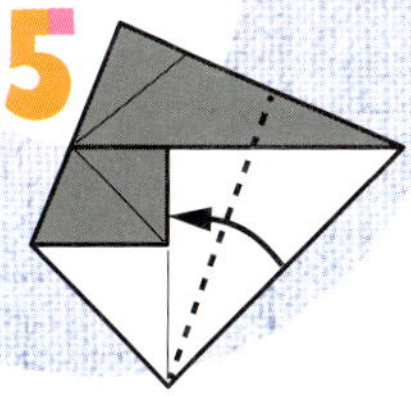

6 ◯와 ◯가 만나도록 접어서 보조선을 표시해요.

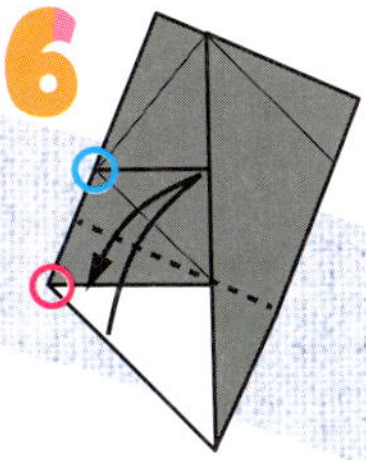

7 ◯를 **8**과 같이 접어 올려요.

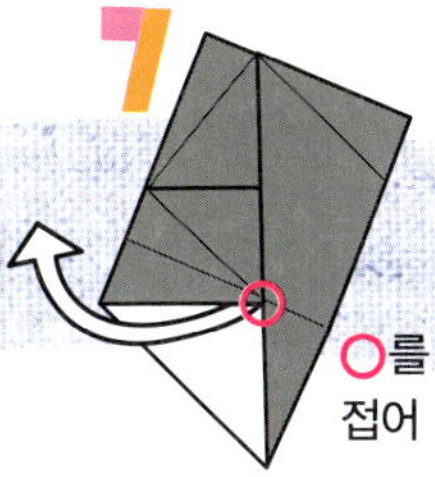

확대

힘을 내요!

8 ◯를 잡아 ◯에 맞추고 **6**의 보조선을 따라 계곡 접기를 하면서, ◯와 ◯를 맞추고, ◯를 원래 자리로 되돌려 놓아요.

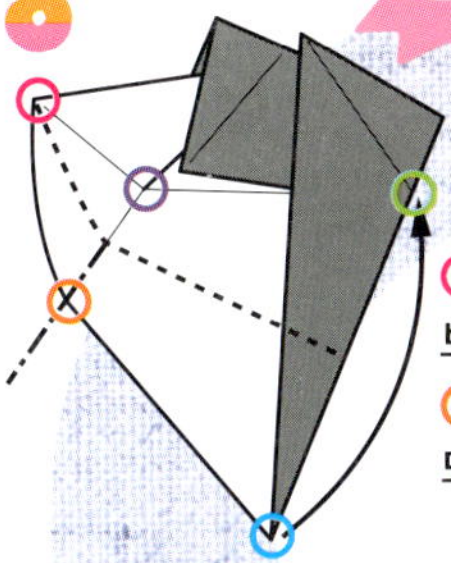

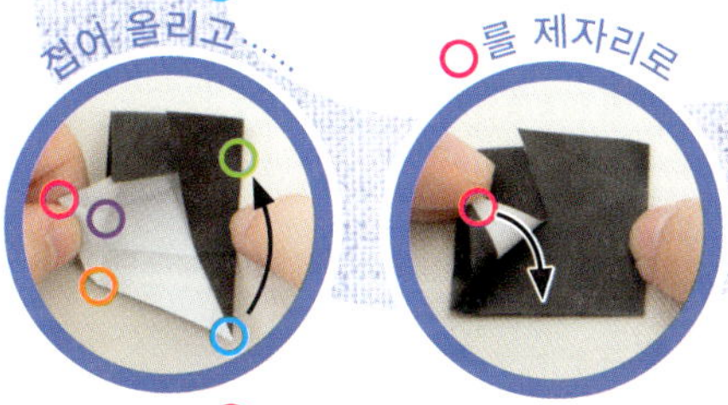

접어 올리고......

◯를 제자리로

확대

9 ◯가 ◯와 만나도록 아래쪽으로 접고 눌러 줘요.

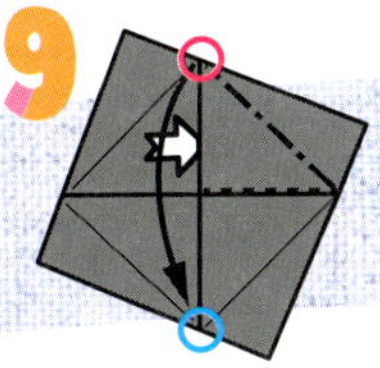

10 ◯가 ◯와 만나도록 옆으로 접고 눌러 줘요.

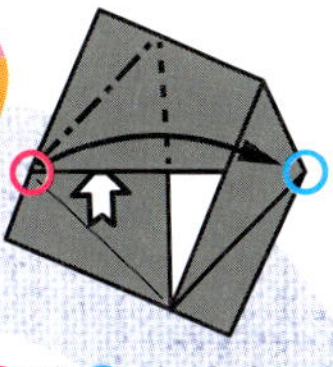

11 ◯가 ◯와 만나도록 위로 접고 눌러 줘요.

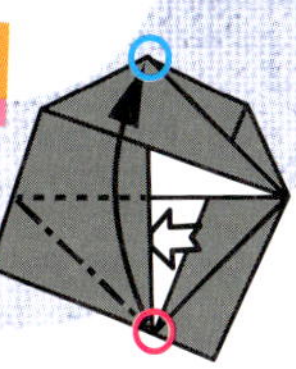

12 ◯가 ◯와 만나도록 계곡 접기를 해요.

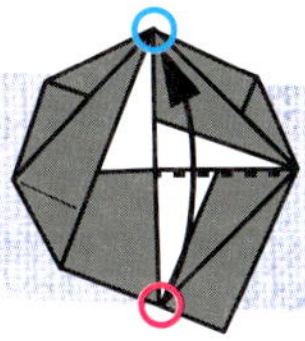

13 ◯가 ◯와 만나도록 옆으로 접고 눌러 줘요.

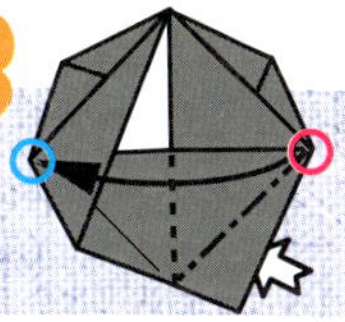

14 ◯가 ◯와 만나도록 계곡 접기를 해요.

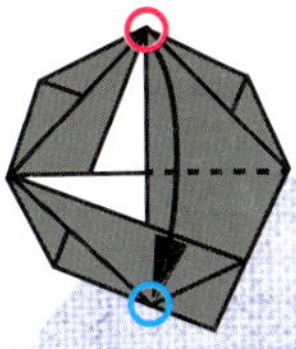

15 모서리를 끼워 넣어요.

16 바퀴 2개를 접어요.

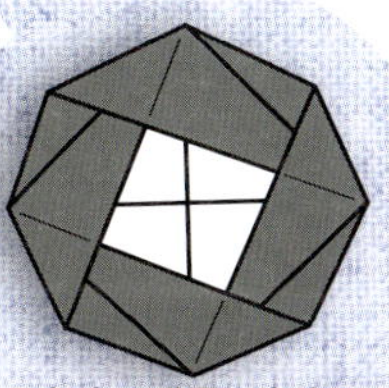

합체로 이어져요.

합체

완성

차체

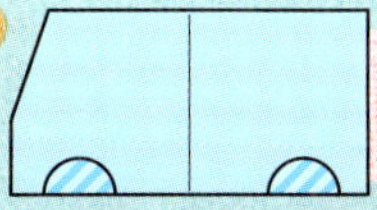

바퀴

'바퀴'를 '차체'에 겹쳐 놓고 풀로 붙여요.

크레파스로 창문을 그려 넣어요.

버스

멋지게 접어서
쌩쌩 달려 보세요

자동차

다른 작품과 함께 '씽씽이 마을'을 만들어 보세요.
▶ 198쪽

작자 : 미야모토 마리코

10 가장자리에 맞춰
비스듬하게 계곡
접기를 해요.

여기에
맞춰요.

9 가장자리에 맞춰
비스듬하게 계곡
접기를 해요.

여기에
맞춰요.

8 뒤집기

계곡 접기를 해요.

7 접은 모습

종이

1장

준비물

크레파스

자동차

1 보조선을
표시해요.

6 안쪽 종이를
가장자리에서
산 접기 해요.

5 가장자리까지 비스듬하게
계곡 접기를 해요.

확대

2 가운데까지
계곡 접기를 해요.

3 접은 모습

뒤집기

4 가운데까지
계곡 접기를 해요.

가족
알림장

12에서 양옆을 반대로 접으면 반대 방향을 바라보고 달리는 자동차가 만들어져요.

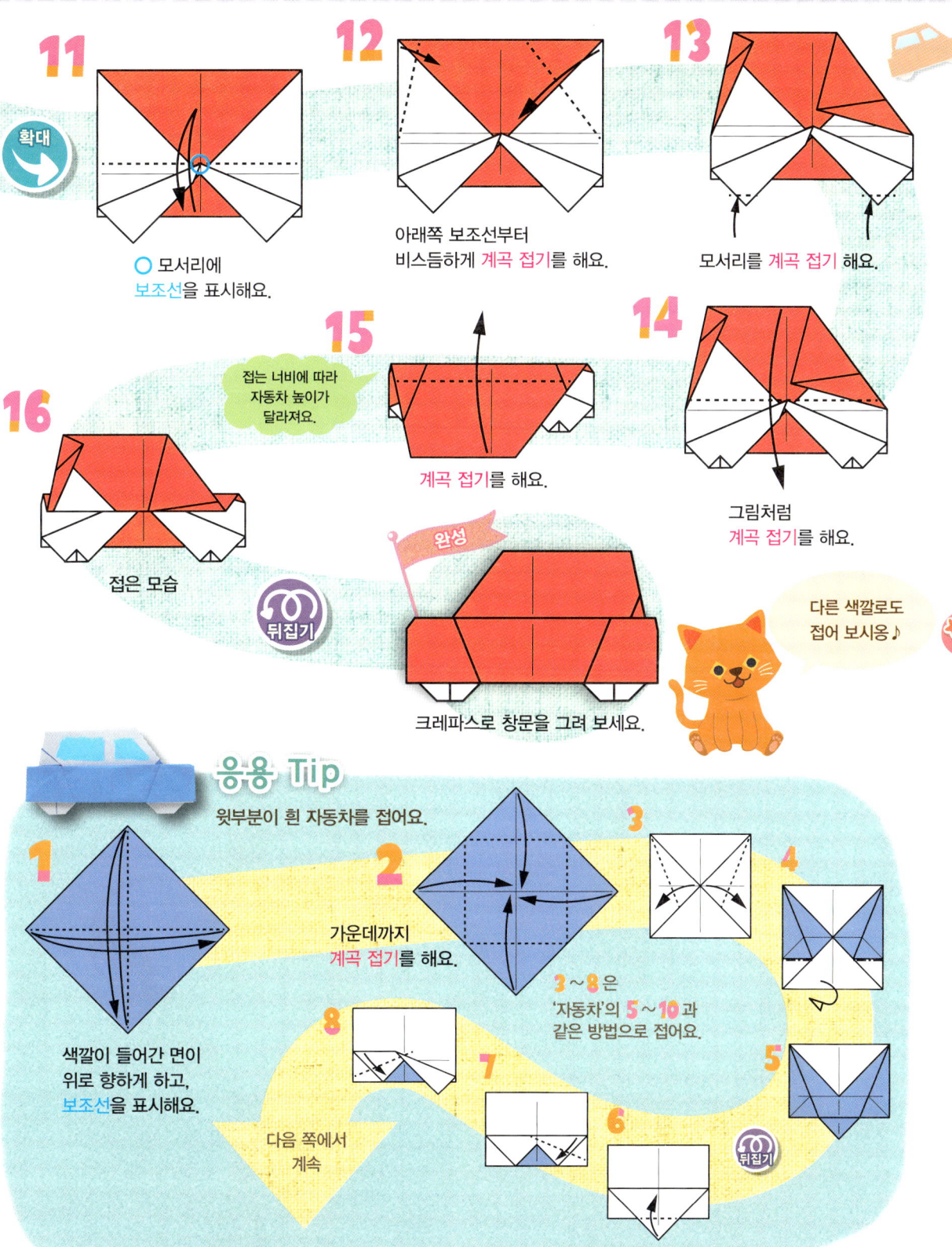

11 확대 ○ 모서리에 보조선을 표시해요.

12 아래쪽 보조선부터 비스듬하게 계곡 접기를 해요.

13 모서리를 계곡 접기 해요.

14 그림처럼 계곡 접기를 해요.

15 접는 너비에 따라 자동차 높이가 달라져요. 계곡 접기를 해요.

16 접은 모습

뒤집기

완성 크레파스로 창문을 그려 보세요.

다른 색깔로도 접어 보시옹♪

자동차

응용 Tip
윗부분이 흰 자동차를 접어요.

1 색깔이 들어간 면이 위로 향하게 하고, 보조선을 표시해요.

2 가운데까지 계곡 접기를 해요.

3

4

3~8은 '자동차'의 5~10과 같은 방법으로 접어요.

5

6

뒤집기

7

8

다음 쪽에서 계속

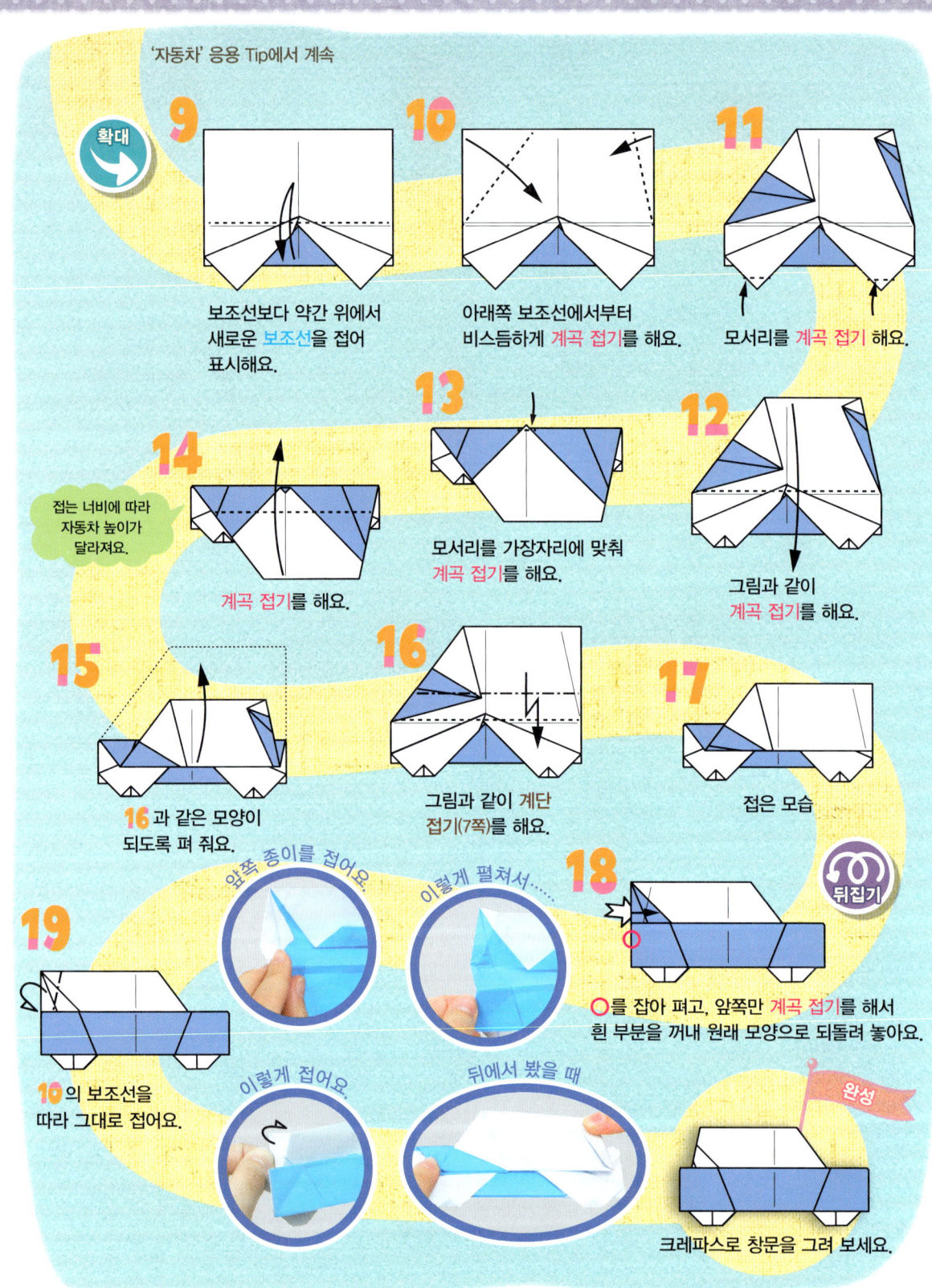

확대

9 보조선보다 약간 위에서 새로운 보조선을 접어 표시해요.

10 아래쪽 보조선에서부터 비스듬하게 계곡 접기를 해요.

11 모서리를 계곡 접기 해요.

12 그림과 같이 계곡 접기를 해요.

13 모서리를 가장자리에 맞춰 계곡 접기를 해요.

14 계곡 접기를 해요.

접는 너비에 따라 자동차 높이가 달라져요.

15 16 과 같은 모양이 되도록 펴 줘요.

16 그림과 같이 계단 접기(7쪽)를 해요.

17 접은 모습

뒤집기

18 앞쪽 종이를 접어요. 이렇게 펼쳐서······

○를 잡아 펴고, 앞쪽만 계곡 접기를 해서 흰 부분을 꺼내 원래 모양으로 되돌려 놓아요.

19 10 의 보조선을 따라 그대로 접어요.

이렇게 접어요. 뒤에서 봤을 때

완성

크레파스로 창문을 그려 보세요.

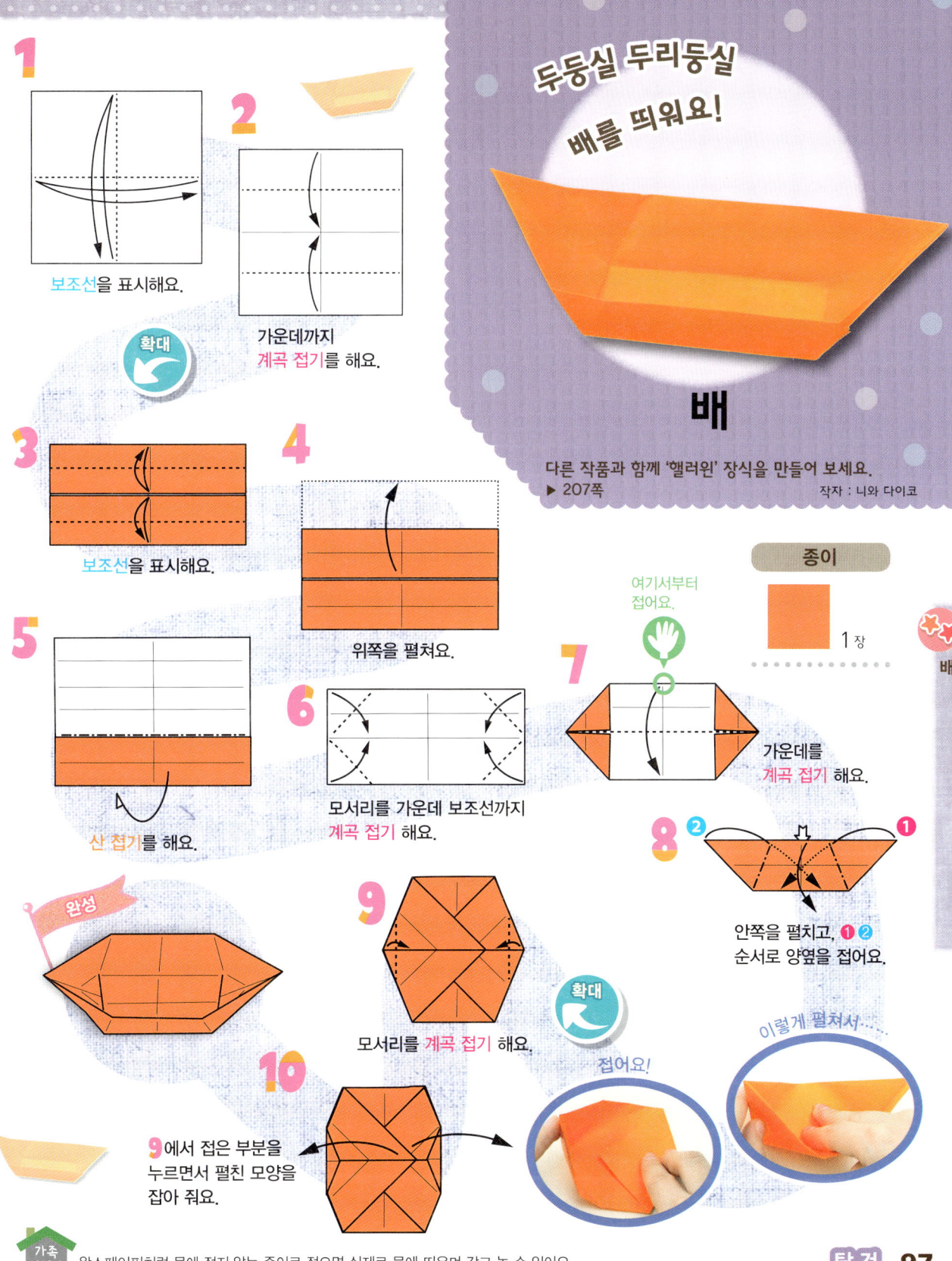

1
보조선을 표시해요.

2
가운데까지 계곡 접기를 해요.

확대

두둥실 두리둥실
배를 띄워요!

배

다른 작품과 함께 '핼러윈' 장식을 만들어 보세요.
▶ 207쪽
작자 : 니와 다이코

3
보조선을 표시해요.

4
위쪽을 펼쳐요.

5
산 접기를 해요.

6
모서리를 가운데 보조선까지 계곡 접기 해요.

7
여기서부터 접어요.
가운데를 계곡 접기 해요.

종이

1장

배

8
안쪽을 펼치고, ❶❷ 순서로 양옆을 접어요.

완성

9
모서리를 계곡 접기 해요.

확대

접어요!

이렇게 펼쳐서…

10
9에서 접은 부분을 누르면서 펼친 모양을 잡아 줘요.

가족 알림장: 왁스페이퍼처럼 물에 젖지 않는 종이로 접으면 실제로 물에 띄우며 갖고 놀 수 있어요.

탈것 **97**

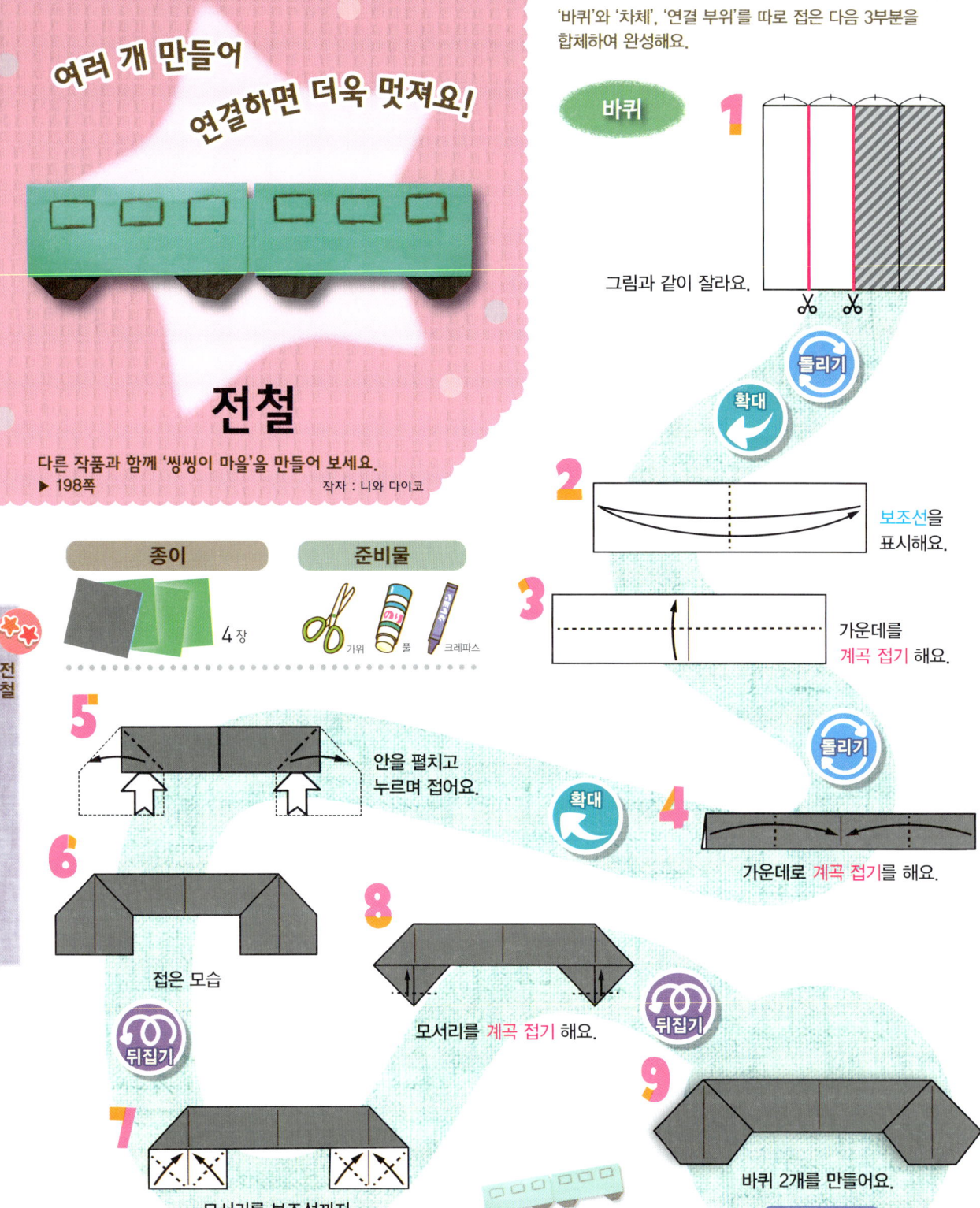

여러 개 만들어
연결하면 더욱 멋져요!

전철

다른 작품과 함께 '씽씽이 마을'을 만들어 보세요.
▶ 198쪽

작자 : 니와 다이코

종이

4장

준비물

가위   풀   크레파스

'바퀴'와 '차체', '연결 부위'를 따로 접은 다음 3부분을
합체하여 완성해요.

바퀴

1
그림과 같이 잘라요.

돌리기

확대

2
보조선을
표시해요.

3
가운데를
계곡 접기 해요.

돌리기

확대

4
가운데로 계곡 접기를 해요.

5
안을 펼치고
누르며 접어요.

6
접은 모습

뒤집기

7
모서리를 보조선까지
계곡 접기 해요.

8
모서리를 계곡 접기 해요.

뒤집기

9
바퀴 2개를 만들어요.

합체로 이어져요.

98

가족
알림장   좋아하는 색깔 종이로 접어서 무늬를 그려 넣으면 개성 만점 전철이 돼요.

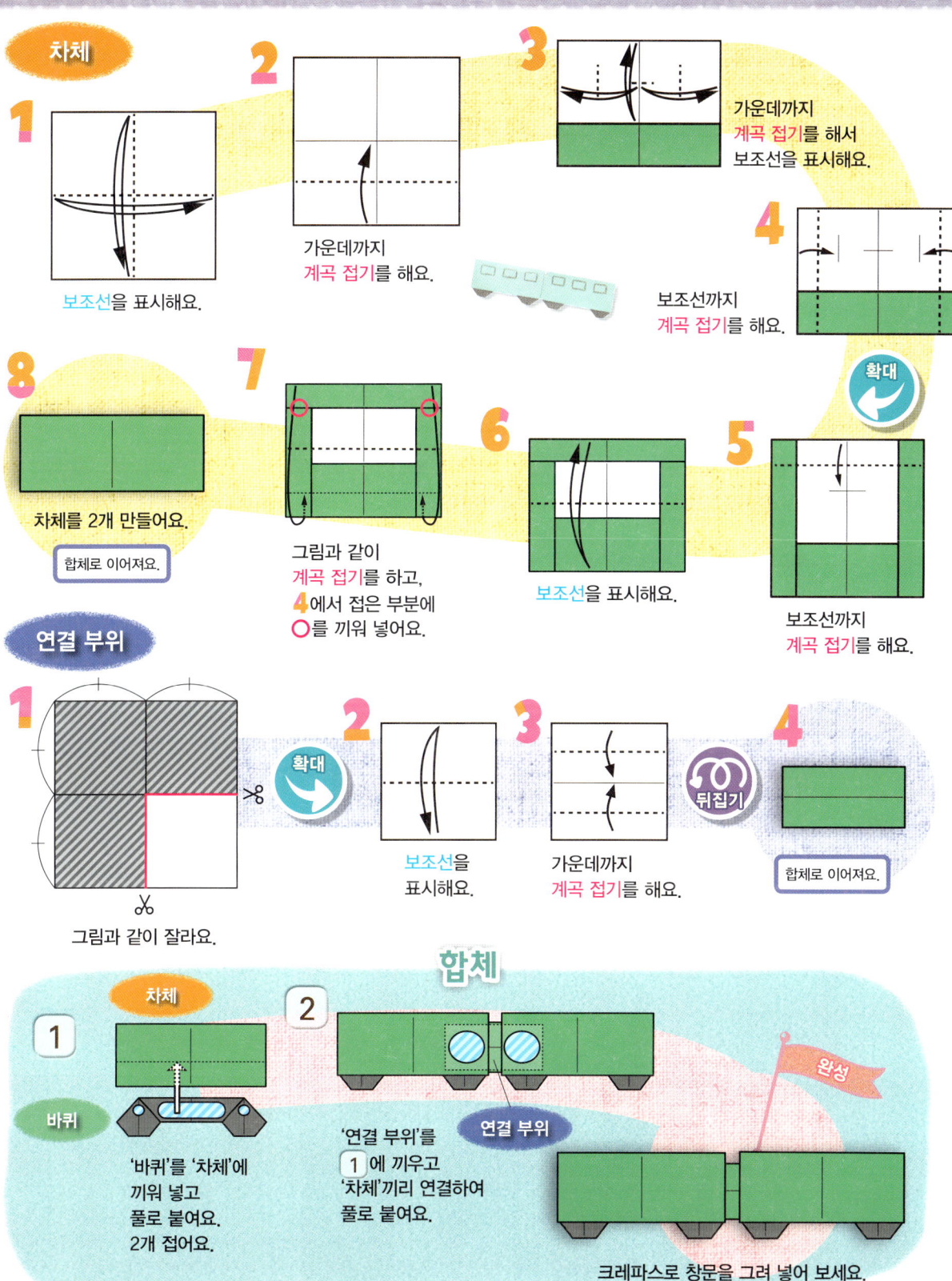

차체

1 보조선을 표시해요.

2 가운데까지 계곡 접기를 해요.

3 가운데까지 계곡 접기를 해서 보조선을 표시해요.

4 보조선까지 계곡 접기를 해요.

확대

5 보조선까지 계곡 접기를 해요.

6 보조선을 표시해요.

7 그림과 같이 계곡 접기를 하고, 4에서 접은 부분에 ⭕를 끼워 넣어요.

8 차체를 2개 만들어요.

합체로 이어져요.

연결 부위

1 그림과 같이 잘라요.

확대

2 보조선을 표시해요.

3 가운데까지 계곡 접기를 해요.

뒤집기

4 합체로 이어져요.

합체

1 차체
바퀴
'바퀴'를 '차체'에 끼워 넣고 풀로 붙여요. 2개 접어요.

2 '연결 부위'를 1에 끼우고 '차체'끼리 연결하여 풀로 붙여요.

연결 부위

완성

크레파스로 창문을 그려 넣어 보세요.

전철

탈것 **99**

달리자 달려~

칙칙폭폭!

기관차

다른 작품과 함께 접어 '씽씽이 마을', '신데렐라'를 만들어 보세요.
▶ 198, 205쪽

작자 : 미야모토 마리코

종이	준비물
2장	가위 풀

'차체 1'과 '차체 2', '바퀴'를 따로 접은 다음 합체하여 완성해요.

차체 1   차체 2

1 반으로 잘라요.
2장 모두 사용해요.

2 종이 2장을 겹쳐 놓아요.

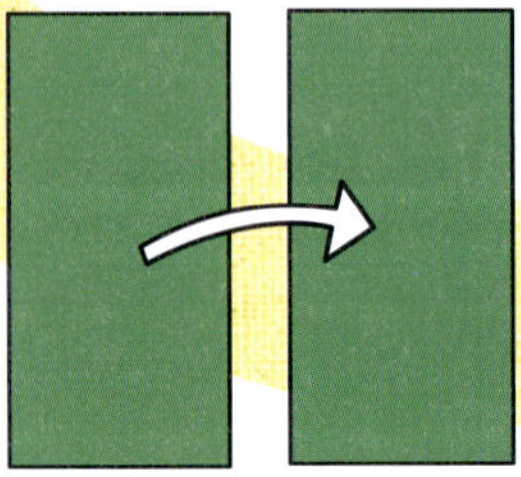

3 2장을 한꺼번에
가운데에서 계곡 접기를 해요.

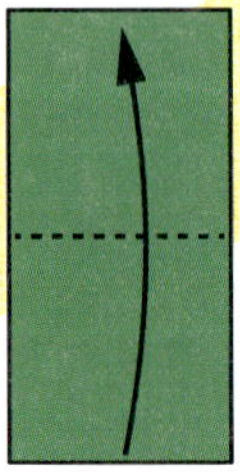

확대

4 앞쪽 종이 2장을 한꺼번에 잡고 그림과 같이 계곡 접기를 해요.

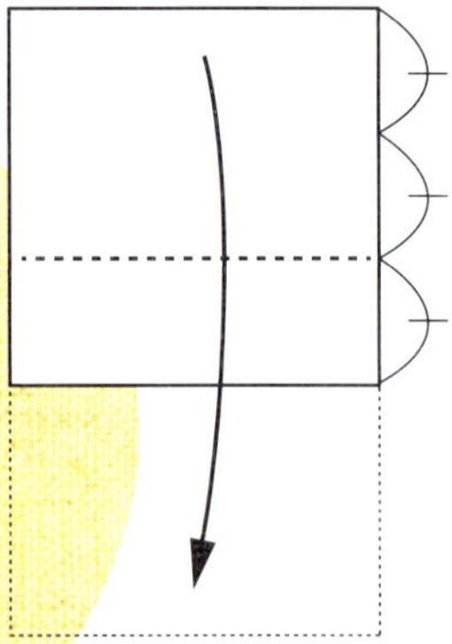

5 접은 모습.
1장씩 분리해요.

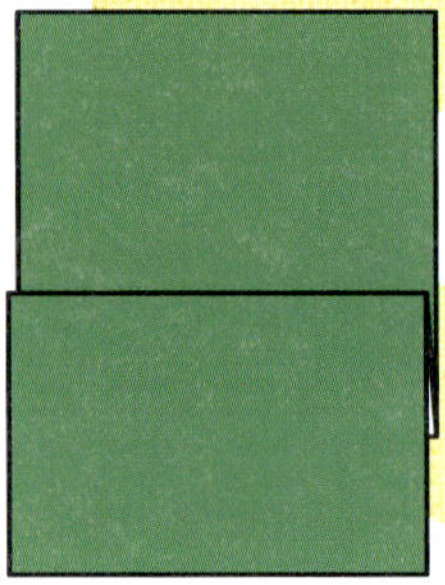

차체 1

차체 2

6 계곡 접기를 해요.

접는 너비에 따라 굴뚝 꼭대기의 너비가 달라져요.

뒤집기

6 여기서부터 접어요.

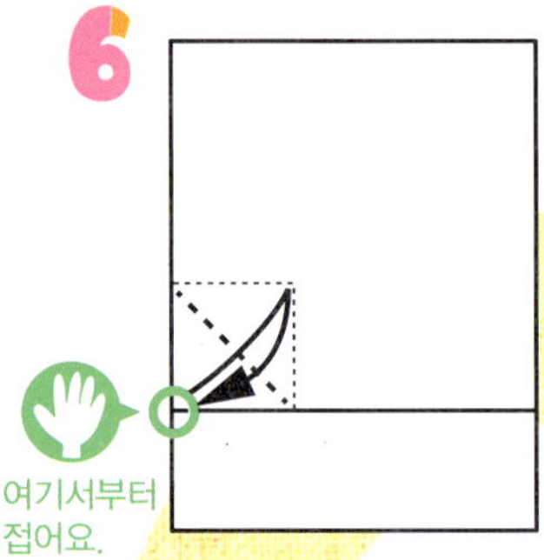

4에서 접은 너비에 맞춰 대각선으로 접어서 보조선을 표시해요.

기관차

가족
알림장 끈 등으로 노선을 만들어 '전철'(98쪽)과 함께 갖고 놀아 보세요.

7

안을 펼치고
누르며 접어요.

8

접은 모습

돌리기

9

합체로 이어져요.

차체 1

7

접은 모습

뒤집기

8

4 에서 접은 너비에 맞춰
대각선으로 접어서
보조선을 표시해요.

여기서부터
접어요.

9

안을 펼치고
누르며 접어요.

기
관
차

10

4 에서 접은 너비에 맞춰
대각선으로 접어서
보조선을 표시해요.

11

안을 펼치고
누르며 접어요.

12

계곡 접기를 해요.

13

비스듬하게 계곡 접기를 해요.

14

차체 2

합체로 이어져요.

다음 쪽에서 계속

'기관차'에서 계속

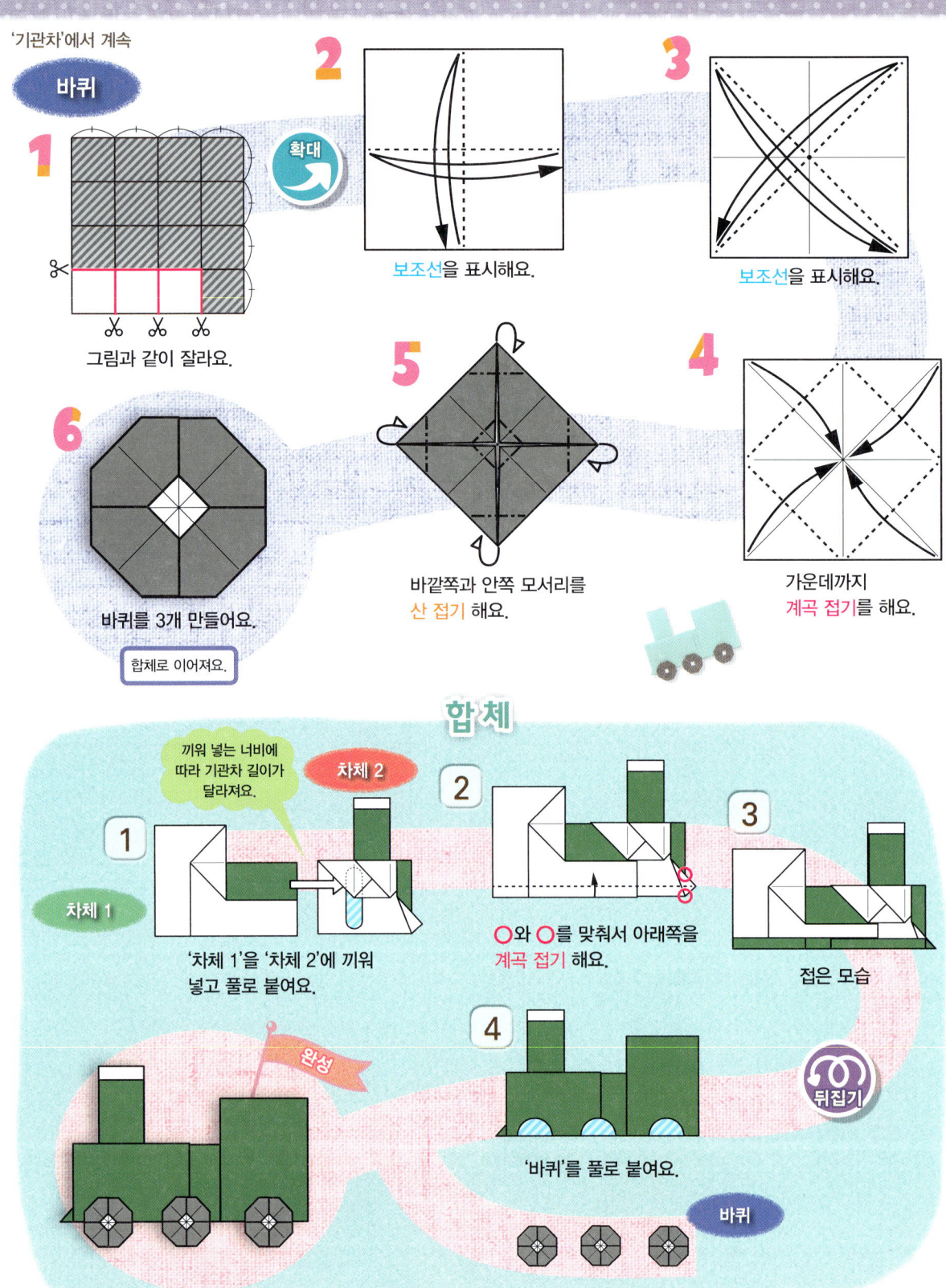

바퀴

1 그림과 같이 잘라요.

2 보조선을 표시해요.

확대

3 보조선을 표시해요.

4 가운데까지 계곡 접기를 해요.

5 바깥쪽과 안쪽 모서리를 산 접기 해요.

6 바퀴를 3개 만들어요.

합체로 이어져요.

기관차

합체

1 차체 1

끼워 넣는 너비에 따라 기관차 길이가 달라져요.

차체 2

'차체 1'을 '차체 2'에 끼워 넣고 풀로 붙여요.

2 ○와 ○를 맞춰서 아래쪽을 계곡 접기 해요.

3 접은 모습

4 '바퀴'를 풀로 붙여요.

바퀴

완성

뒤집기

102

1~5까지 '풍선'(36쪽)과 같은 방법으로 접어요.

1

2 돌리기

3

4

5 뒤집기

확대

6

가운데까지 접어서
보조선을 표시해요.
반대쪽도 똑같이 접어요.

8

로켓이 돼요.

7

안을 펼치고
접어 눌러요.
반대쪽도 똑같이 접어요.

로켓과 불꽃을
만들 종이를
각각 준비하세요.

종이	준비물
2장	가위

드넓은
우주로
출발!

로켓

다른 작품과 함께 '씽씽이 마을'을 만들어 보세요.
▶ 198쪽
작자 : 미야모토 마리코

로켓

불꽃을 만들어요.

9

'불꽃'을 만들 종이를
그림과 같이 잘라요.

돌리기 확대

10

보조선을 표시해요.

11

가운데까지
계곡 접기를 해요.

12

접은 모습

다음
쪽에서
계속

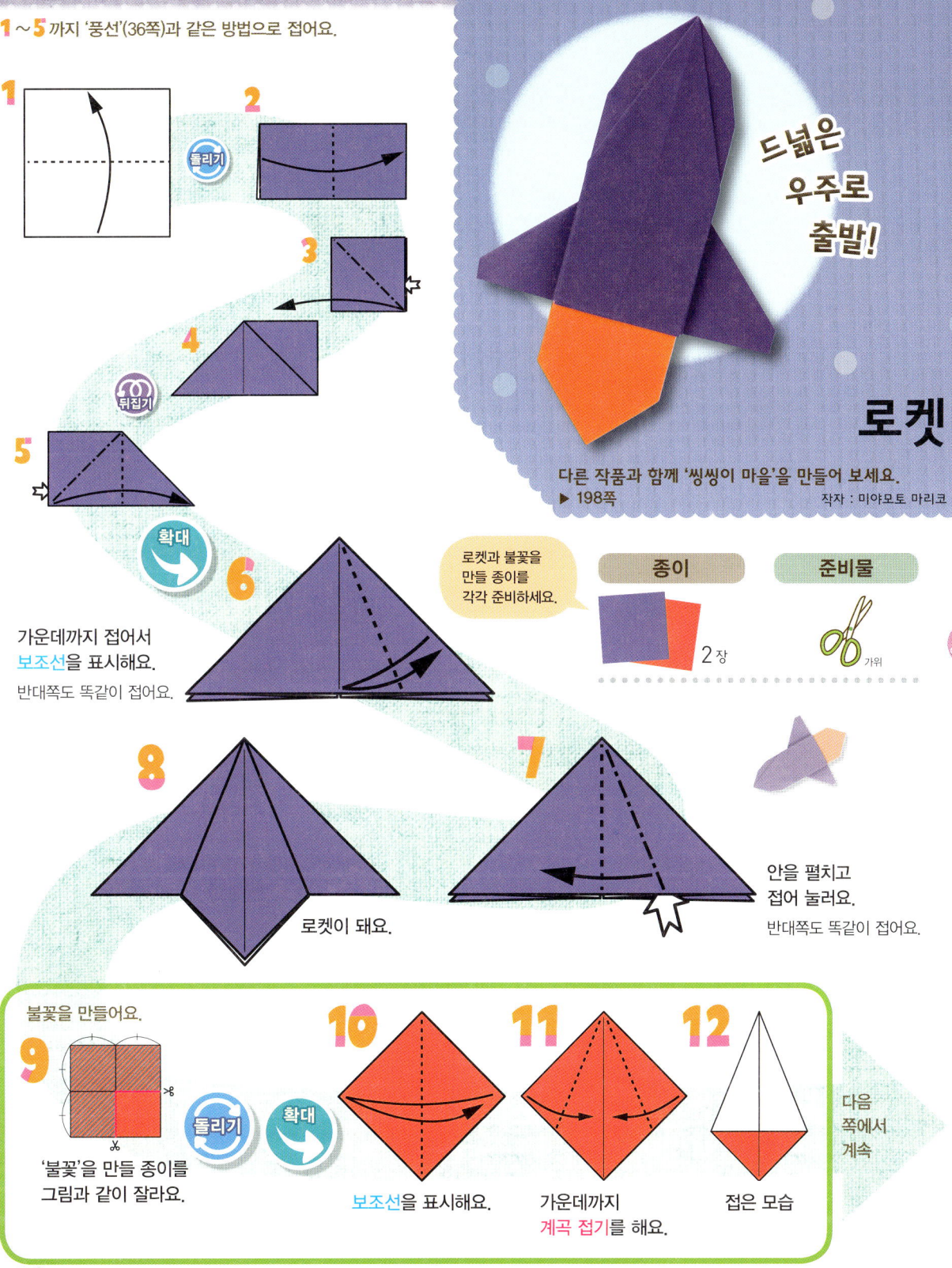

가족
알림장 양면 색종이를 사용하면 **9~13**까지의 과정을 접지 않고 만들 수 있어요.

탈것 **103**

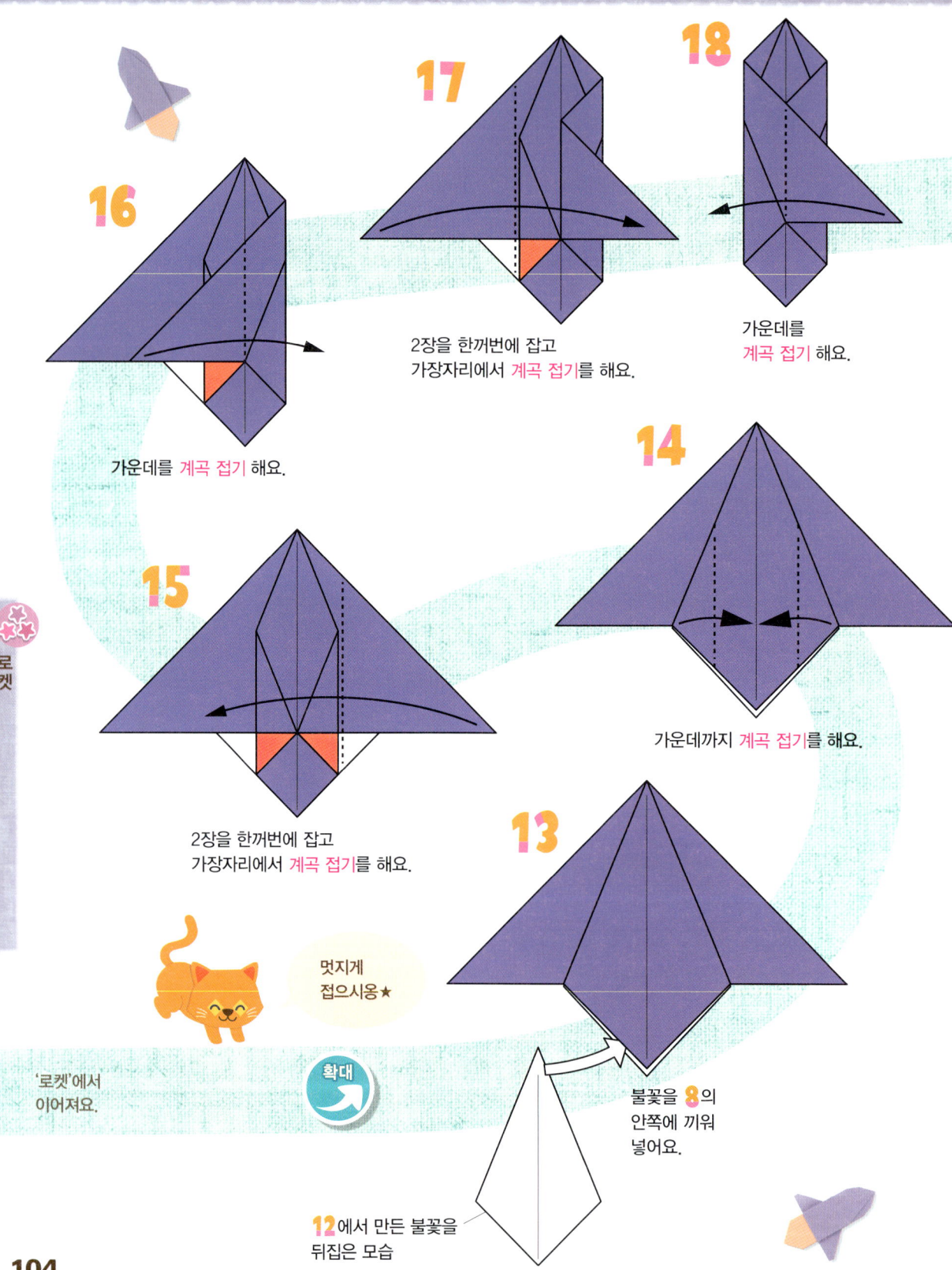

16

가운데를 계곡 접기 해요.

17

2장을 한꺼번에 잡고
가장자리에서 계곡 접기를 해요.

18

가운데를
계곡 접기 해요.

15

2장을 한꺼번에 잡고
가장자리에서 계곡 접기를 해요.

14

가운데까지 계곡 접기를 해요.

13

멋지게
접으시옹★

'로켓'에서
이어져요.

확대

불꽃을 **8**의
안쪽에 끼워
넣어요.

12에서 만든 불꽃을
뒤집은 모습

로켓

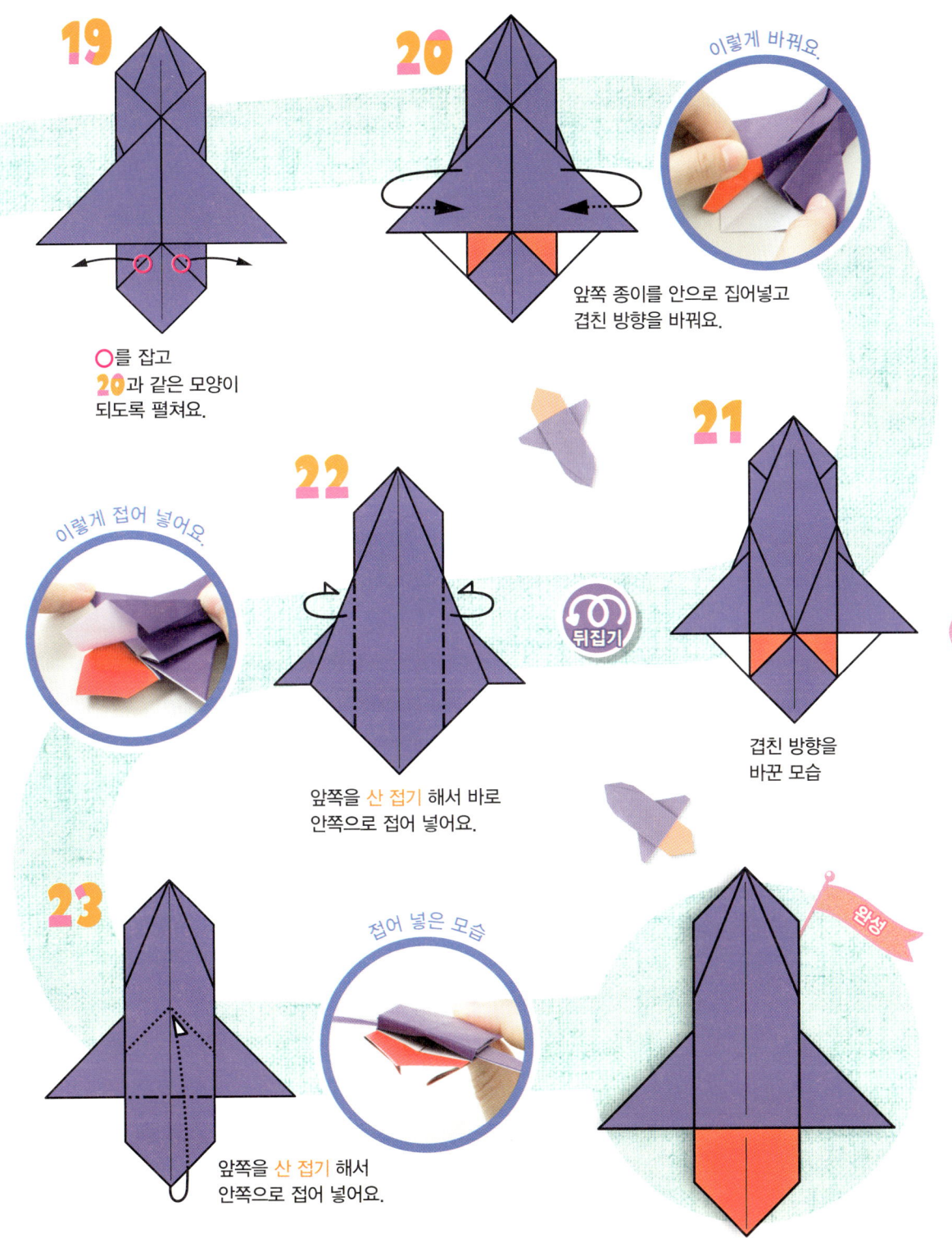

19

⬭를 잡고
20과 같은 모양이
되도록 펼쳐요.

20

이렇게 바꿔요.

앞쪽 종이를 안으로 집어넣고
겹친 방향을 바꿔요.

이렇게 접어 넣어요.

22

앞쪽을 산 접기 해서 바로
안쪽으로 접어 넣어요.

뒤집기

21

겹친 방향을
바꾼 모습

23

접어 넣은 모습

앞쪽을 산 접기 해서
안쪽으로 접어 넣어요.

완성

로켓

떴다 떴다 비행기
날아라 날아라♪

비행기

다른 작품과 함께 '씽씽이 마을'을 만들어 보세요.
▶ 198쪽

작자 : 니와 다이코

종이

1 장

준비물

크레파스

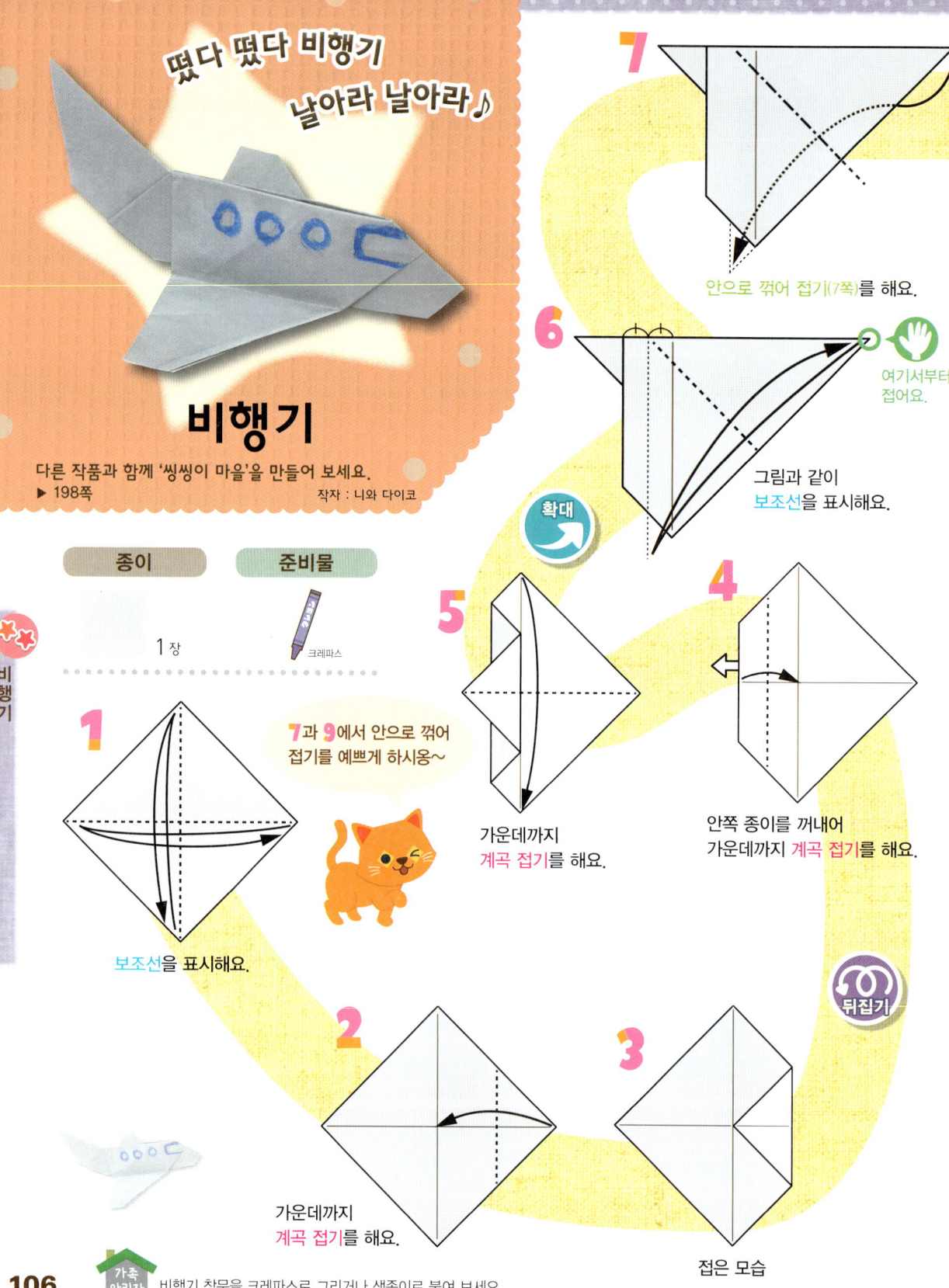

1
보조선을 표시해요.

7과 9에서 안으로 꺾어
접기를 예쁘게 하시옹~

2
가운데까지
계곡 접기를 해요.

3
접은 모습

4
안쪽 종이를 꺼내어
가운데까지 계곡 접기를 해요.

뒤집기

5
가운데까지
계곡 접기를 해요.

확대

6
그림과 같이
보조선을 표시해요.

여기서부터
접어요.

7
안으로 꺾어 접기(7쪽)를 해요.

가족
알림장 비행기 창문을 크레파스로 그리거나 색종이로 붙여 보세요.

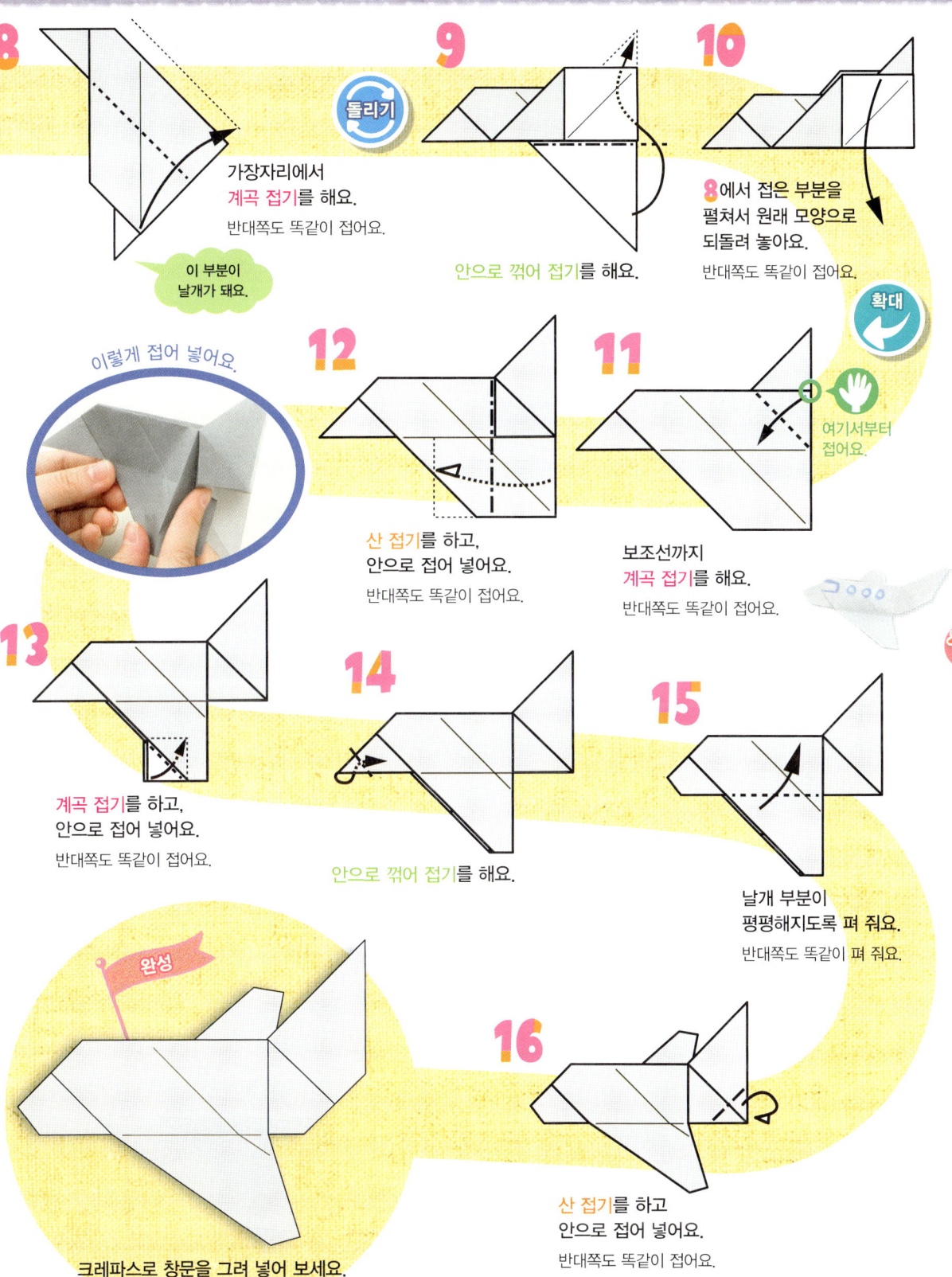

8 가장자리에서
계곡 접기를 해요.
반대쪽도 똑같이 접어요.

이 부분이
날개가 돼요.

9 돌리기

안으로 꺾어 접기를 해요.

10 **8**에서 접은 부분을
펼쳐서 원래 모양으로
되돌려 놓아요.
반대쪽도 똑같이 접어요.

확대

이렇게 접어 넣어요.

12 산 접기를 하고,
안으로 접어 넣어요.
반대쪽도 똑같이 접어요.

11 여기서부터
접어요.

보조선까지
계곡 접기를 해요.
반대쪽도 똑같이 접어요.

비행기

13 계곡 접기를 하고,
안으로 접어 넣어요.
반대쪽도 똑같이 접어요.

14 안으로 꺾어 접기를 해요.

15 날개 부분이
평평해지도록 펴 줘요.
반대쪽도 똑같이 펴 줘요.

완성

16 산 접기를 하고
안으로 접어 넣어요.
반대쪽도 똑같이 접어요.

크레파스로 창문을 그려 넣어 보세요.

엄청나게 강한
공룡이 나타났다!

티라노사우루스

다른 작품과 함께 '쥐라기 공원'을 만들어 보세요.
▶ 201쪽

작자 : 니와 다이코

종이

1 장

티라노사우루스

1 보조선을 표시해요.

2 가운데까지
계곡 접기를 해요.

뒤집기

3 확대
가운데까지
계곡 접기를 해요.

뒤집기

4 가운데까지 비스듬하게
계곡 접기를 해요.

확대

5 접은 모습

6 가운데까지
계곡 접기를 해요.

뒤집기

뒤집기

7 ○를 잡고, **8**과 같은
모양이 되도록 꺼내요.

확대

8 앞쪽 종이 중 안쪽을 꺼내요.

9 계곡 접기를 하고 다시
접어서 보조선을 표시해요.

10 손가락으로
집듯이 접어서
보조선을 표시해요.

11 앞 장을 가운데까지 접어서
보조선을 표시해요.

가족
알림장

2~7까지 앞뒤를 뒤집는 순서에 주의하세요. 공룡이 세워지지 않고 넘어지면 **15**에서 꼬리의 각도를 조절해 보세요.

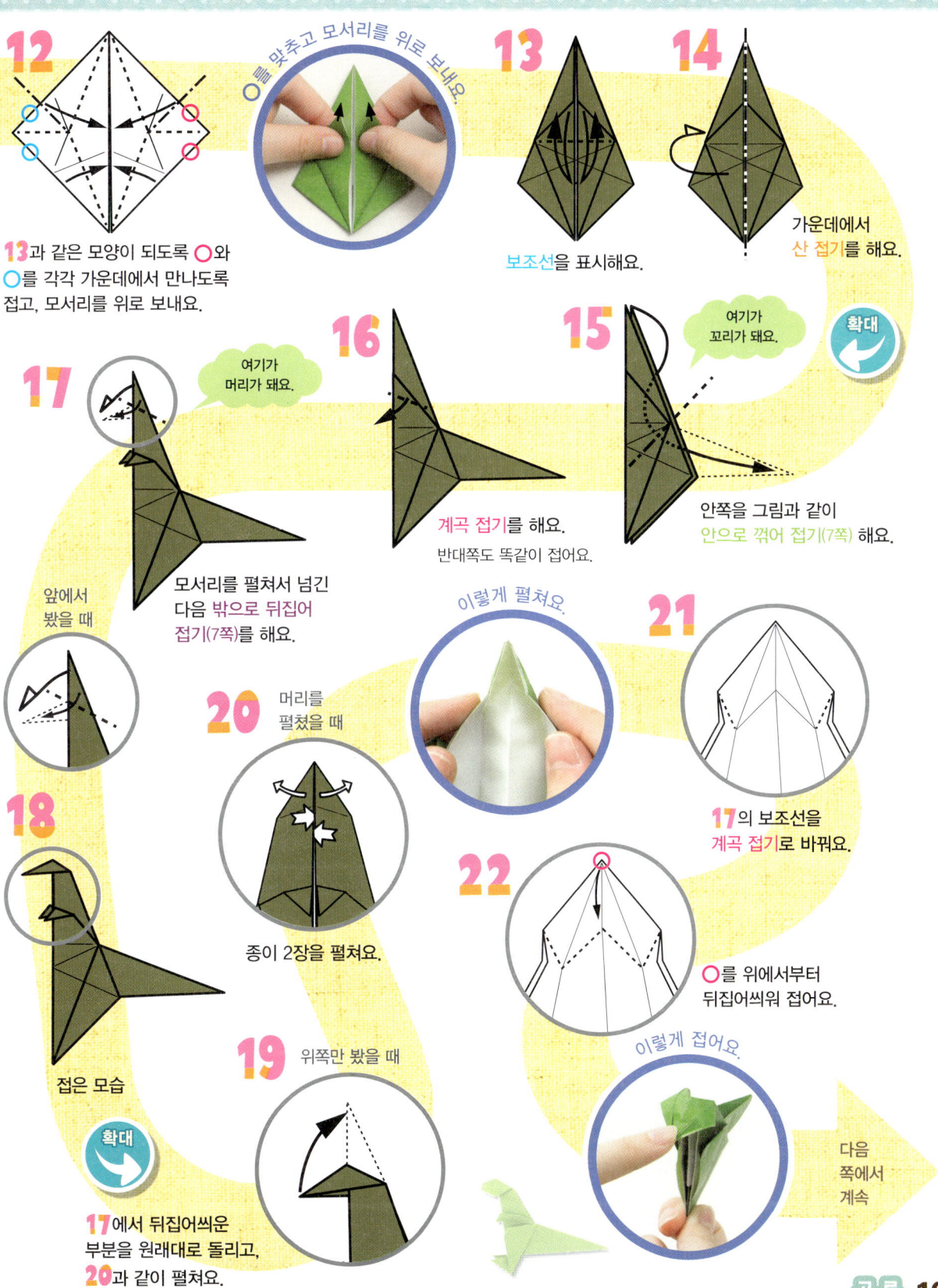

12

13과 같은 모양이 되도록 ⭕와 🔵를 각각 가운데에서 만나도록 접고, 모서리를 위로 보내요.

🔵를 맞추고 모서리를 위로 보내요.

13

보조선을 표시해요.

14

가운데에서 산 접기를 해요.

확대

15

여기가 꼬리가 돼요.

안쪽을 그림과 같이 안으로 꺾어 접기(7쪽) 해요.

16

계곡 접기를 해요.
반대쪽도 똑같이 접어요.

17

여기가 머리가 돼요.

모서리를 펼쳐서 넘긴 다음 밖으로 뒤집어 접기(7쪽)를 해요.

앞에서 봤을 때

이렇게 펼쳐요.

21

17의 보조선을 계곡 접기로 바꿔요.

20

머리를 펼쳤을 때

종이 2장을 펼쳐요.

22

⭕를 위에서부터 뒤집어씌워 접어요.

이렇게 접어요.

18

접은 모습

확대

19

위쪽만 봤을 때

17에서 뒤집어씌운 부분을 원래대로 돌리고, 20과 같이 펼쳐요.

다음 쪽에서 계속

티라노사우루스

23

'티라노사우루스'에서
계속

○를 맞추고 눌러 줘요.

24

○와 ○를 맞춰서 산 접기 하여 눌러 주고,
24와 같은 모양이 되도록 접어요.

안으로 꺾어 접기 해요.

확대

26

바깥쪽 종이 1장을 잡아서……

바깥쪽

바깥쪽

다시 집어넣기 전

다리

꼬리

밑부분을
보세요.

다리

꼬리

밑에서 보면 주름이 보여요.
바깥쪽 종이 1장을 잡아
다리를 분리해 다시 집어넣어요.
반대쪽도 똑같이 접어요.

25

이 보조선과
헷갈리지 않도록
주의해요.

○를 ○와
만나도록 맞추고
계곡 접기를 해요.
반대쪽도 똑같이 접어요.

다리를 분리하여……

한쪽만 다시 집어넣은 후

다리

주름을 다시 집어넣어요.

다리

꼬리

27

여기서부터
접어요.

보조선을 표시해요.
반대쪽도 똑같이 접어서
보조선을 표시해요.

28

잘 접히지 않으면
26을 제대로 접었는지
확인해 보세요!

보조선에서 안으로
꺾어 접기를 해요.
반대쪽도 똑같이 접어요.

완성

30

모서리를 산 접기 해요.
반대쪽도 똑같이 접어요.

29

모서리를 안으로 꺾어 접기 해요.
반대쪽도 똑같이 접어요.

똑바로 세운 모습이에요.

커다란 날개를 펼치고 하늘을 훨훨!

익룡

다른 작품과 함께 '쥐라기 공원'을 만들어 보세요.
▶ 201쪽

작자 : 니와 다이코

종이

1장

1

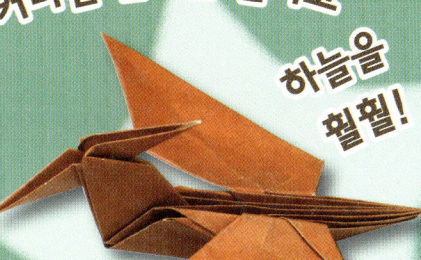

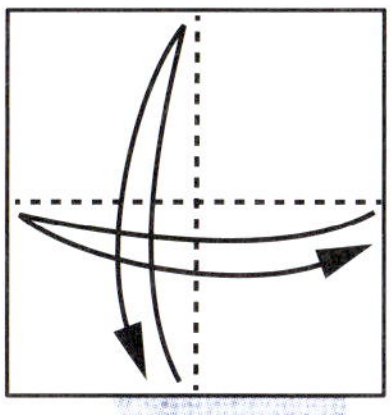

보조선을 표시해요.

돌리기

2

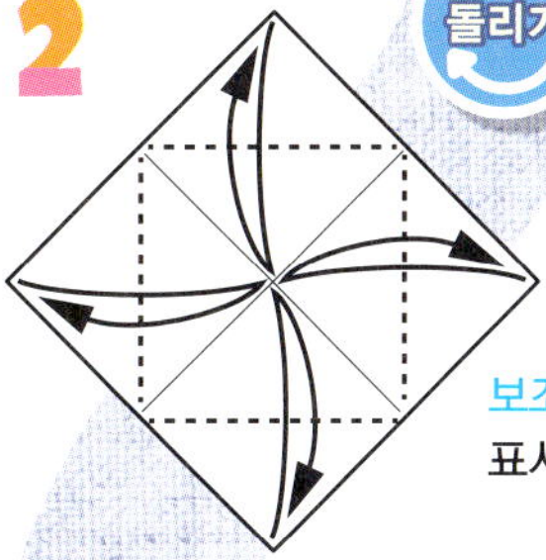

보조선을 표시해요.

뒤집기

3

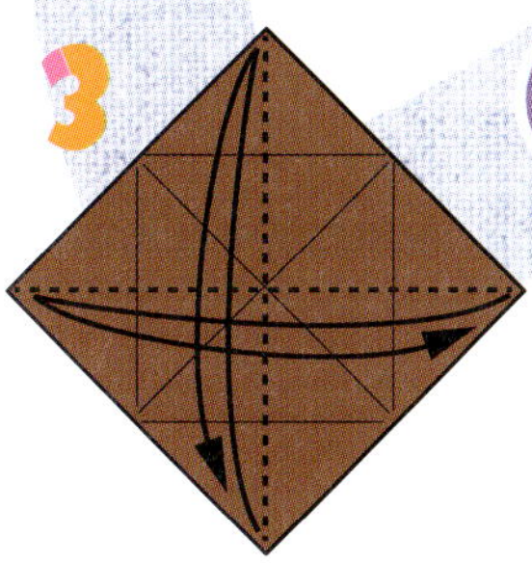

보조선을 표시해요.

뒤집기

4

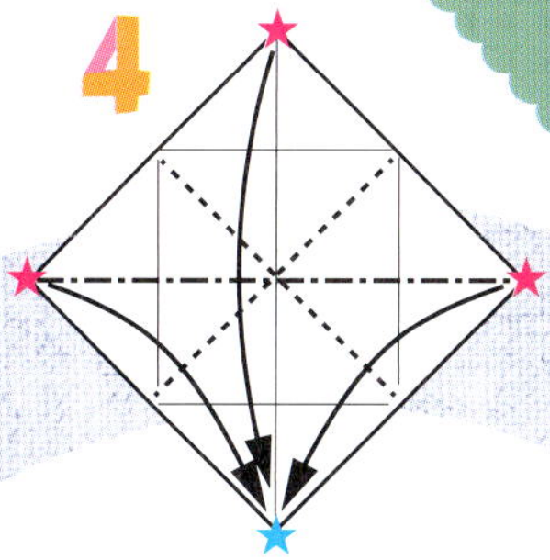

★을 ★에 맞추어 보조선을 표시하면서 접어요.

확대

5

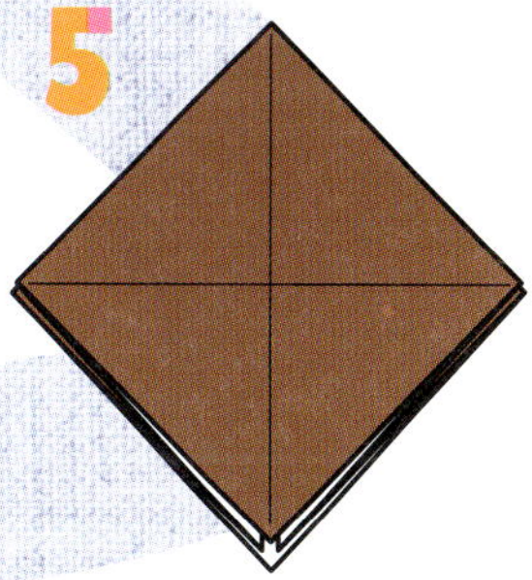

접은 모습

6

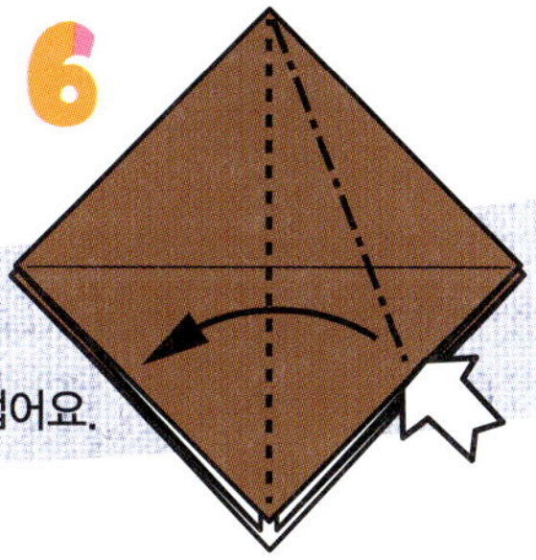

펼쳐서 눌러 접어요.

7

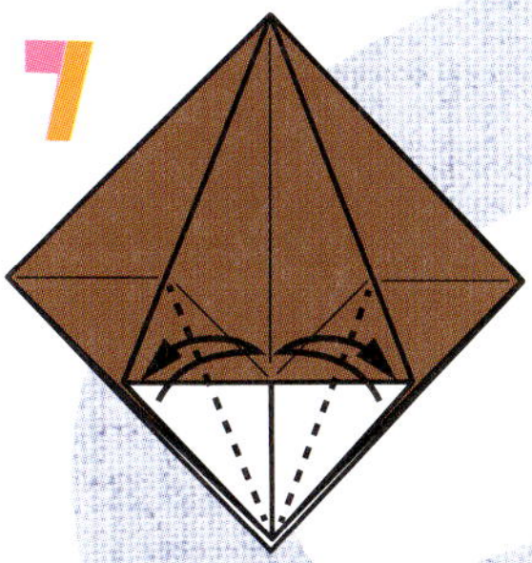

꼭꼭 눌러 접어서 보조선을 표시해요.

8

○를 들어 올리고 위로 펼쳐서 보조선을 표시해요.

이렇게 접어요.

다음 쪽에서 계속

가족 알림장 공룡을 좋아한다면 여러 개 접어서 수집하며 놀아도 좋아요.

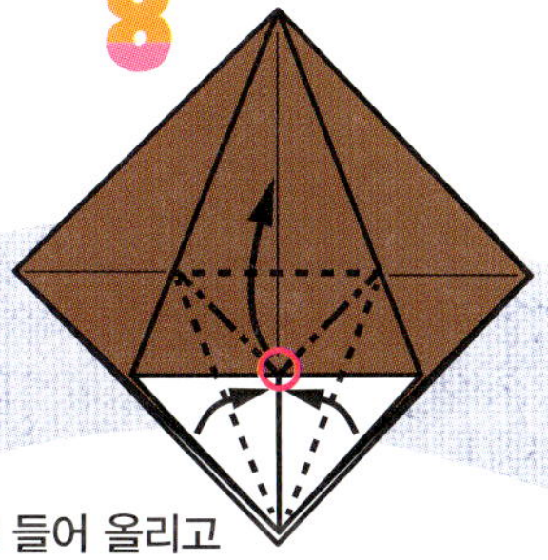

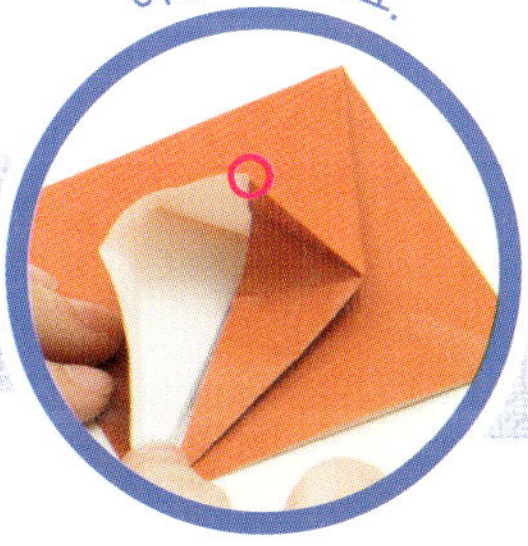

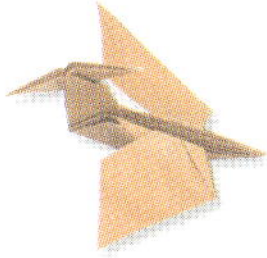

15

이렇게 접어요!

○ 가 모서리와
만나도록 접어요.

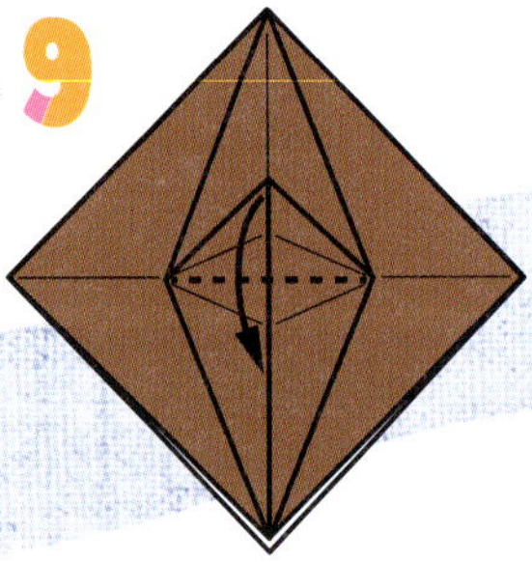

비스듬하게
계곡 접기를 해요.

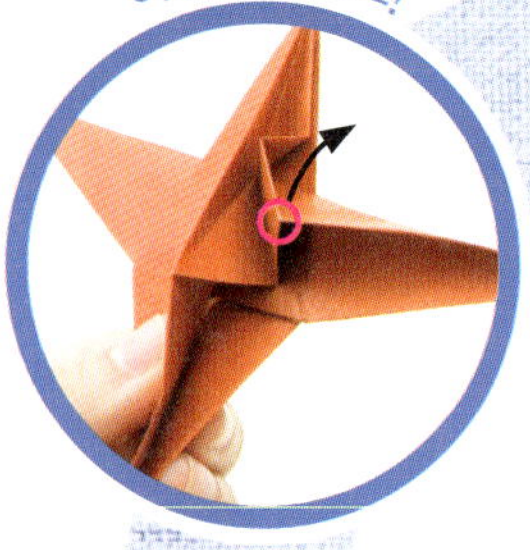

이렇게 맞춰요!

14

16

15와 같은 모양이 되도록
앞 장의 모서리 ○ 부분을
펼치듯 접어요.

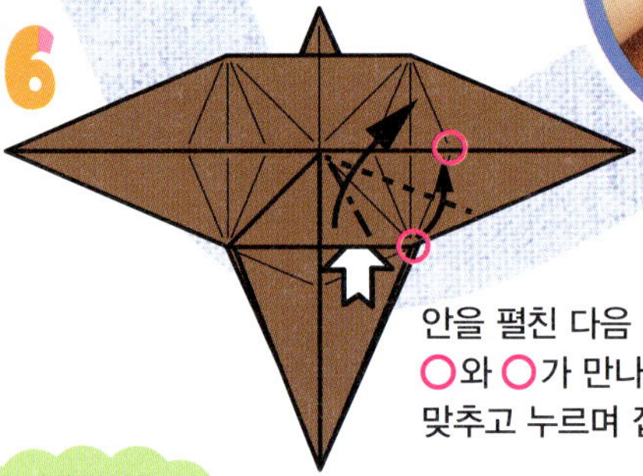

안을 펼친 다음
○ 와 ○ 가 만나도록
맞추고 누르며 접어요.

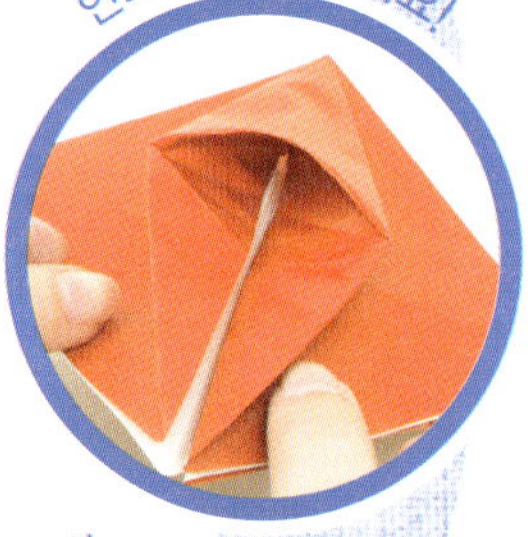

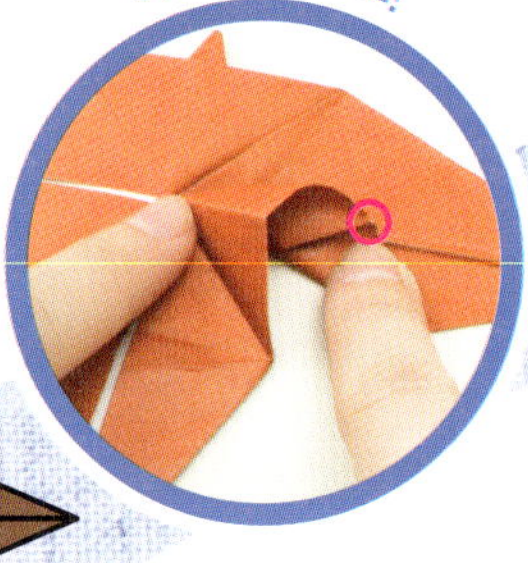

아랫부분 중
나뉘어 있는 면을 밖으로
빼내 접어요.

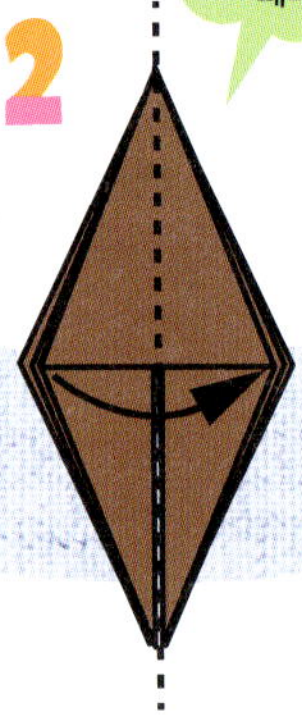

13

12

11

이곳이
날개가 돼요.

확대

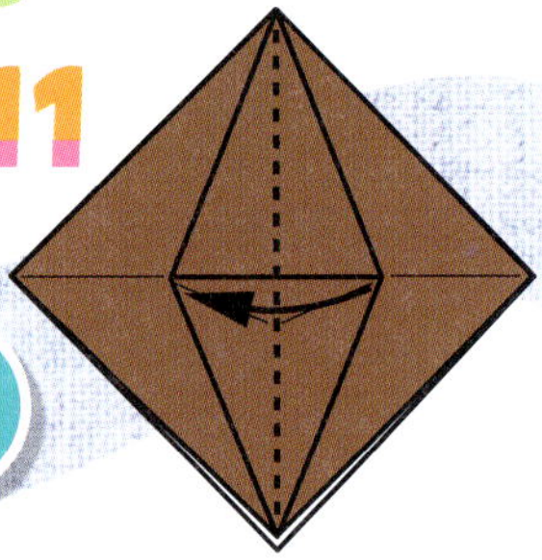

앞 장을 계곡 접기 해요.
다른 3곳도 6~10과
똑같이 접어요.

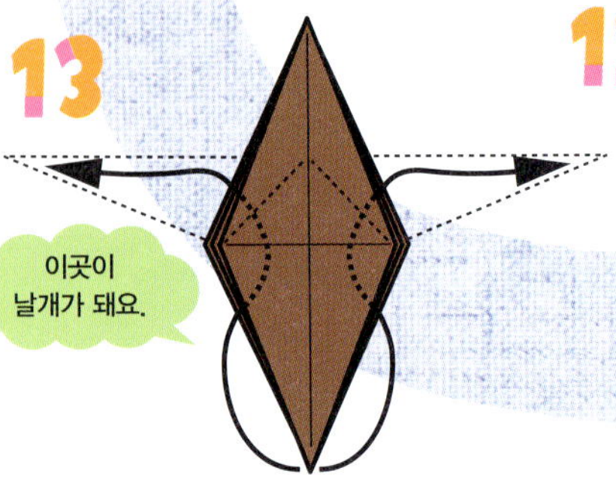

안으로 꺾어 접어요!

안쪽을 안으로
꺾어 접기(7쪽) 해요.

앞쪽 종이를 책장 넘기듯
계곡 접기를 해요.
반대쪽도 똑같이 접어요.

9

10

영차 영차!

한 번 펼치고 나서...

'익롱'에서
이어져요.

계곡 접기를 해요.

▨ 부분을 그림과 같이 안쪽으로 꺾어 접어요.

17

15에서
접은 부분을
원래대로 펼쳐 줘요.

18

〇가 모서리와
만나도록 접어요.

비스듬하게
계곡 접기를 해요.

19

안을 펼친 다음,
〇와 〇가 만나도록
맞추고 누르며 접어요.

21

돌리기

확대

가운데에서
산 접기를 해요.

20

18에서 접은 부분을 펼쳐요.

익룡

22

종이 2장을 겹친 채
안으로 꺾어 접기 해요.

23

종이 2장을 겹친 채
안으로 꺾어 접기 해요.

24

안쪽 종이 1장을
안으로 꺾어 접기 해요.

완성

25

날개를 펼치고
모양을 잡아 줘요.

기다란 목에 몸이 집채만 해요

10

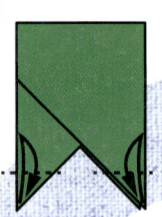

접는 길이에 따라 다리 길이가 달라져요.

종이 2장을 한꺼번에 접어서 보조선을 표시해요.

돌리기

9

가운데에서 계곡 접기를 해요.

브라키오사우루스

다른 작품과 함께 '쥐라기 공원'을 만들어 보세요.
▶ 201쪽

작자 : 니와 다이코

8

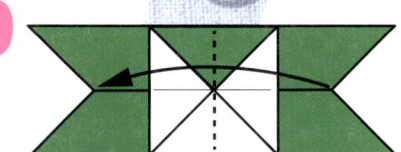

가장자리에서 계곡 접기를 해요.

종이	준비물

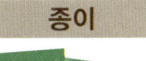 2장

 양면 테이프

'몸통', '머리 · 꼬리'를 각각 접은 다음 합체하여 완성해요.

몸통 1~5까지 '풍선'(36쪽)과 똑같은 방법으로 접어요.

7

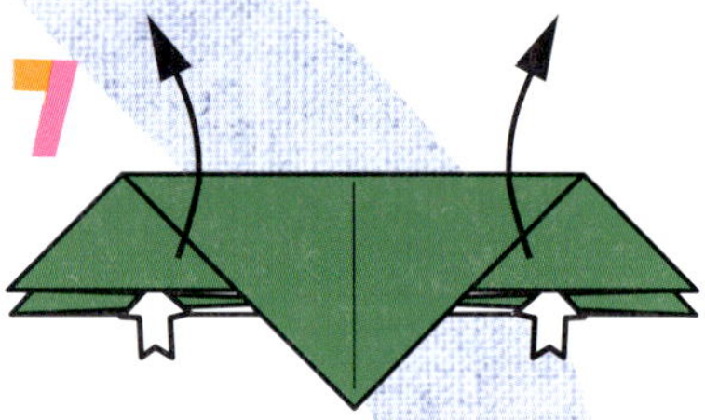

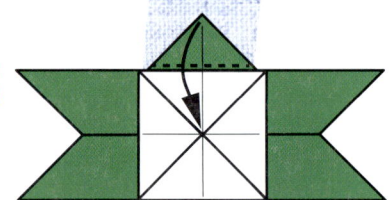

안쪽을 펴 주고, 누르며 접어요.

여기서부터 접어요.

1

돌리기

2

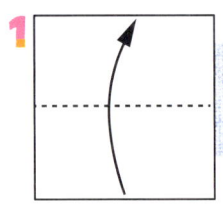

3

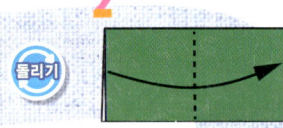

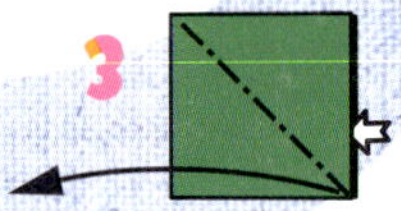

4

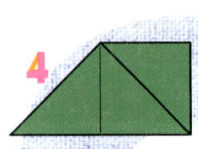

6

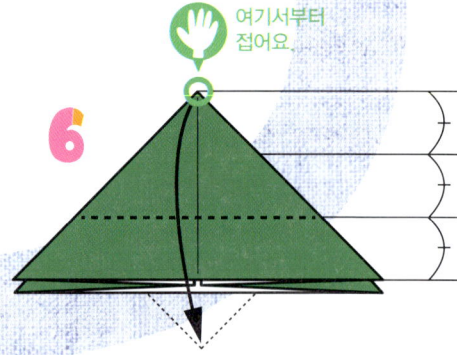

그림과 같이 모서리가 튀어나오도록 계곡 접기를 해요.

뒤집기

5

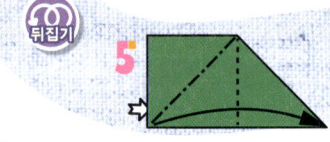

확대

가족 알림장 25cm 정사각형 종이로 접으면 더욱 커다란 공룡이 돼요.

11

안으로 꺾어 접기(7쪽)를 해요.
반대쪽도 똑같이 접어요.

12

합체로 이어져요.

멋지게
접으시옹!

머리 · 꼬리

1

보조선을
표시해요.

2

가운데까지
계곡 접기를 해요.

확대

3

가운데까지
계곡 접기를 해요.

4

가운데까지
계곡 접기를 해요.

5

그림과 같이 접어서 보조선을 표시해요.

여기서부터
접어요.

6

가운데에서
산 접기를 해요.

7

앞머리에서 밖으로 뒤집어
접기(7쪽)를 해요.

확대

8 위만 봤을 때

7 에서 뒤집어씌워 접은
곳을 9 와 같이 펼쳐.

돌리기 확대

이렇게 펼쳐요

9 머리를 펼쳤을 때

2장을
펼쳐요.

10

7 의 보조선을 따라
계곡 접기를 해요.

다음
쪽에서
계속

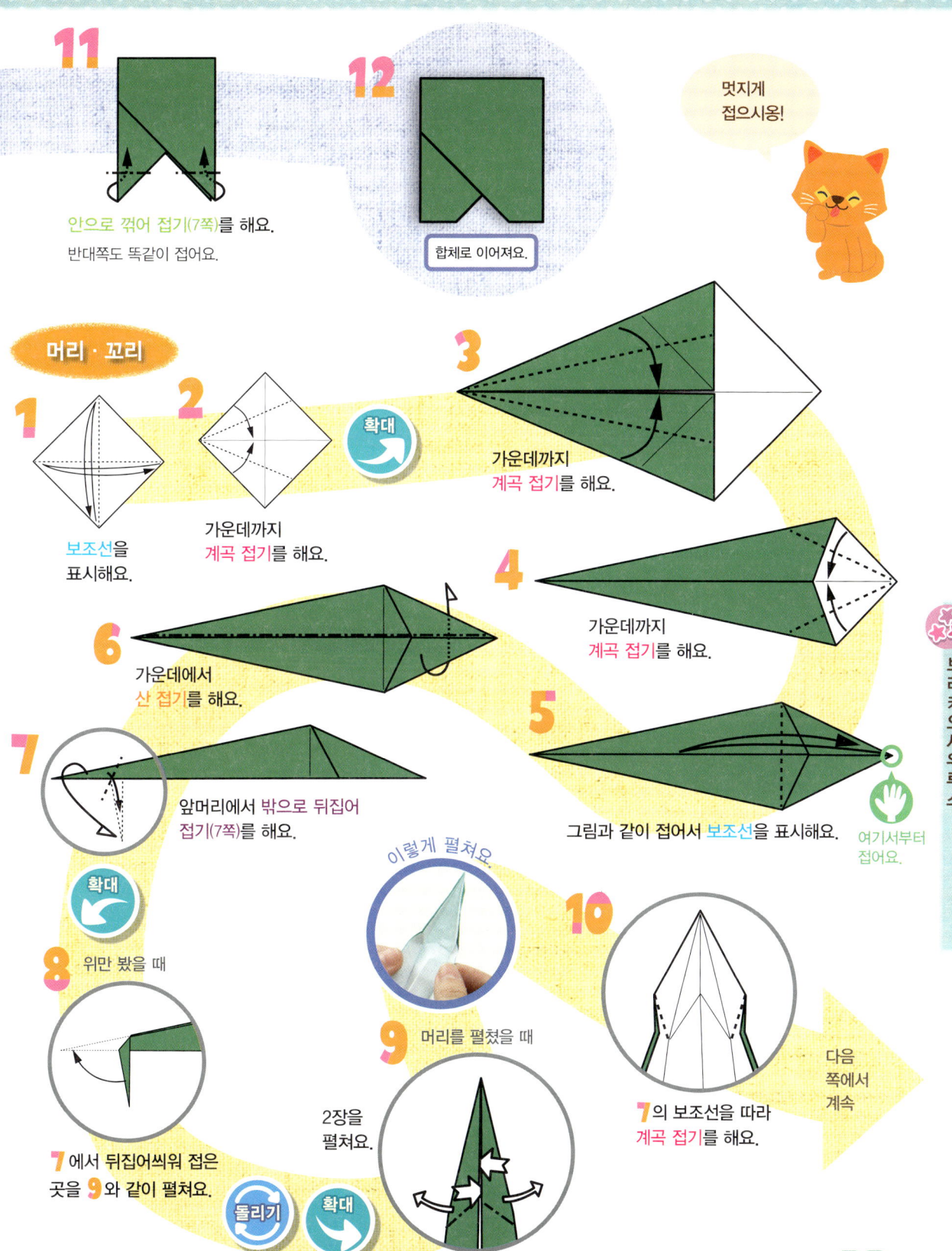

11

'브라키오사우루스'에서
계속

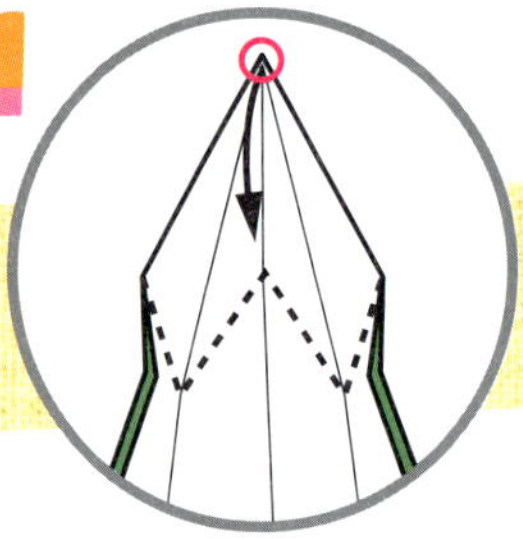

⭕를 위에서부터
뒤집어씌우며 접어요.

이렇게 접어요.

12

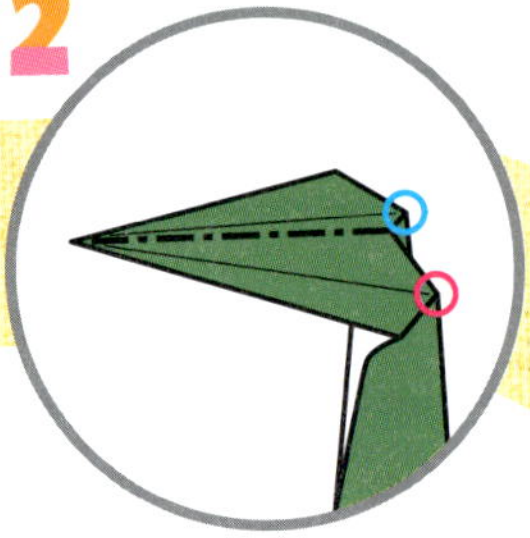

⭕와 🔵가 만나도록
맞춰서 산 접기를 하고,
13과 같은 모양이
되도록 누르며 접어요.

13

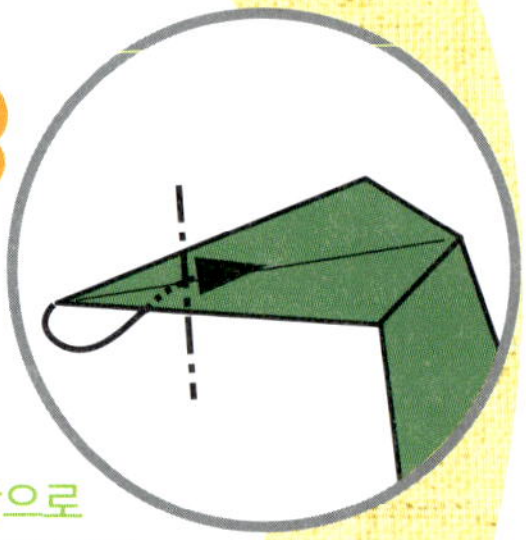

안으로
꺾어 접기
(7쪽)를 해요.

돌리기

확대

15

접는 각도에 따라
목의 기울기가
달라져요.

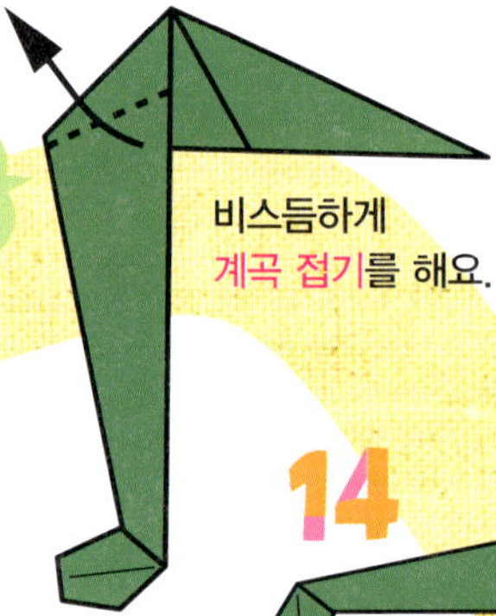

비스듬하게
계곡 접기를 해요.

16

합체로 이어져요.

14

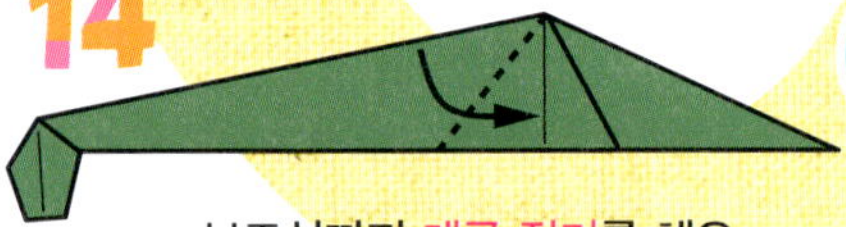

보조선까지 계곡 접기를 해요.

합체

1

몸통

'몸통'을 편 다음
양면테이프를 붙여요.

2

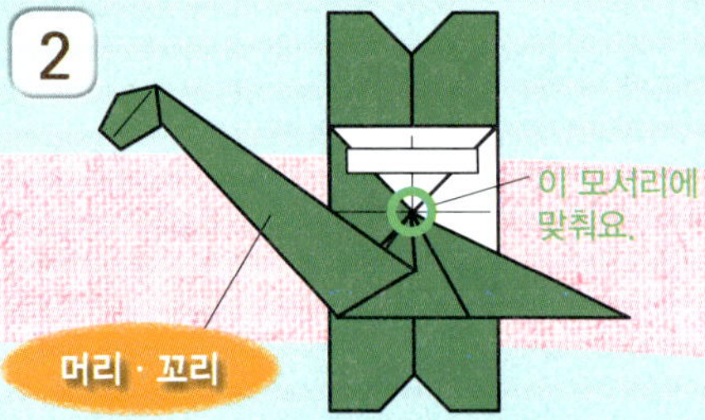

머리 · 꼬리

이 모서리에
맞춰요.

모서리끼리 만나도록
1 에 '머리 · 꼬리'를
양면테이프로 붙여요.

3

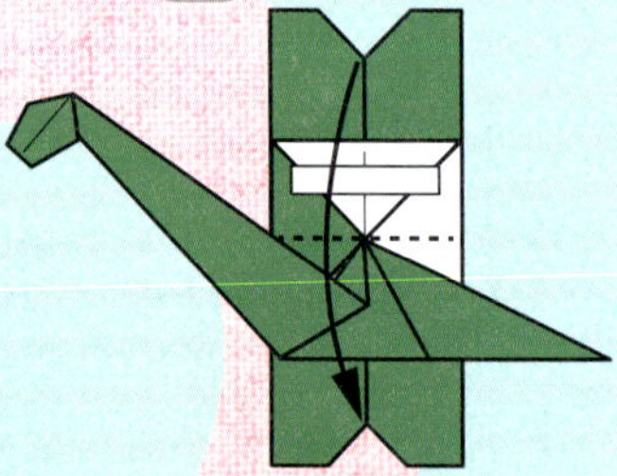

접어서 제자리로
되돌려 놓아요.

완성

4

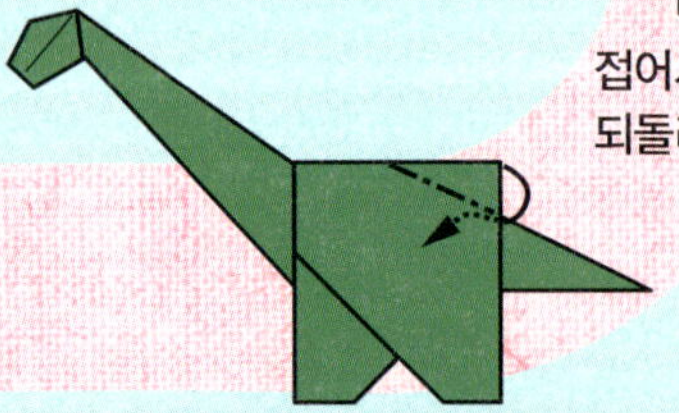

모서리를 꼬리에 맞추고
안으로 꺾어 접기 해요.

116

다양한 배경 접기

접어서 다른 작품과 함께 장식하면
더욱 좋은 종이접기를 소개해요!

배경으로 안성맞춤

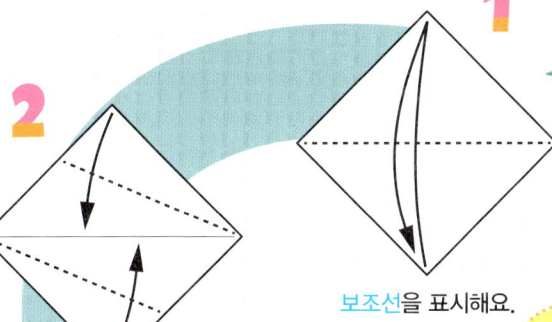

산

다른 작품과 함께 '쥐라기 공원', '토끼와 거북이'를
만들어 보세요.
▶ 201, 205쪽

작자 : 미야모토 마리코

1

보조선을 표시해요.

2

가운데까지
비스듬하게
계곡 접기를 해요.

접어서 동물 인형 뒤에 놓아 장식해 보세요~

종이

1장

확대

3

가운데에서
계곡 접기를 해요.

4

가장자리까지 계곡 접기를 해요.
앞쪽도 똑같이 접어요.

5

접었던 부분을
원래대로 펼쳐 줘요.

산

6

가운데에서 살짝
떨어진 부분을
계곡 접기 해요.

살짝 떨어진
곳에서
어긋나게 접어요.

완성

7

//// 부분이
바닥에 닿게 하고
세우면서 접어요.

가족
알림장　　양면 색종이로 접으면 뒤집어서 뒷면을 사용해도 돼요.

집

작고 아담한 오두막엔 누가 누가 살까요?

다른 작품과 함께 '씽씽이 마을'과 '아기 돼지 삼 형제'를 만들어 보세요.
▶ 198, 204쪽

작자 : 미야모토 마리코

종이

2장

'몸통', '지붕'을 각각 접은 다음 합체하여 완성해요.

몸통

1 보조선을 표시해요.

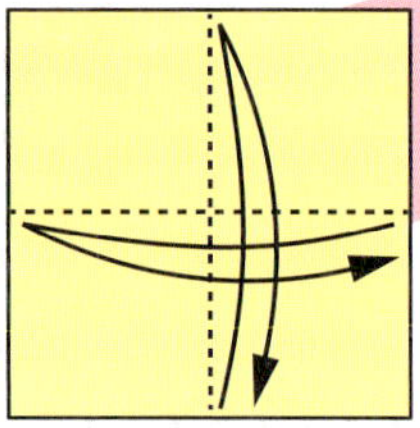

뒤집기 돌리기

2 보조선을 표시해요.

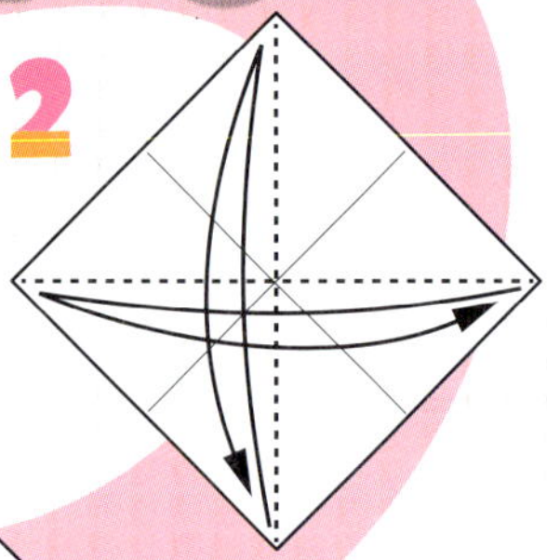

3 가운데까지 계곡 접기를 해요.

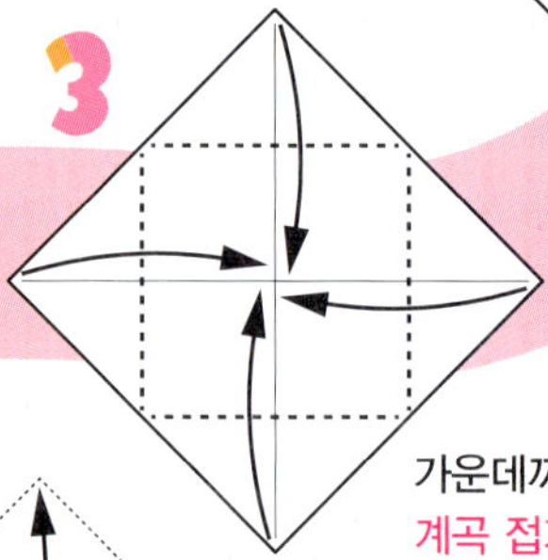

4 그림과 같이 접어서 보조선을 표시해요.

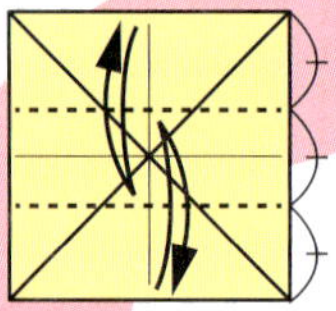

5 위아래를 펴 줘요.

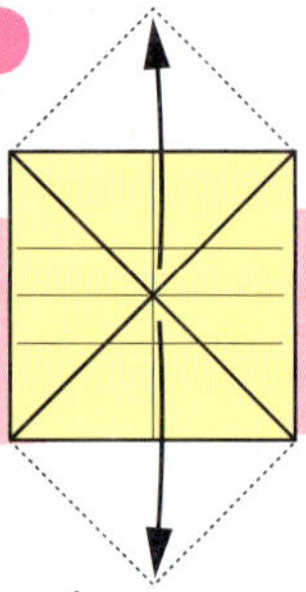

6 ○부분에 보조선을 표시해요.

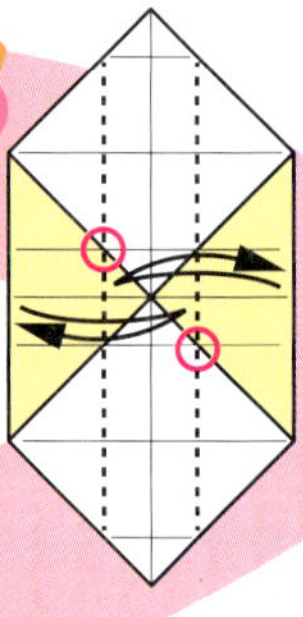

7 ○를 잡고 세우면서 접어요.

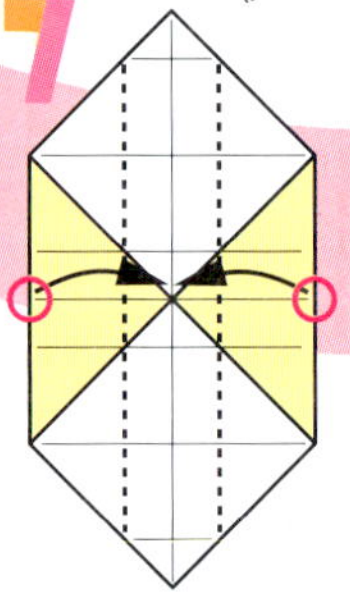

확대 돌리기

8 힘을 내요!

이렇게 접어요.

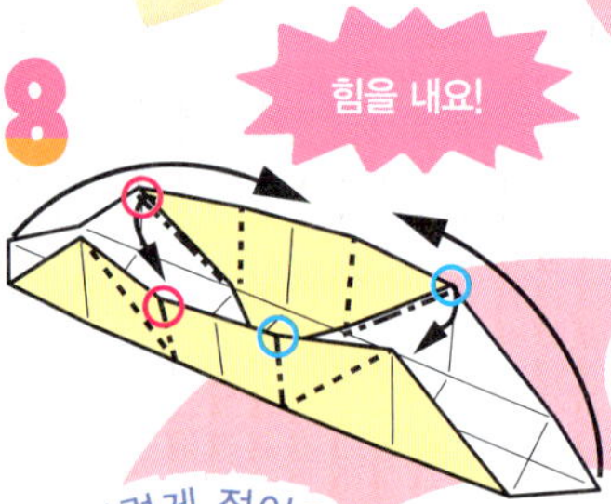

보조선을 따라 ○와 ○, ○와 ○를 맞춰 세우면서 접어요.

9 ○를 안쪽으로 접어 넣어요.

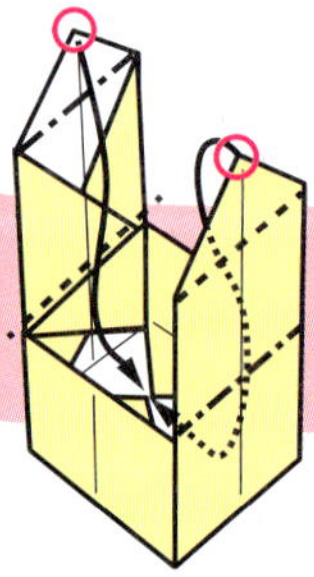

확대

10 합체로 이어져요.

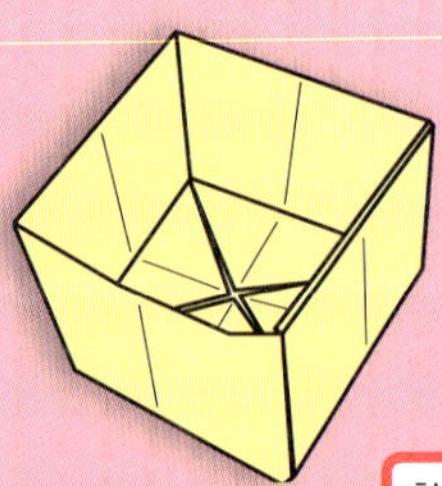

가족 알림장 '지붕'을 무늬가 들어간 종이로 접으면 더욱 예뻐요.

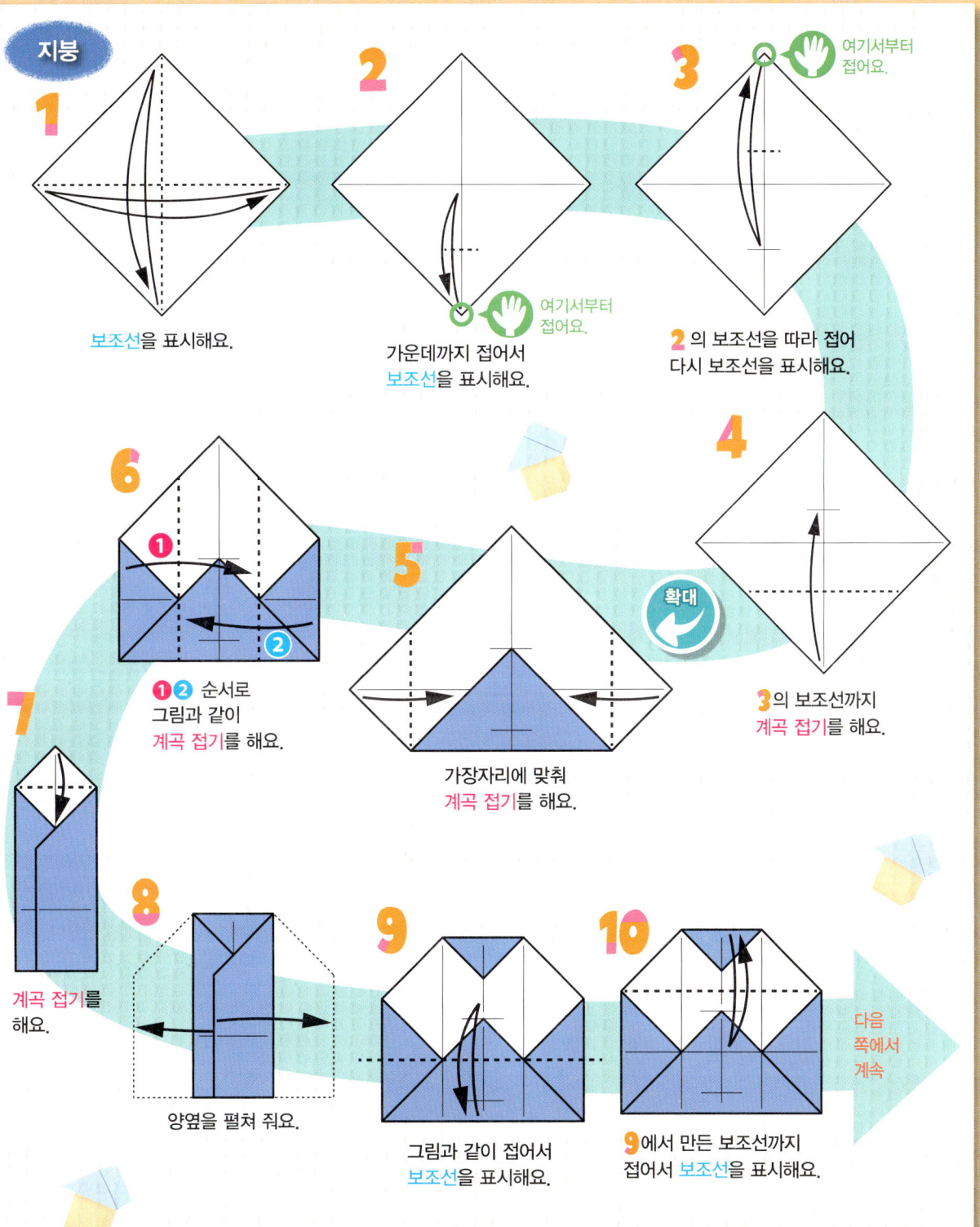

지붕

1 보조선을 표시해요.

2 가운데까지 접어서 보조선을 표시해요.
여기서부터 접어요.

3 여기서부터 접어요.
2의 보조선을 따라 접어 다시 보조선을 표시해요.

4 확대
3의 보조선까지 계곡 접기를 해요.

5 가장자리에 맞춰 계곡 접기를 해요.

6 ❶❷
❶❷ 순서로 그림과 같이 계곡 접기를 해요.

7 계곡 접기를 해요.

8 양옆을 펼쳐 줘요.

9 그림과 같이 접어서 보조선을 표시해요.

10 **9**에서 만든 보조선까지 접어서 보조선을 표시해요.

다음 쪽에서 계속

집

'지붕'에서 계속

11

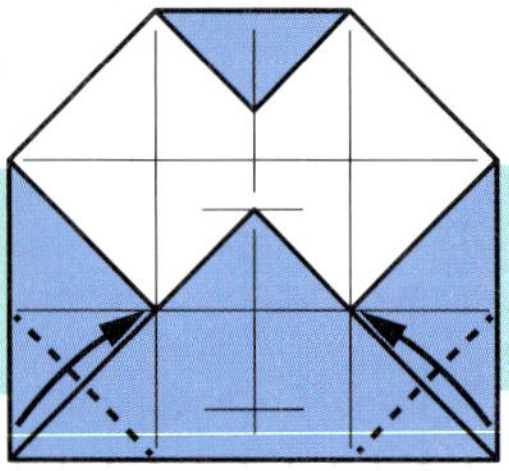

12

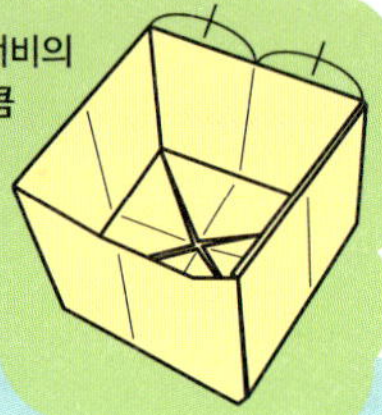

'몸통' 너비의
절반만큼
접어요.

13

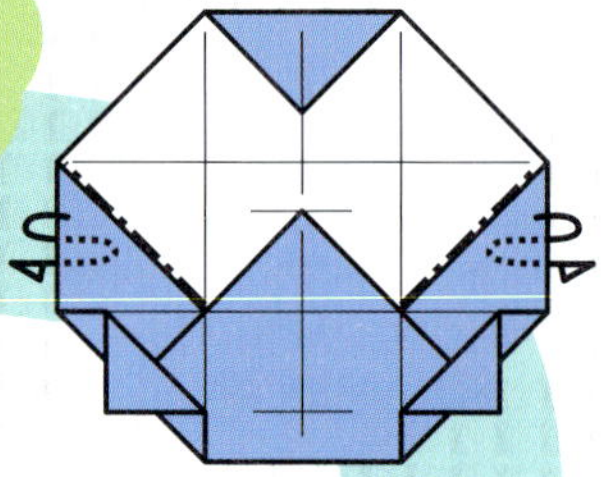

모서리를 계곡 접기 해요.

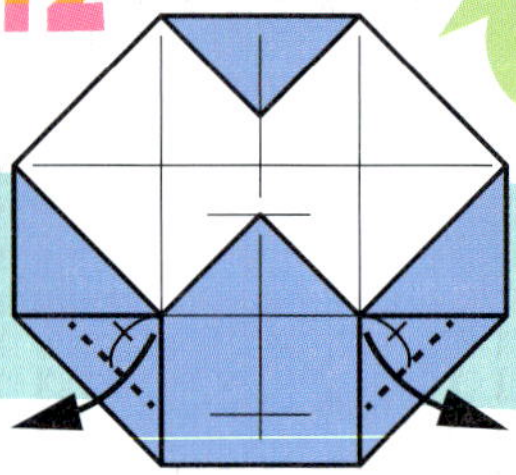

그림과 같이
계곡 접기를 해요.

산 접기를 하고,
보조선을 표시해요.

이렇게 접어요.

14

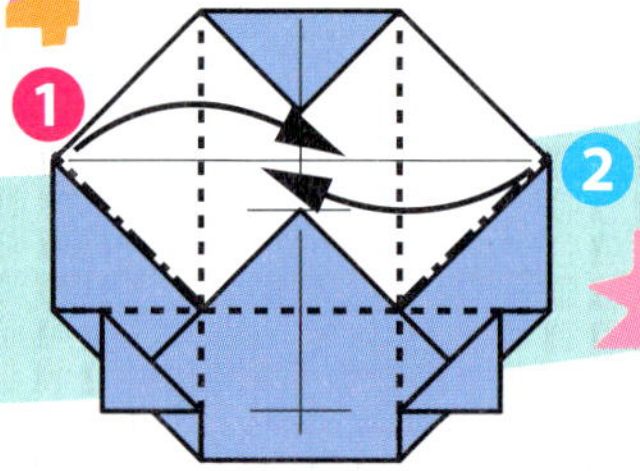

❶❷ 순서로 보조선을 따라
겹치듯 접어 **15**와 같은
모양으로 만들어요.

확대

힘을 내요!

15

16

돌리기

17

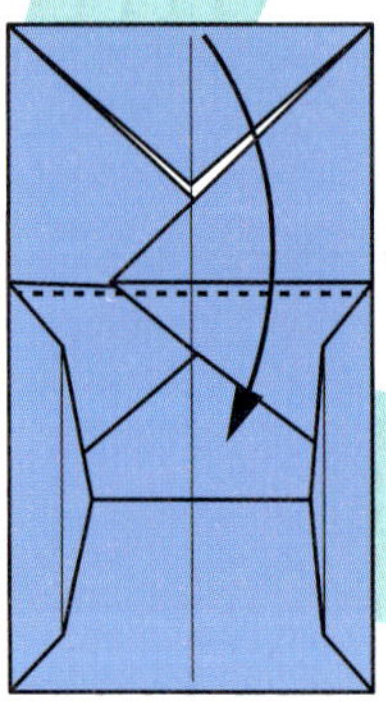

계곡 접기를 해서
안으로 접어 넣어요.

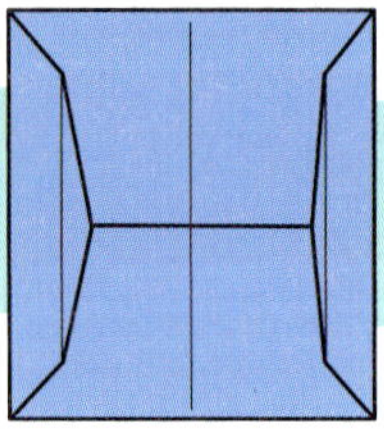

접은 모습

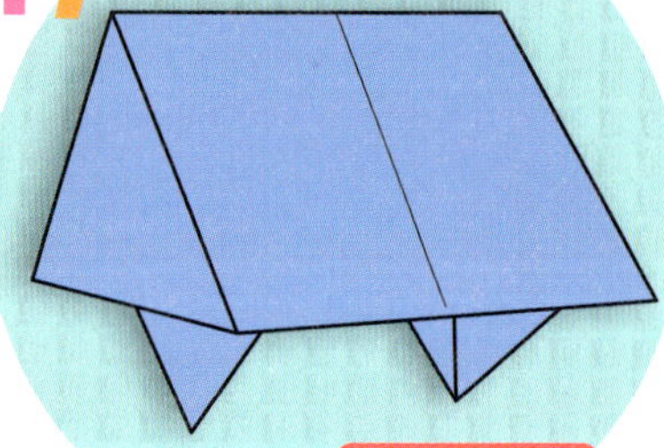

합체로 이어져요.

집

합체

'지붕'의 아래쪽 삼각형 부분을
'몸통'에 끼워 넣어요.

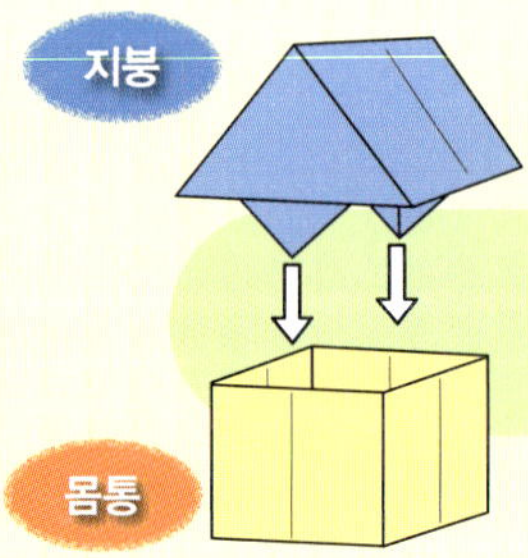

지붕

완성

몸통

'잎', '줄기' 2부분을 각각 접은 다음 합체하여 완성해요.

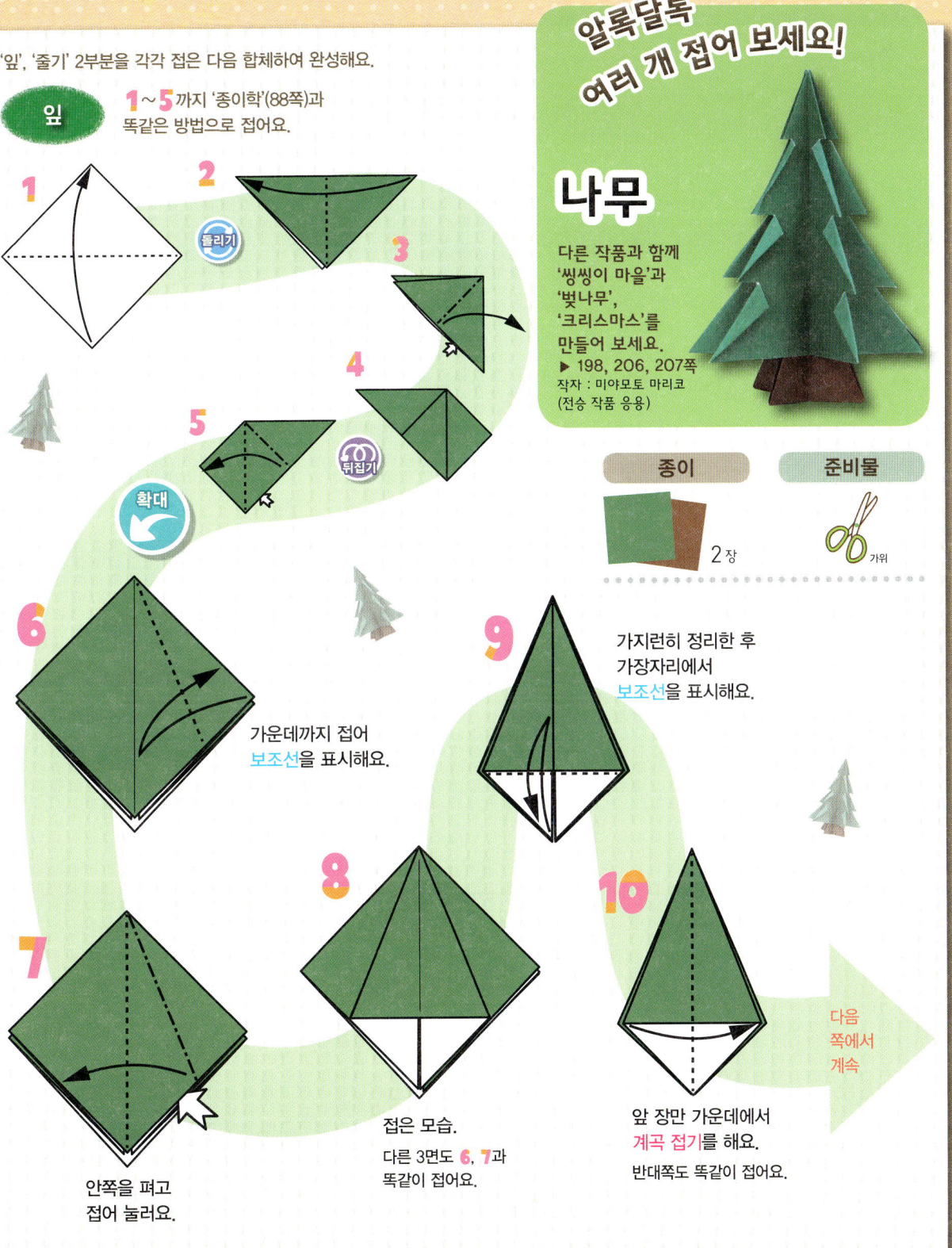

잎   1~5까지 '종이학'(88쪽)과 똑같은 방법으로 접어요.

1

2 돌리기

3

4

5 뒤집기

확대

6 가운데까지 접어 보조선을 표시해요.

7 안쪽을 펴고 접어 눌러요.

8 접은 모습. 다른 3면도 6, 7과 똑같이 접어요.

9 가지런히 정리한 후 가장자리에서 보조선을 표시해요.

10 앞 장만 가운데에서 계곡 접기를 해요. 반대쪽도 똑같이 접어요.

다음 쪽에서 계속

알록달록 여러 개 접어 보세요!

나무

다른 작품과 함께 '씽씽이 마을'과 '벚나무', '크리스마스'를 만들어 보세요.
▶ 198, 206, 207쪽
작자 : 미야모토 마리코
(전승 작품 응용)

종이	준비물
2장	가위

나무

'잎'에서 이어져요.

11

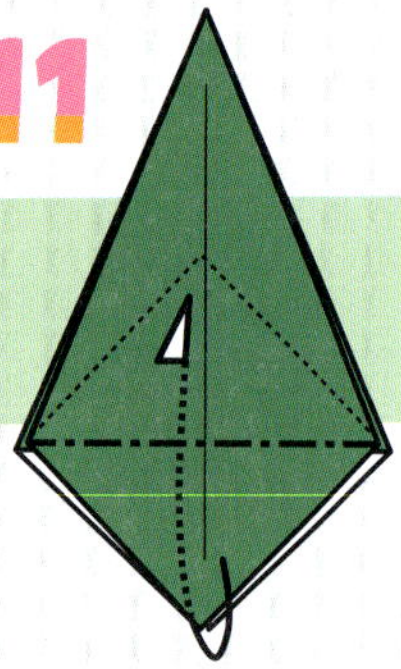

이렇게 접어요.

모두 접은 모습

확대

앞 장을 안으로 접어 넣어요.
안쪽의 다른 접힌 면에
끼우지 않도록 조심해요.
다른 3면도 똑같이 접어요.

12

나무 모양을 잘 정리하고,
가운데를 잘라서 절개선을
넣어요.

14

절개선에서 비스듬하게
계곡 접기를 해요.

13

나무 모양을 잘 정리하고,
잘라서 절개선을 넣어요.

15

접은 모습.
다른 3면도 똑같은
방법으로 접어요.

나
무

16

앞쪽 ○를 잡아서 펼쳐요.
반대쪽도 똑같이 펼쳐요.

17

합체로
이어져요.

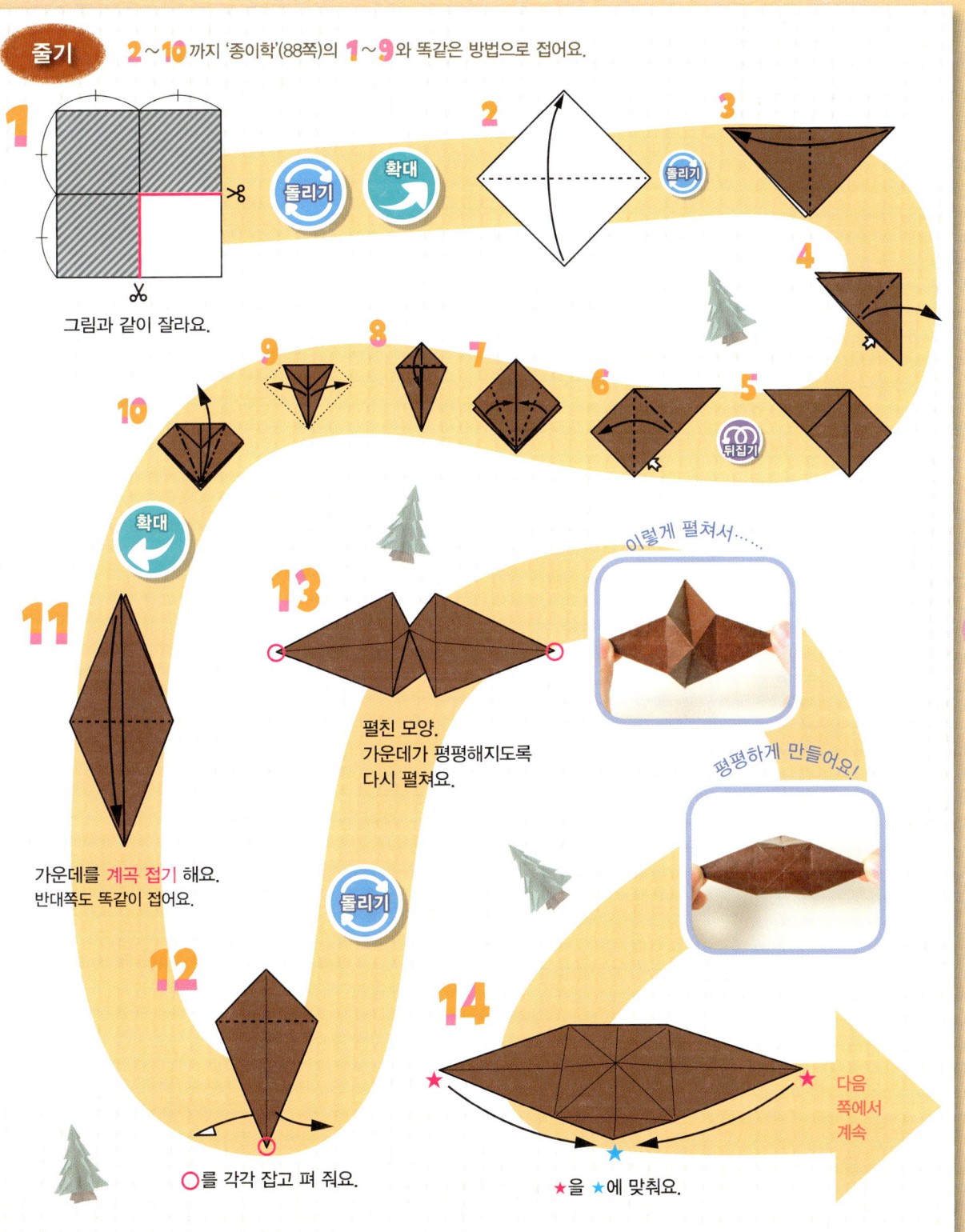

줄기

2 ~ 10까지 '종이학'(88쪽)의 **1 ~ 9**와 똑같은 방법으로 접어요.

1 그림과 같이 잘라요.

돌리기　확대

2

돌리기

3

4

10　확대

9　**8**　**7**　**6**　뒤집기　**5**

11

가운데를 계곡 접기 해요.
반대쪽도 똑같이 접어요.

13

펼친 모양.
가운데가 평평해지도록
다시 펼쳐요.

이렇게 펼쳐서……

평평하게 만들어요!

돌리기

12

○를 각각 잡고 펴 줘요.

14

★을 ★에 맞춰요.

다음
쪽에서
계속

나
무

'줄기'에서 계속

15

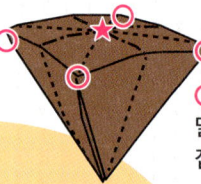

○를 잡고, ★을 안으로 밀어 넣는다는 느낌으로 접어서 보조선을 표시해요.

16

모두 접은 모습

이렇게 잡아요.

접은 모습

17

돌리기

합체로 이어져요.

합체

잎

줄기

'줄기'를 '잎' 밑에 끼워 넣어요.

완성

끼워 넣는 부분에 풀을 발라 붙여도 좋아요옹♪

나무

응용 Tip

잎 접는 법을 변형해서 만들어 보세요!

똑바로 펴진 잎

1~11까지 '잎'과 똑같이 접어요.

12

앞 장의 ○를 잡고 펼쳐요.

13

접은 모습

완성

'줄기'와 합체하여 완성해요.

크리스마스 트리

1~13까지 '잎'과 똑같은 방법으로 접어요.

14

절개선부터 비스듬하게 접어 보조선을 표시해요.

15

안으로 꺾어 접기(7쪽) 해요. 다른 3면도 똑같은 방법으로 접어요.

16

앞쪽 ○를 잡고 펼쳐요. 반대쪽도 똑같이 접어요.

17

접은 모습

완성

'줄기'와 합쳐 완성해요.

'밥'과 '재료(참치·새우)'를 각각 접은 다음 합체해서 완성해요.

밥

1 보조선을 표시해요.

2 가운데까지 계곡 접기를 해요.

확대

3 가운데까지 계곡 접기를 해요.

4 가운데를 계곡 접기 해요.

확대

5 보조선을 표시해요.

6 가운데까지 계곡 접기를 해요.

7 모서리에 맞춰 계곡 접기를 해요.

확대

이 모서리에 맞춰요.

8 안쪽 종이를 앞쪽 종이 사이에 끼워 넣어요.

9 앞쪽 종이를 산 접기 하고, 안쪽에서 살짝 떨어진 곳에서 접어요.

10 안을 펼치고 11과 같이 상자 모양으로 만들어요.

이렇게 펼쳐요.

11 밥을 2개 만들어요.

합체로 이어져요.

흰밥 위에
다양한 재료를 접어 올려 보세요

참치   참치 뱃살   새우   달걀

초밥

알록달록 색종이로 접어서 '초밥집'을 만들어 보세요.
▶ 202쪽
작자 : 니와 다이코

종이

4장

준비물

가위

※ 종이접기 과정을 이해하기 쉽게, 흰색 종이 옆면에는 선을 표시했어요.

초밥

다음 쪽에서 계속

가족
알림장   초밥을 올려놓는 나무접시 대신 도마를 만들어도 좋아요.

'초밥'에서 계속

재료(참치)

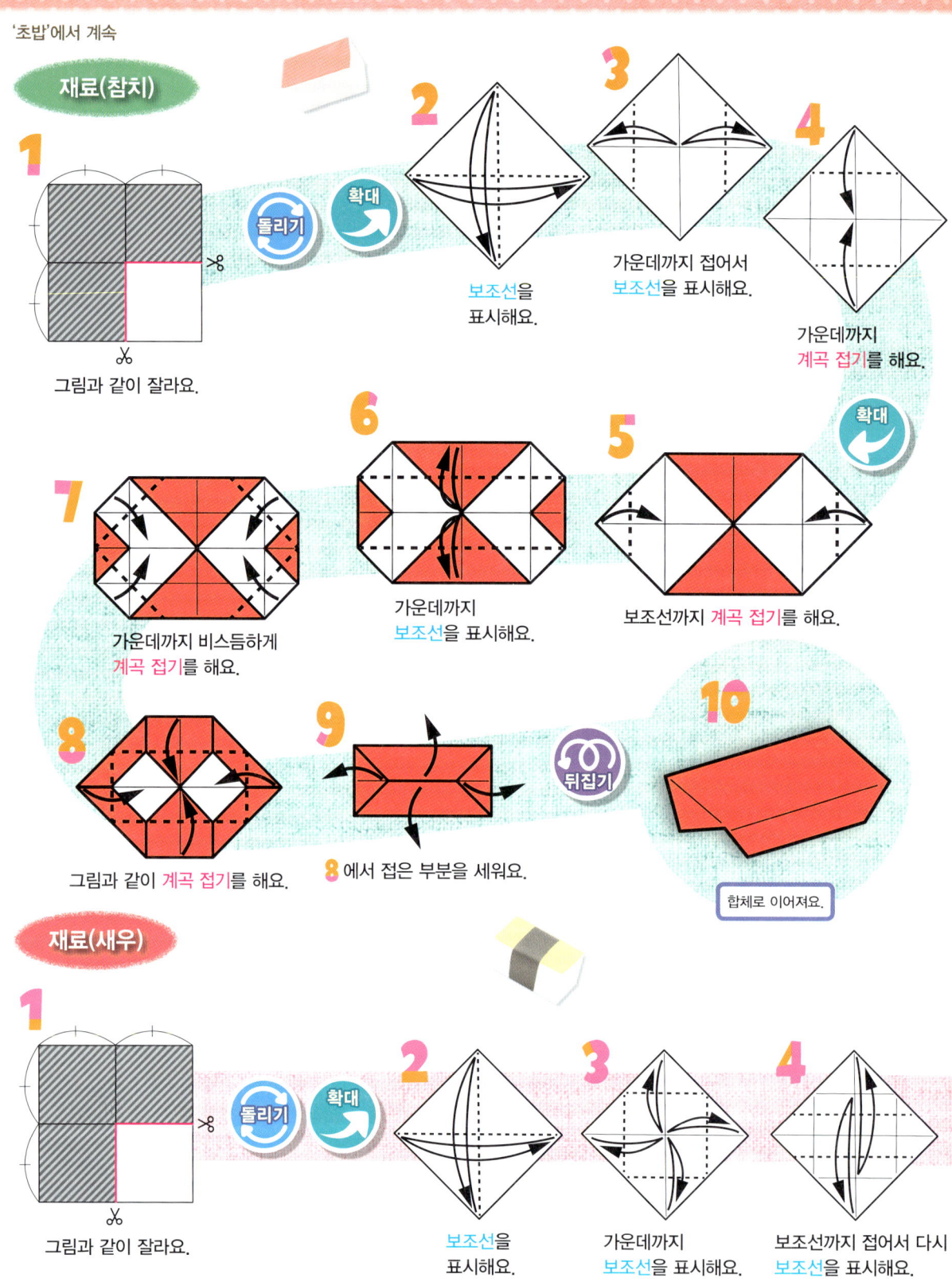

1 그림과 같이 잘라요.

돌리기 확대

2 보조선을 표시해요.

3 가운데까지 접어서 보조선을 표시해요.

4 가운데까지 계곡 접기를 해요.

확대

5 보조선까지 계곡 접기를 해요.

6 가운데까지 보조선을 표시해요.

7 가운데까지 비스듬하게 계곡 접기를 해요.

8 그림과 같이 계곡 접기를 해요.

9 8 에서 접은 부분을 세워요.

뒤집기

10 합체로 이어져요.

재료(새우)

1 그림과 같이 잘라요.

돌리기 확대

2 보조선을 표시해요.

3 가운데까지 보조선을 표시해요.

4 보조선까지 접어서 다시 보조선을 표시해요.

초밥

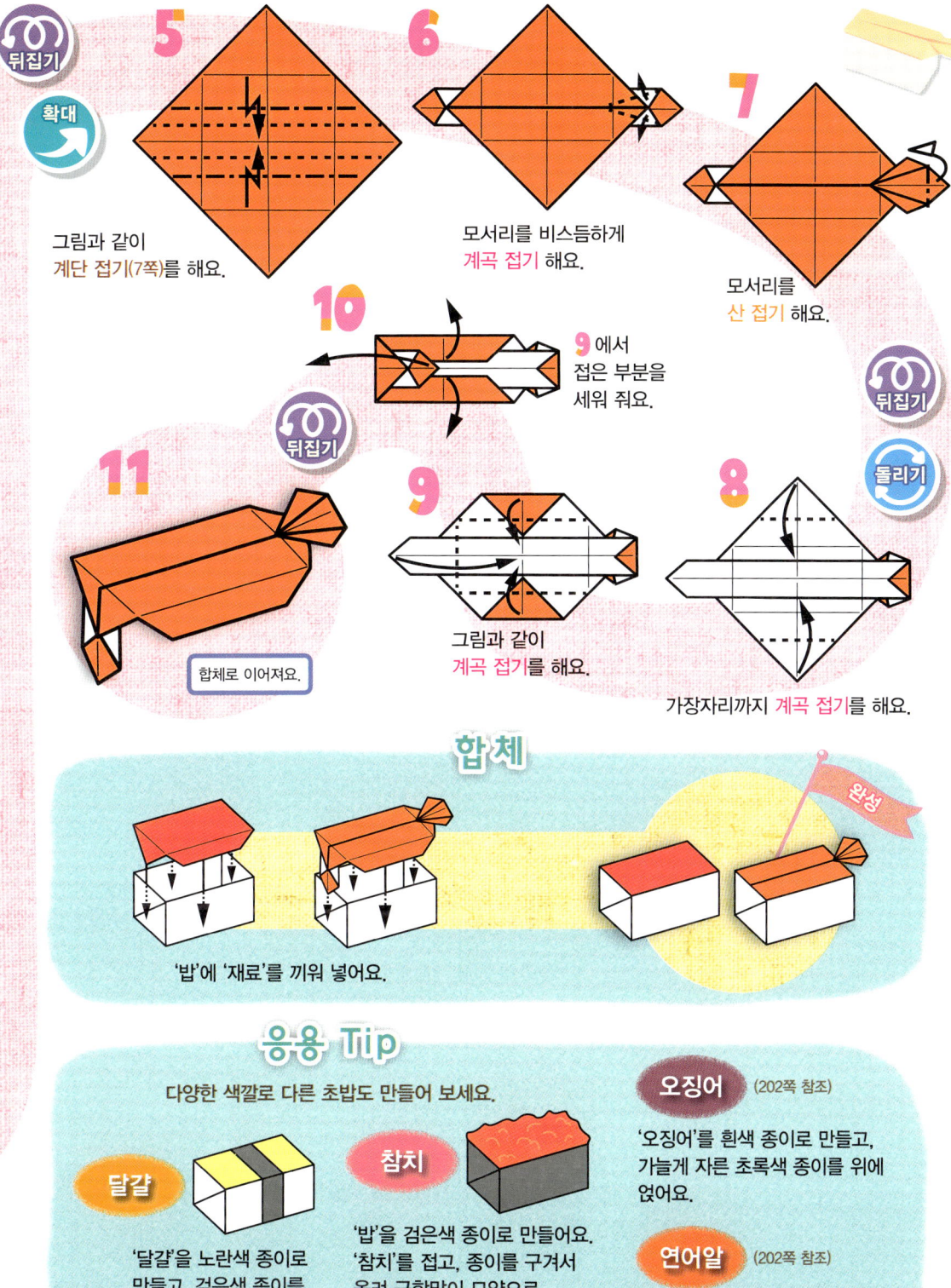

5 뒤집기 확대

그림과 같이
계단 접기(7쪽)를 해요.

6

모서리를 비스듬하게
계곡 접기 해요.

7

모서리를
산 접기 해요.

10

9 에서
접은 부분을
세워 줘요.

뒤집기

돌리기

11

합체로 이어져요.

9

그림과 같이
계곡 접기를 해요.

8

가장자리까지 계곡 접기를 해요.

초밥

합체

완성

'밥'에 '재료'를 끼워 넣어요.

응용 Tip

다양한 색깔로 다른 초밥도 만들어 보세요.

오징어 (202쪽 참조)

'오징어'를 흰색 종이로 만들고,
가늘게 자른 초록색 종이를 위에
얹어요.

달걀

'달걀'을 노란색 종이로
만들고, 검은색 종이를
잘라 둘러 줘요.

참치

'밥'을 검은색 종이로 만들어요.
'참치'를 접고, 종이를 구겨서
올려 군함말이 모양으로
만들어요.

연어알 (202쪽 참조)

'연어알'을 무늬가 들어간 종이로
접어요.

맛있는 재료를
겹겹이 끼워요!

햄버거

다른 작품과 함께 '소풍' 놀이를 해 보세요.
▶ 199쪽   작자 : 니와 다이코

▶ 199쪽

종이	준비물
 5장	 가위

햄버거

'햄버거빵·패티·토마토'와 '양상추'를 각각 접은 다음
합체해서 완성해요.

햄버거빵 · 패티 · 토마토

1
보조선을 표시해요.

2
가운데까지
계곡 접기를 해요.

확대

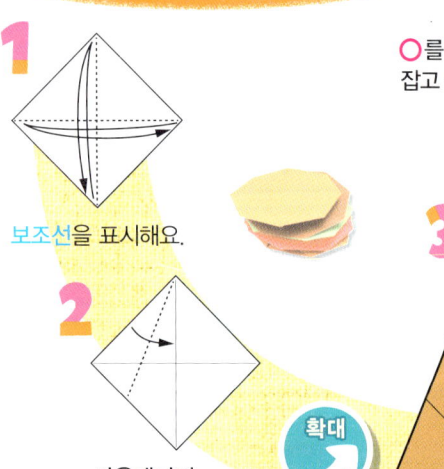

3
가운데까지
계곡 접기를 해요.

4
보조선까지
계곡 접기를 해요.

5
🔴와 🔵를 맞춰
보조선을 표시해요.

6
🔴를 **7**과 같이
잡고 올려 접어요.

7
힘을 내요!

🟢를 🔵에 맞춘 다음 **5**의
보조선을 따라 계곡 접기를 하면서,
🟠와 🟣를 맞춰 접고,
🔴를 접기 전 상태로 되돌려 놓아요.

🔴를 원래대로 되돌려 놓아요.

들어 올리고……

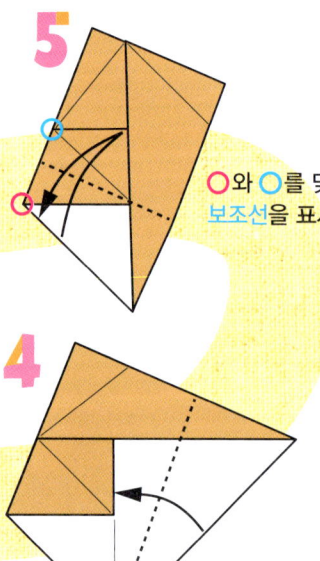

8
🔴를 잡고
🔵에 맞춰
아래로 접은 다음
눌러 줘요.

확대

가족
알림장 '감자튀김'(132쪽)과 함께 접으면 '햄버거 세트' 완성! 햄버거 가게 사장님이 되어 보세요!

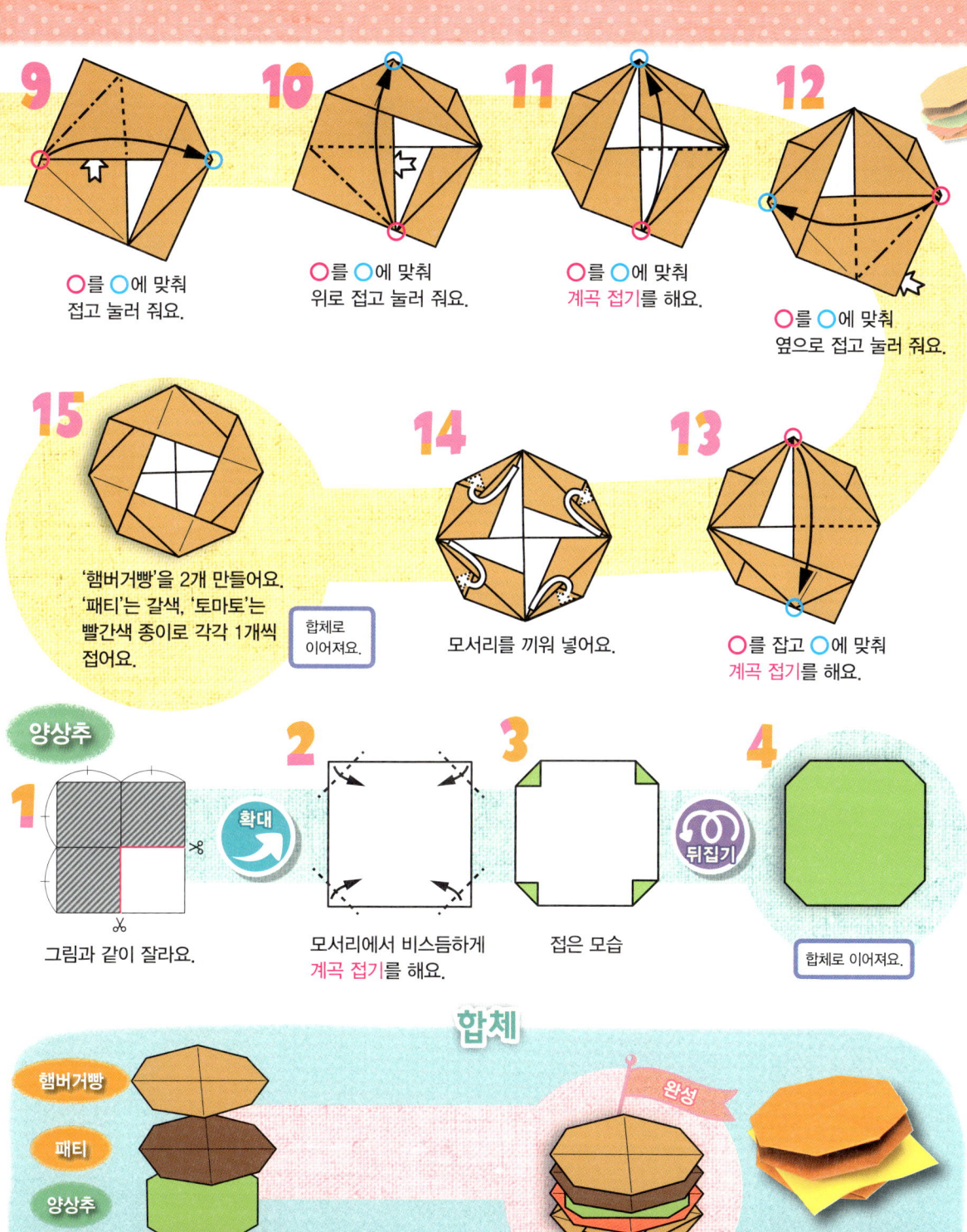

9 ⭕를 ⭕에 맞춰
접고 눌러 줘요.

10 ⭕를 ⭕에 맞춰
위로 접고 눌러 줘요.

11 ⭕를 ⭕에 맞춰
계곡 접기를 해요.

12 ⭕를 ⭕에 맞춰
옆으로 접고 눌러 줘요.

15 '햄버거빵'을 2개 만들어요.
'패티'는 갈색, '토마토'는
빨간색 종이로 각각 1개씩
접어요.

합체로
이어져요.

14 모서리를 끼워 넣어요.

13 ⭕를 잡고 ⭕에 맞춰
계곡 접기를 해요.

햄버거

양상추

1 그림과 같이 잘라요.

확대

2 모서리에서 비스듬하게
계곡 접기를 해요.

3 접은 모습

뒤집기

4 합체로 이어져요.

합체

햄버거빵

패티

양상추

토마토

햄버거빵

'햄버거빵' 사이에
'패티'와 '양상추',
'토마토'를 끼워 넣어요.

완성

다양한 색깔의 종이로
접어서 속재료를
입맛대로 바꿔 보세요.

'양상추'와 마찬가지로
큼직하게 자른 노란색
종이를 끼우면
'치즈버거' 완성!

음식 **129**

알록달록한 재료를
차곡차곡 끼워요!

샌드위치

다른 작품과 함께 '소풍' 놀이를 해 보세요.
▶ 199쪽

작자 : 니와 다이코

'빵'과 '속재료'를 각각 접은 다음 합체하여 완성해요.

빵

1 보조선을
표시해요.

2 가운데까지
계곡 접기를 해요.

확대

3 한쪽 모서리만
원래대로 펼쳐요.

종이

3장

준비물

가위

4 비스듬하게 계곡 접기를 해요.

5 계곡 접기를 해요.

이 모서리에
맞춰요.

6 계곡 접기를 하고 모서리를
주머니처럼 생긴 부분에
끼워 넣어요.

돌리기

7 합체로 이어져요.

가족
알림장 샌드위치 속재료를 원하는 대로 바꿔 넣을 수 있어요!

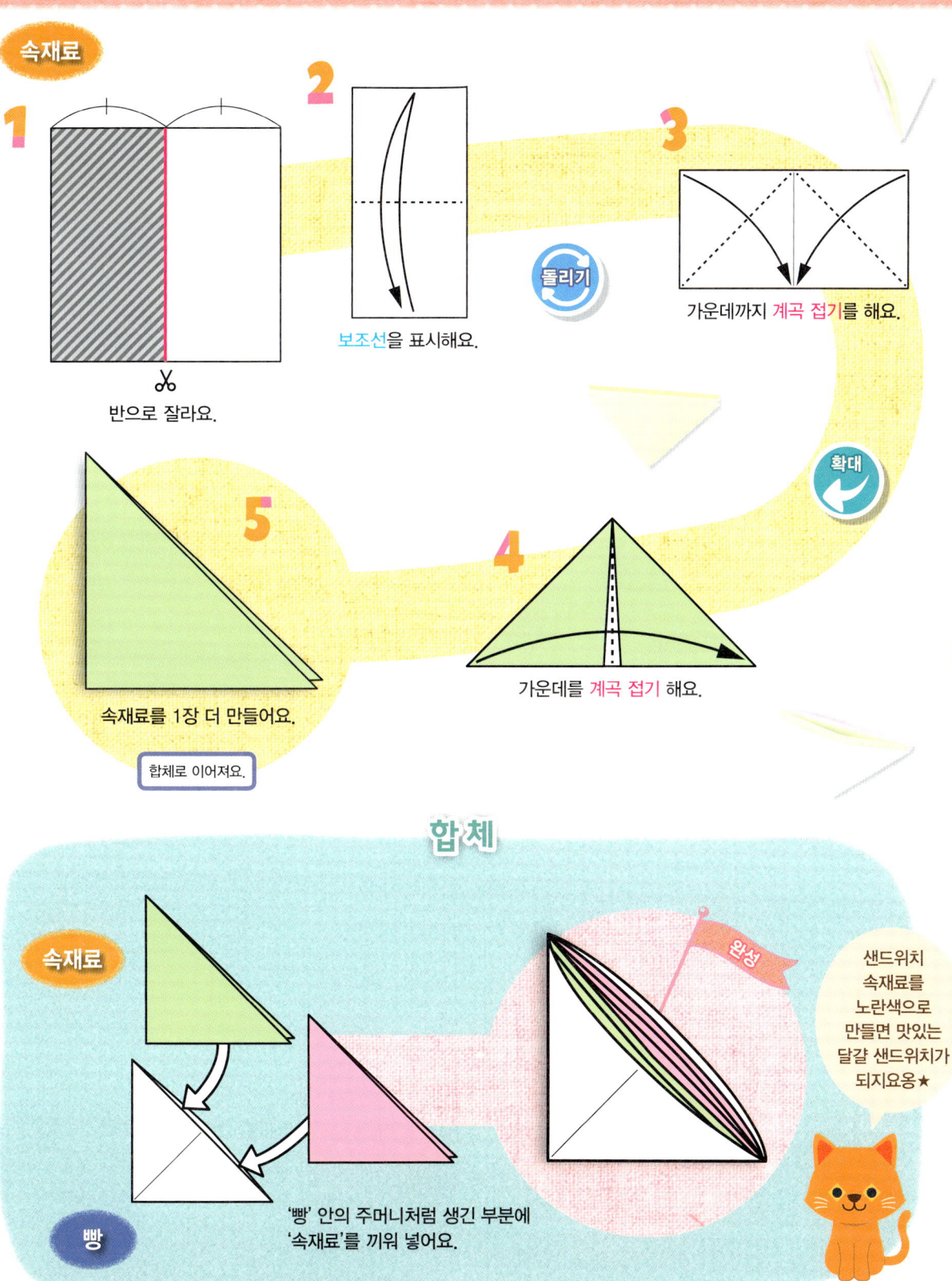

1 반으로 잘라요.

2 보조선을 표시해요.

돌리기

3 가운데까지 계곡 접기를 해요.

확대

4 가운데를 계곡 접기 해요.

5 속재료를 1장 더 만들어요.

합체로 이어져요.

샌드위치

합체

속재료

빵

'빵' 안의 주머니처럼 생긴 부분에
'속재료'를 끼워 넣어요.

완성

샌드위치
속재료를
노란색으로
만들면 맛있는
달걀 샌드위치가
되지요옹★

바삭바삭한 튀김을
봉투에 꽉 채우면 완성!

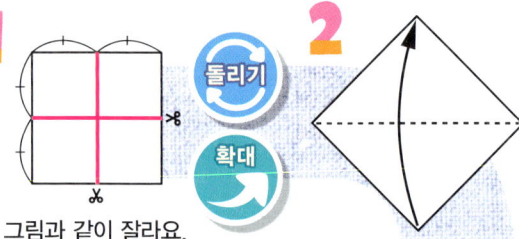

감자튀김

다른 작품과 함께 '소풍' 놀이를 해 보세요.
▶ 199쪽

작자 : 니와 다이코

▶ 199쪽

'감자튀김'과 '봉투'를 각각 접은 다음 합체해서 완성해요.

감자튀김

1 돌리기 확대
그림과 같이 잘라요.
원하는 개수만큼 사용해요.

2
계곡 접기를 해요.

3 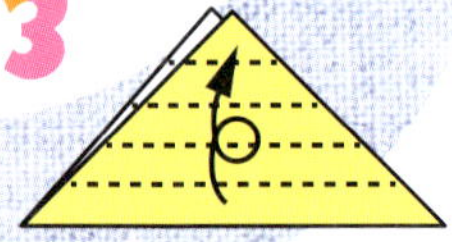
계곡 접기를 하고
돌돌 말듯 접은 다음,
풀리지 않도록 마지막에
스카치테이프를 붙여요.

4 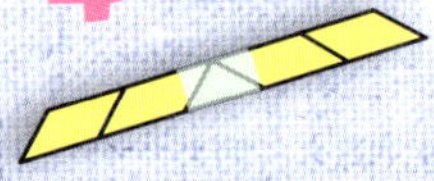
여러 개 만들어요!
합체로 이어져요.

감자튀김

종이

 2장

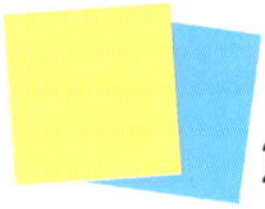

준비물

가위   스카치
테이프

봉투

1 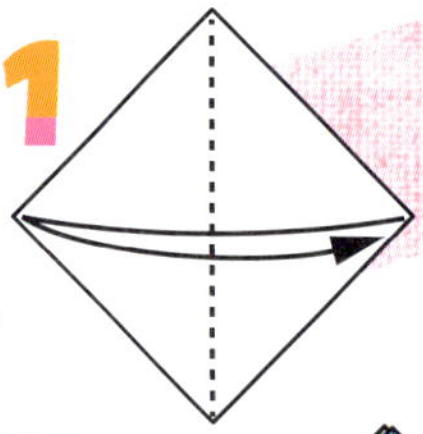
보조선을
표시해요.

2 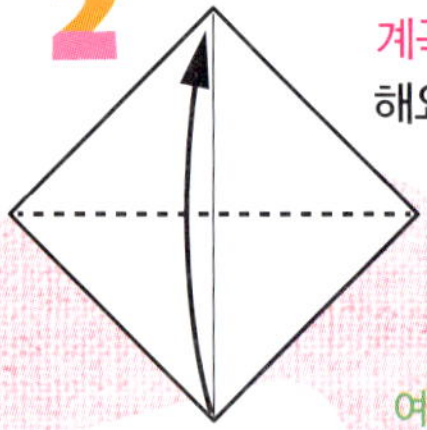
계곡 접기를
해요.

3 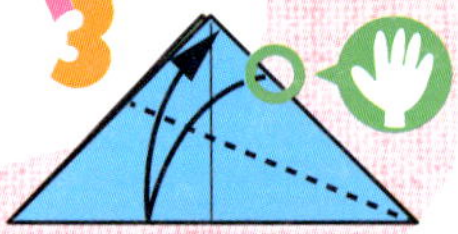
여기서부터
접어요.
앞 장을 접어서
보조선을 표시해요.

4

○까지 계곡
접기를 해요.

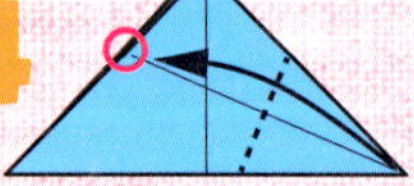

확대

5 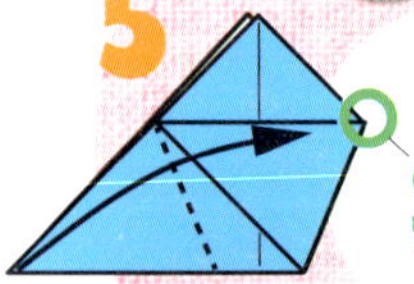
이 모서리에
맞춰요.
모서리에 맞춰
계곡 접기를 해요.

6 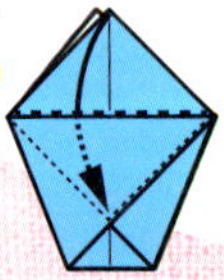
위쪽을 계곡 접기 하고,
앞쪽 주머니에 끼워 넣어요.

7 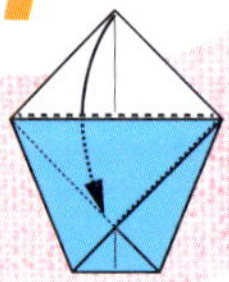
안쪽을 계곡 접기 하고,
가장 가까운 쪽
주머니에 접어 넣어요.

8 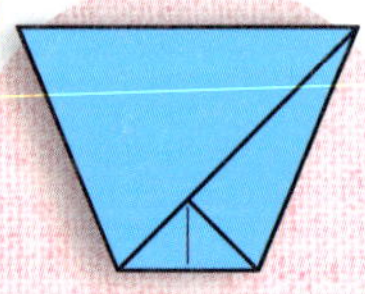
합체로 이어져요.

합체

감자튀김이 든 봉투를 완성해요.

감자튀김

봉투

완성

가족
알림장   봉투를 무늬 있는 종이로 접으면 더욱 예뻐요.

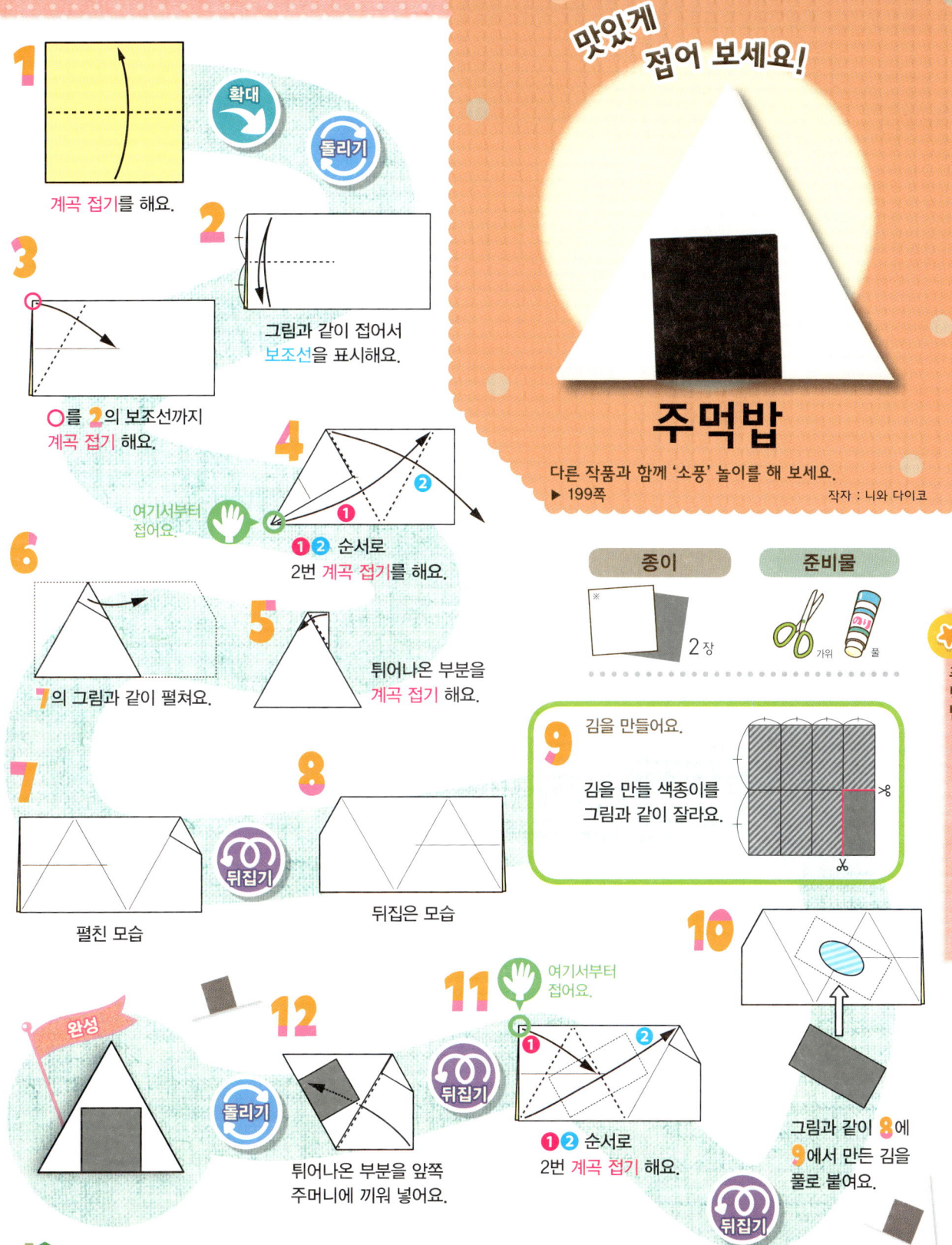

1 계곡 접기를 해요.

확대

돌리기

2 그림과 같이 접어서 보조선을 표시해요.

3 ○를 **2**의 보조선까지 계곡 접기 해요.

4 여기서부터 접어요.

①② 순서로 2번 계곡 접기를 해요.

5 튀어나온 부분을 계곡 접기 해요.

6 **7**의 그림과 같이 펼쳐요.

7 펼친 모습

8 뒤집은 모습

뒤집기

맛있게 접어 보세요!

주먹밥

다른 작품과 함께 '소풍' 놀이를 해 보세요.
▶ 199쪽

작자 : 니와 다이코

종이

※

2장

준비물

가위   풀

주먹밥

9 김을 만들어요.

김을 만들 색종이를 그림과 같이 잘라요.

10 그림과 같이 **8**에 **9**에서 만든 김을 풀로 붙여요.

완성

돌리기

12 튀어나온 부분을 앞쪽 주머니에 끼워 넣어요.

뒤집기

11 여기서부터 접어요.

①② 순서로 2번 계곡 접기 해요.

뒤집기

도시락 반찬으로
인기 만점!

문어 모양 비엔나소시지

다른 작품과 함께 '소풍' 놀이를 해 보세요.
▶ 199쪽

작자 : 니와 다이코

문어 모양 비엔나소시지

종이	준비물
 1장	가위 풀 펜

1

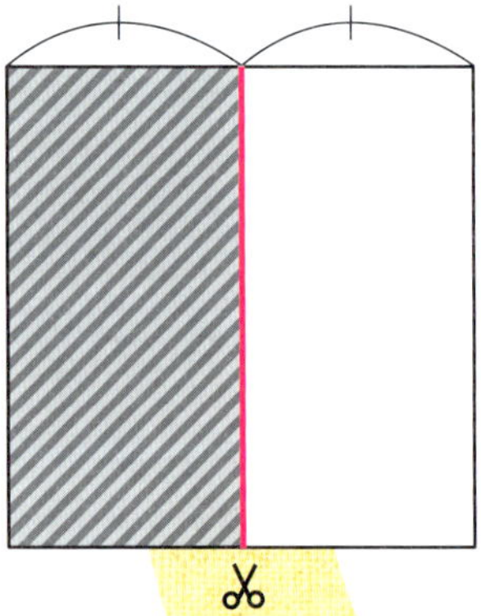

반으로 잘라요.

문어 다리가
핵심이라옹!

2

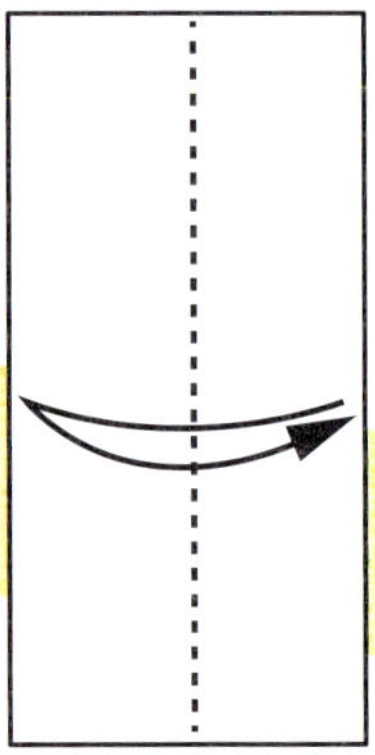

보조선을
표시해요.

확대

3

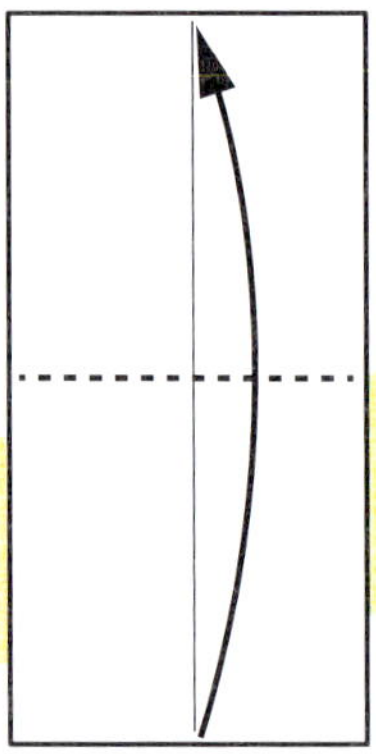

계곡 접기를
해요.

확대
돌리기

4

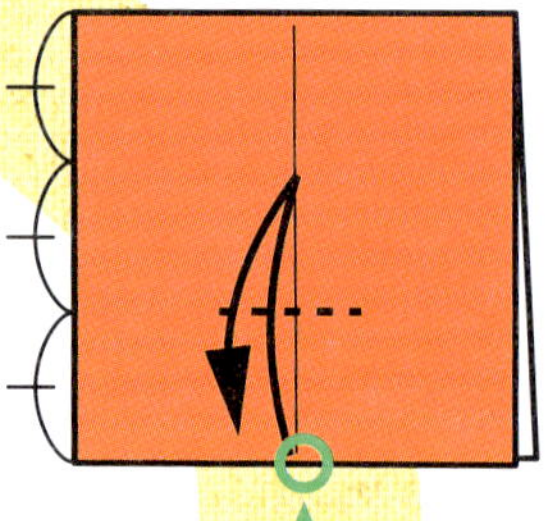

그림과 같이 접어서
보조선을 표시해요.

여기서부터
접어요.

5

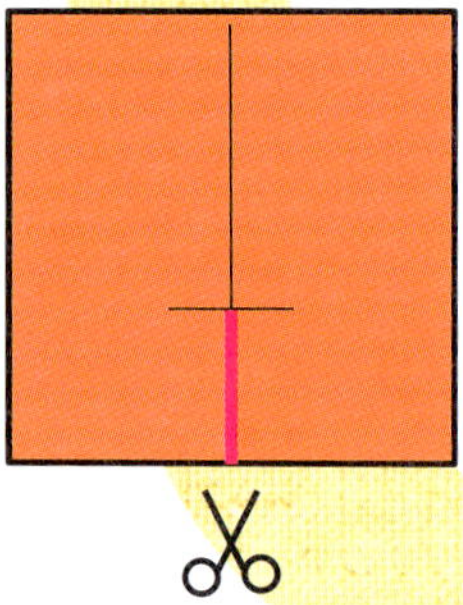

4에서 표시한
보조선까지 잘라요.

6

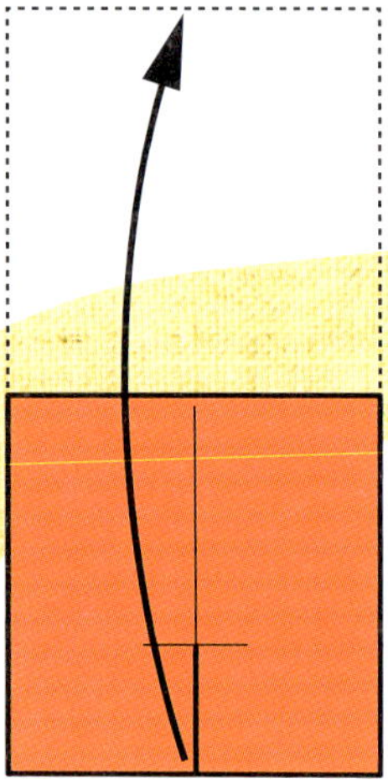

펼쳐요.

134 가족 알림장 **10, 12**에서 다리 접는 각도를 바꾸면 문어 모양을 색다르게 만들 수 있어요.

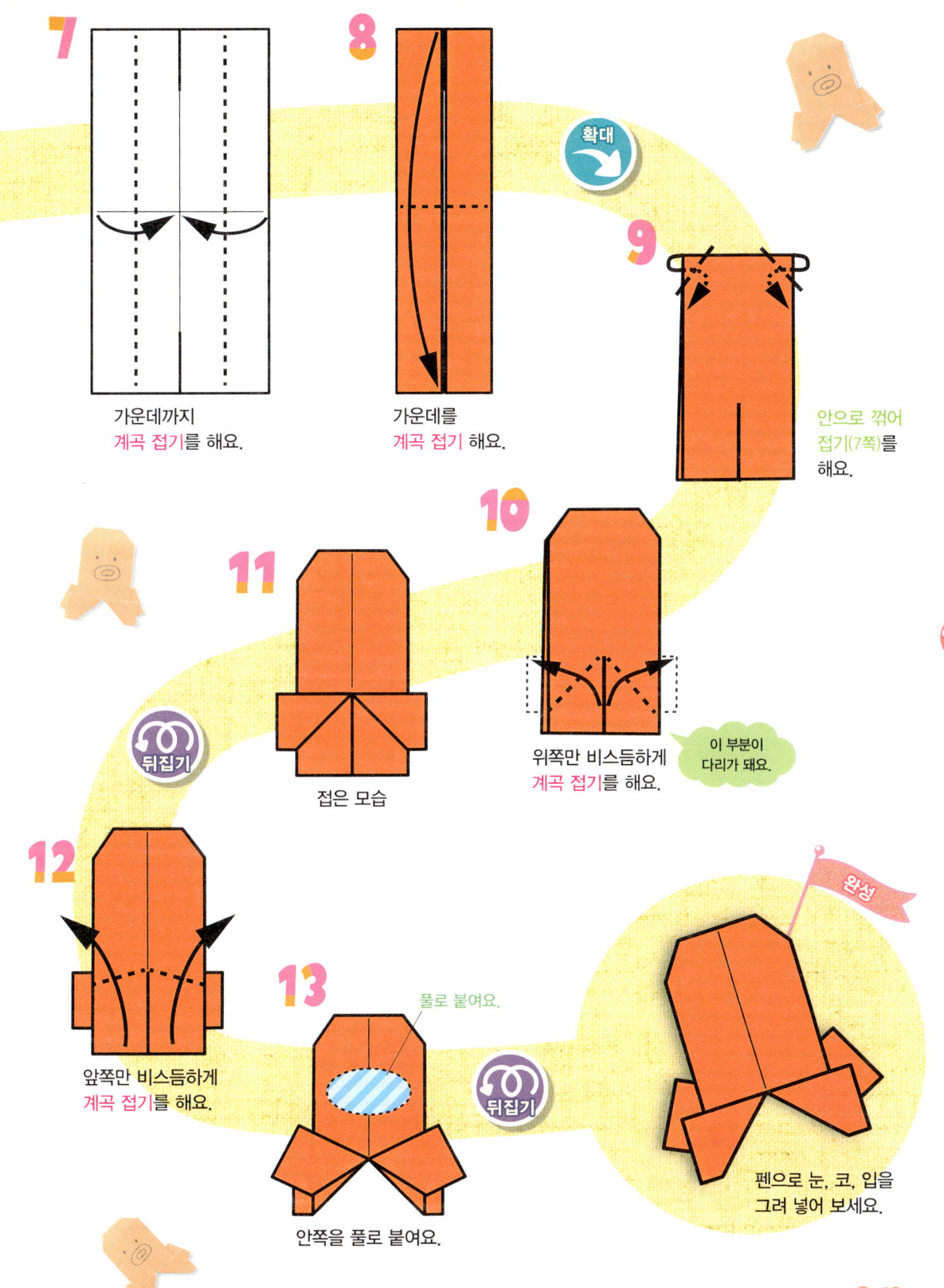

7

가운데까지
계곡 접기를 해요.

8

가운데를
계곡 접기 해요.

확대

9

안으로 꺾어
접기(7쪽)를
해요.

10

위쪽만 비스듬하게
계곡 접기를 해요.

이 부분이
다리가 돼요.

11

뒤집기

접은 모습

12

앞쪽만 비스듬하게
계곡 접기를 해요.

13

풀로 붙여요.

뒤집기

안쪽을 풀로 붙여요.

완성

펜으로 눈, 코, 입을
그려 넣어 보세요.

문어 모양 비엔나소시지

새콤달콤
맛있는

딸기

다른 작품과 함께 '소풍' 놀이를 해 보세요.
▶ 199쪽

작자 : 니와 다이코

종이

2장

준비물

가위 풀

▶ 199쪽

'열매'와 '꼭지'를 각각 접은 다음 합체해서 완성해요.

열매

1 반으로 잘라요.

돌리기

2 보조선을 표시해요.

3 가운데까지 계곡 접기를 해요.

확대

4 간격을 벌려요.
가운데에서 조금 떨어진 곳에서 비스듬하게 계곡 접기 해요.

5 접는 너비에 따라 딸기 모양이 달라져요.
모서리를 계곡 접기 해요.

6 접은 모습
뒤집기

7 합체로 이어져요.

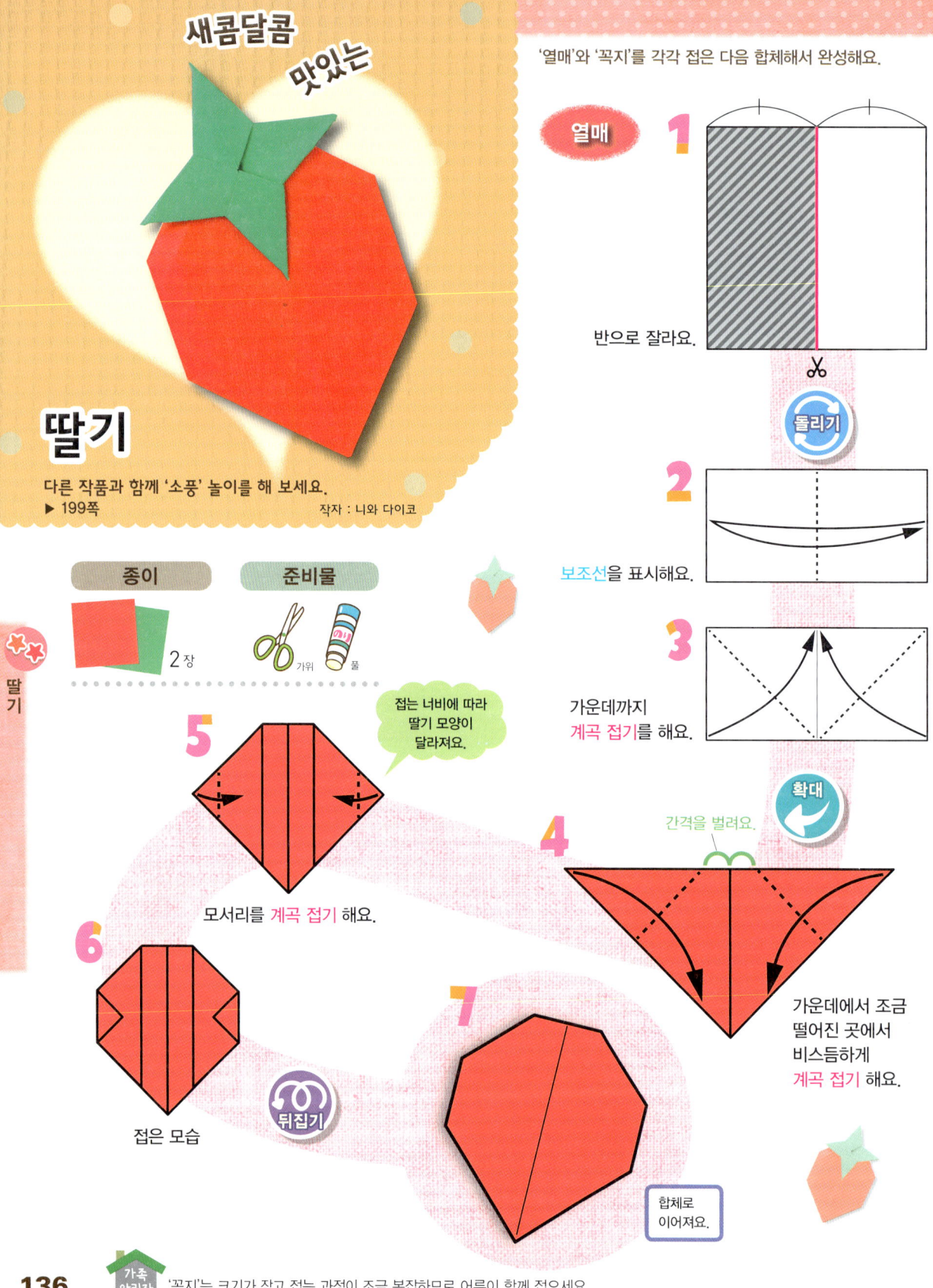

136

가족
알림장

'꼭지'는 크기가 작고 접는 과정이 조금 복잡하므로 어른이 함께 접으세요.

딸기

2~6까지 '종이학'(88쪽)의 1~5와 같은 방법으로 접어요.
색이 들어간 면이 위로 향하게 놓고 접어요.

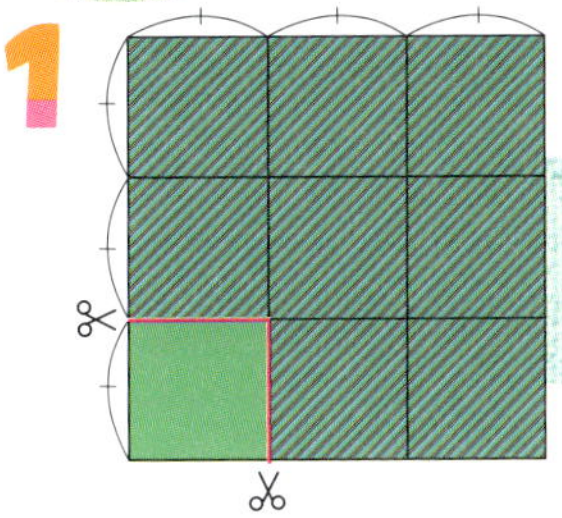

1

그림과 같이 잘라요.

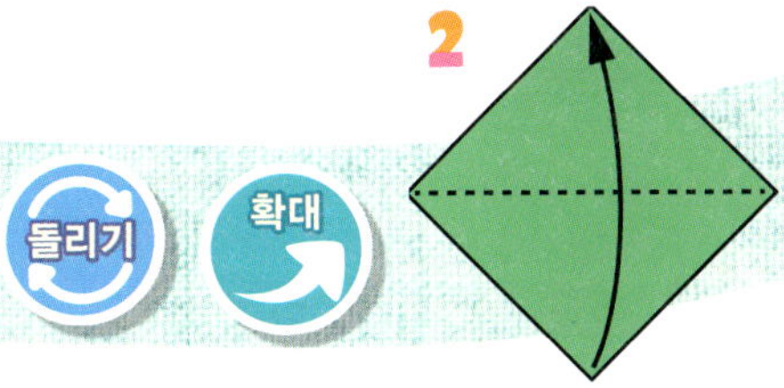

2

돌리기　확대

3

돌리기

4

5

뒤집기

6

7

확대　돌리기

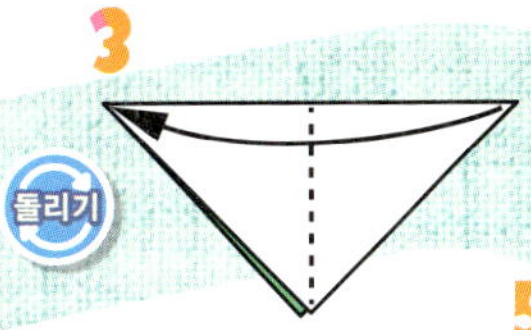

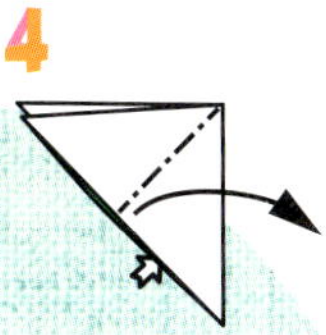

가운데까지 접어서
보조선을 표시해요.

반대쪽도 똑같이 접어요.

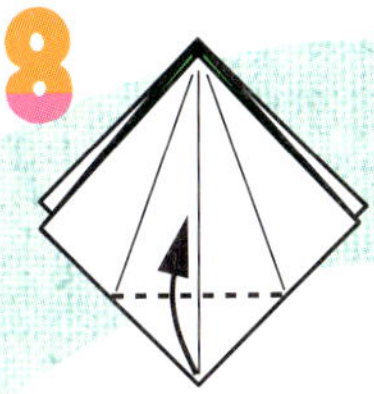

8

계곡 접기를 해요.

9

모서리를 접고
안을 펼쳐요.

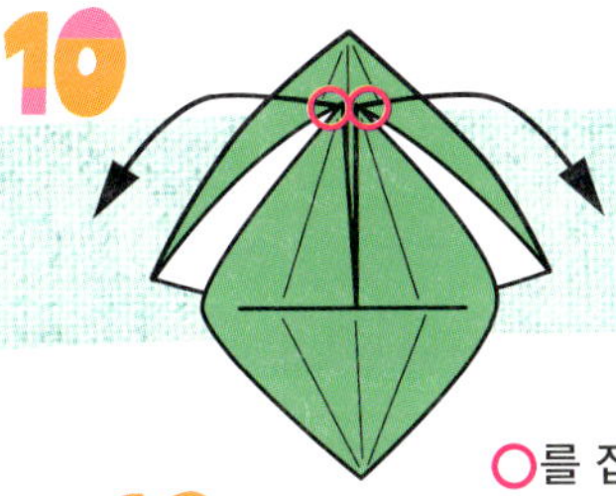

10

이렇게 펼쳐요.

○를 잡고 펼쳐서
누르며 접어요.

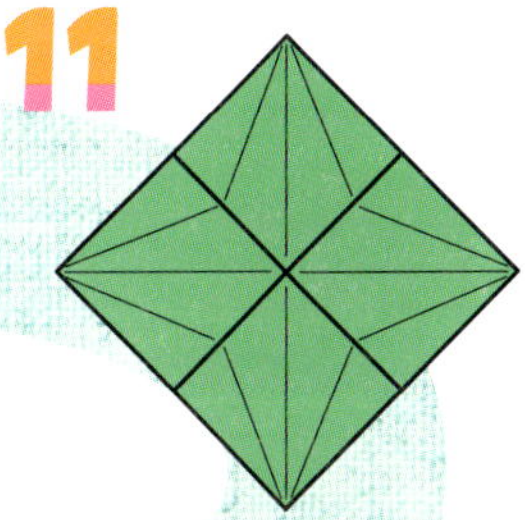

11

접은 모습

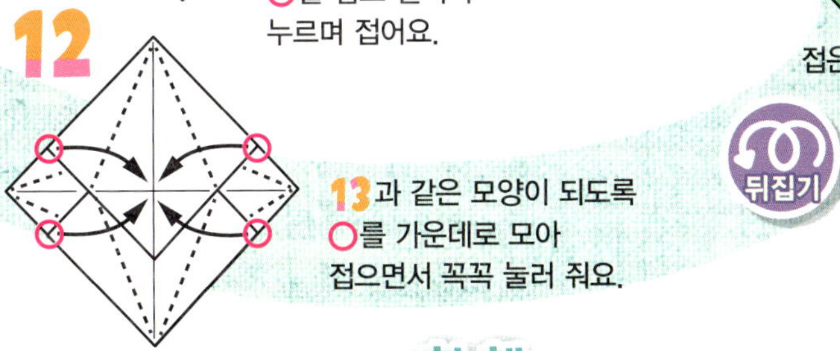

뒤집기

12

하나씩 접어요.

13과 같은 모양이 되도록
○를 가운데로 모아
접으면서 꼭꼭 눌러 줘요.

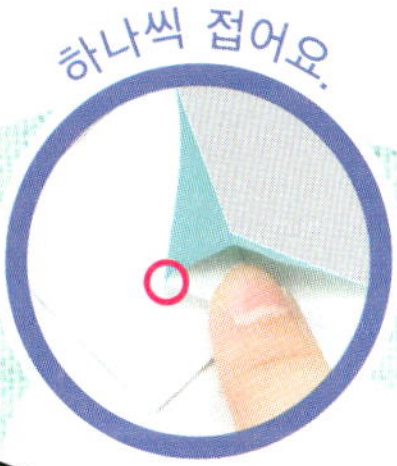

13

접은 모습

뒤집기

딸기

합체

꼭지

열매

완성

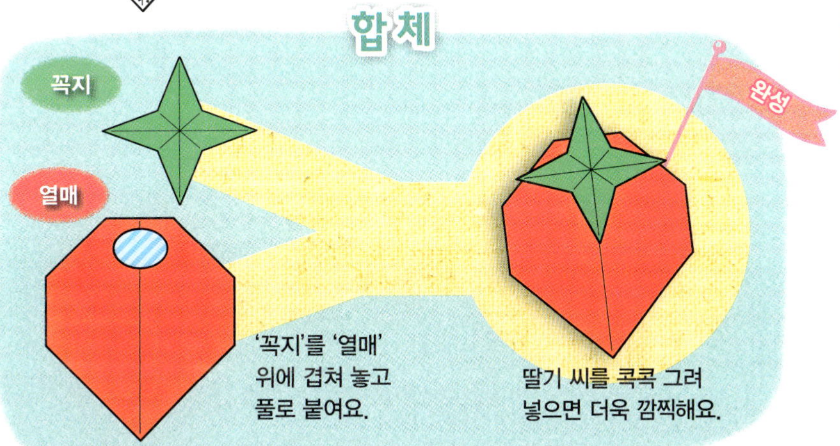

'꼭지'를 '열매'
위에 겹쳐 놓고
풀로 붙여요.

딸기 씨를 콕콕 그려
넣으면 더욱 깜찍해요.

14

합체로 이어져요.

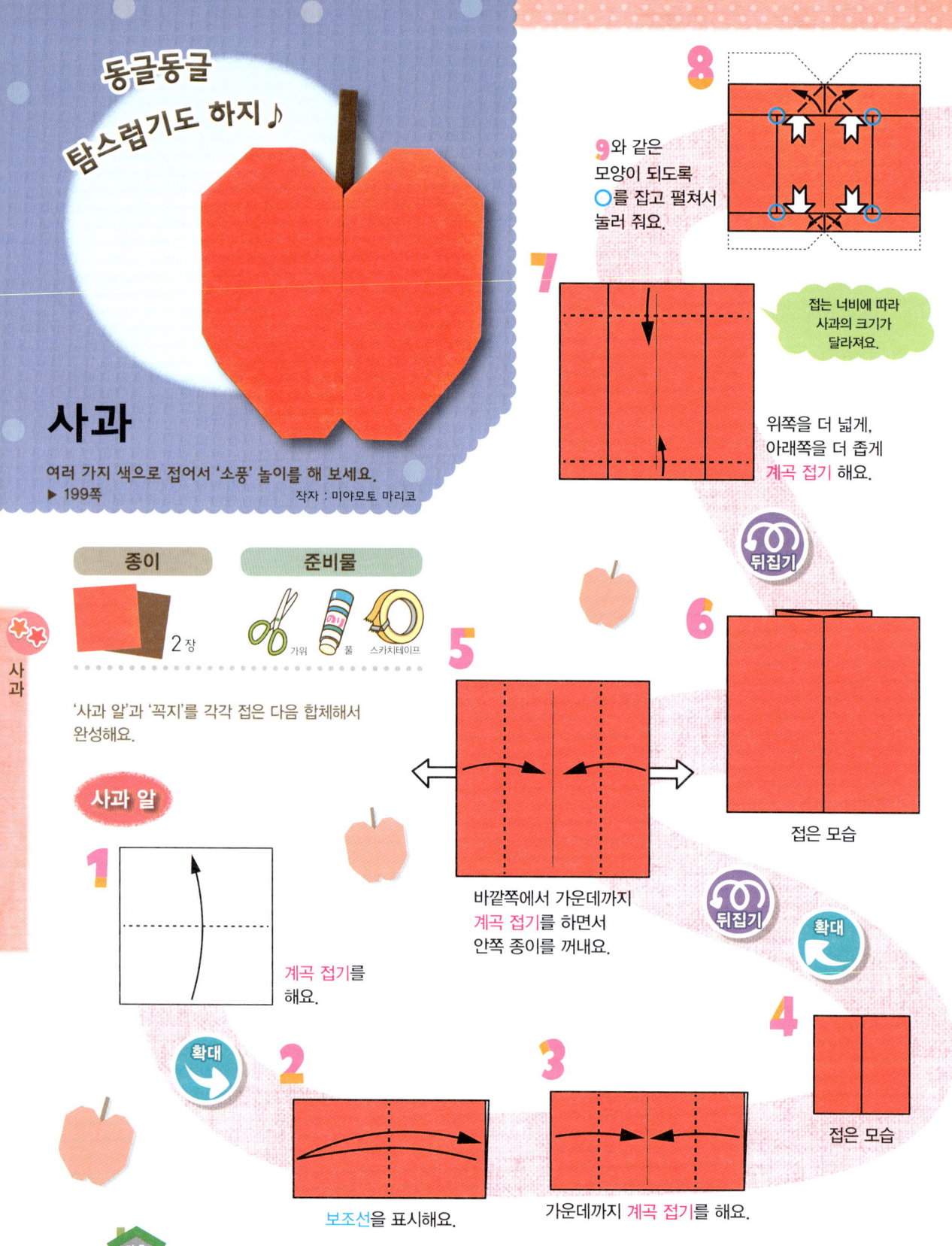

동글동글
탐스럽기도 하지 ♪

사과

여러 가지 색으로 접어서 '소풍' 놀이를 해 보세요.
▶ 199쪽

작자 : 미야모토 마리코

8 ❾와 같은 모양이 되도록 ⭕를 잡고 펼쳐서 눌러 줘요.

7 접는 너비에 따라 사과의 크기가 달라져요.

위쪽을 더 넓게, 아래쪽을 더 좁게 계곡 접기 해요.

뒤집기

6 접은 모습

종이

2장

준비물

가위   풀   스카치테이프

사과

'사과 알'과 '꼭지'를 각각 접은 다음 합체해서 완성해요.

사과 알

1 계곡 접기를 해요.

5 바깥쪽에서 가운데까지 계곡 접기를 하면서 안쪽 종이를 꺼내요.

뒤집기   확대

4 접은 모습

확대

2 보조선을 표시해요.

3 가운데까지 계곡 접기를 해요.

가족 알림장 종이를 반으로 잘라 접으면 작고 앙증맞은 사과를 만들 수 있어요.

9

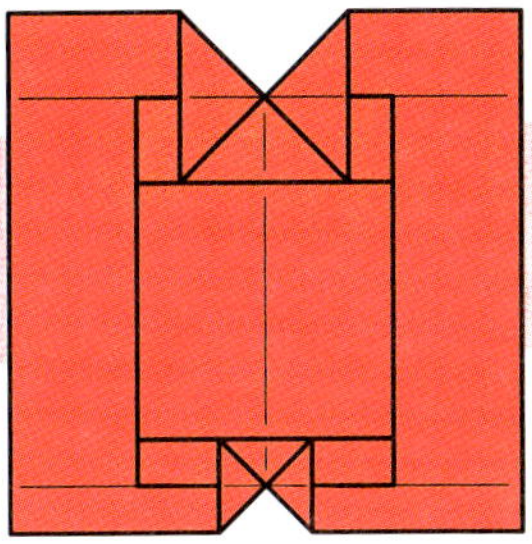

접은 모습

10

뒤집기

사진과 같은
모양이 되도록
접어요.

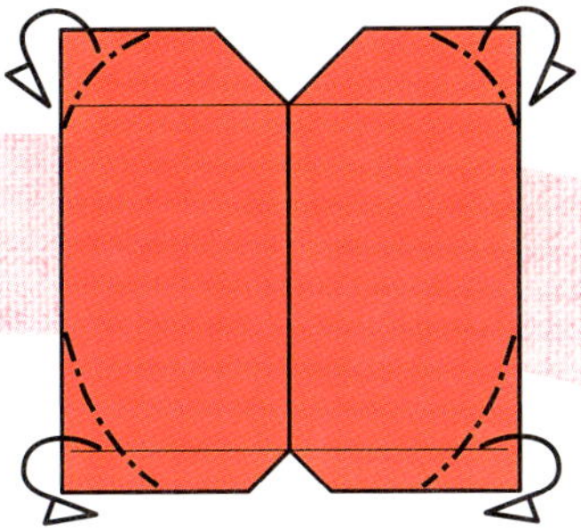

머릿속으로 사과 모양을
상상하면서 모서리를
세심하게 산 접기 해요.

11

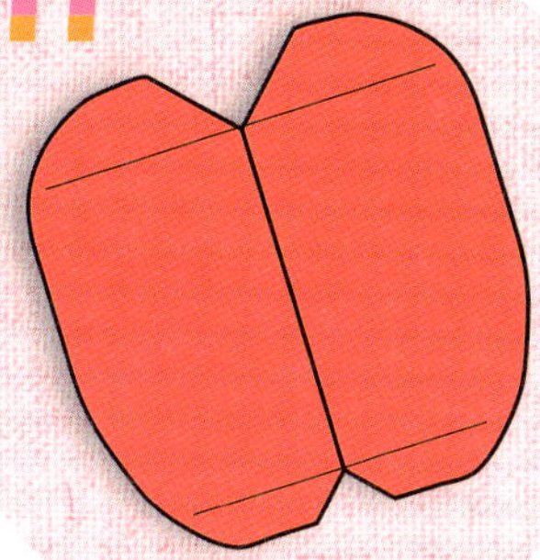

합체로 이어져요.

꼭지

1

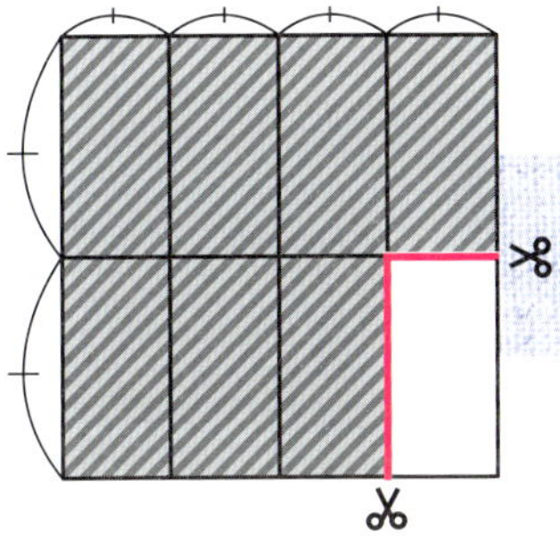

그림과 같이 잘라요.

확대

2

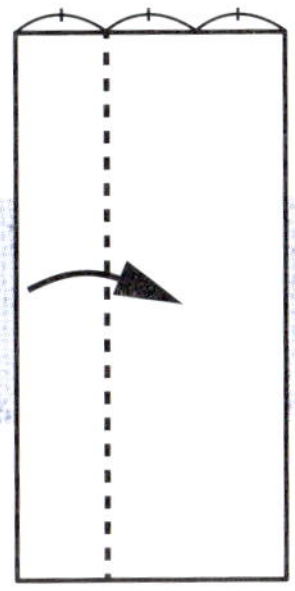

그림과 같이
계곡 접기를 해요.

3

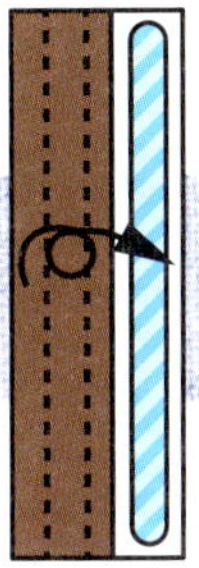

계곡 접기를 한 다음
돌돌 말듯 접고,
마지막에 풀로 붙여요.

4

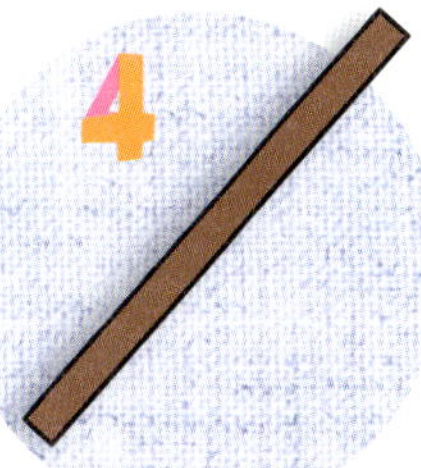

합체로 이어져요.

사
과

합체

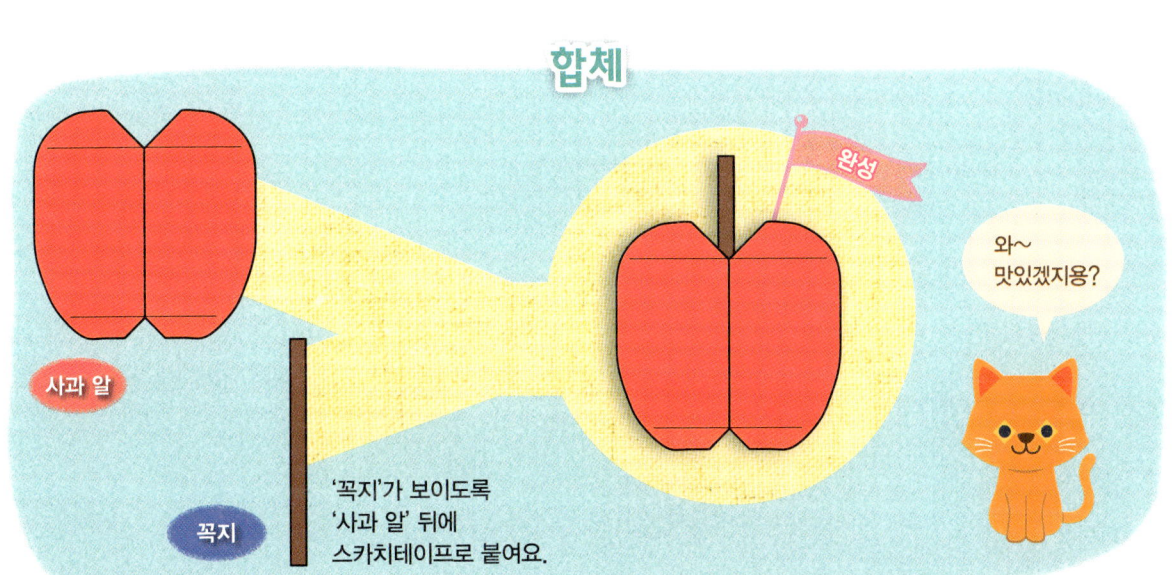

완성

와~
맛있겠지용?

사과 알

꼭지

'꼭지'가 보이도록
'사과 알' 뒤에
스카치테이프로 붙여요.

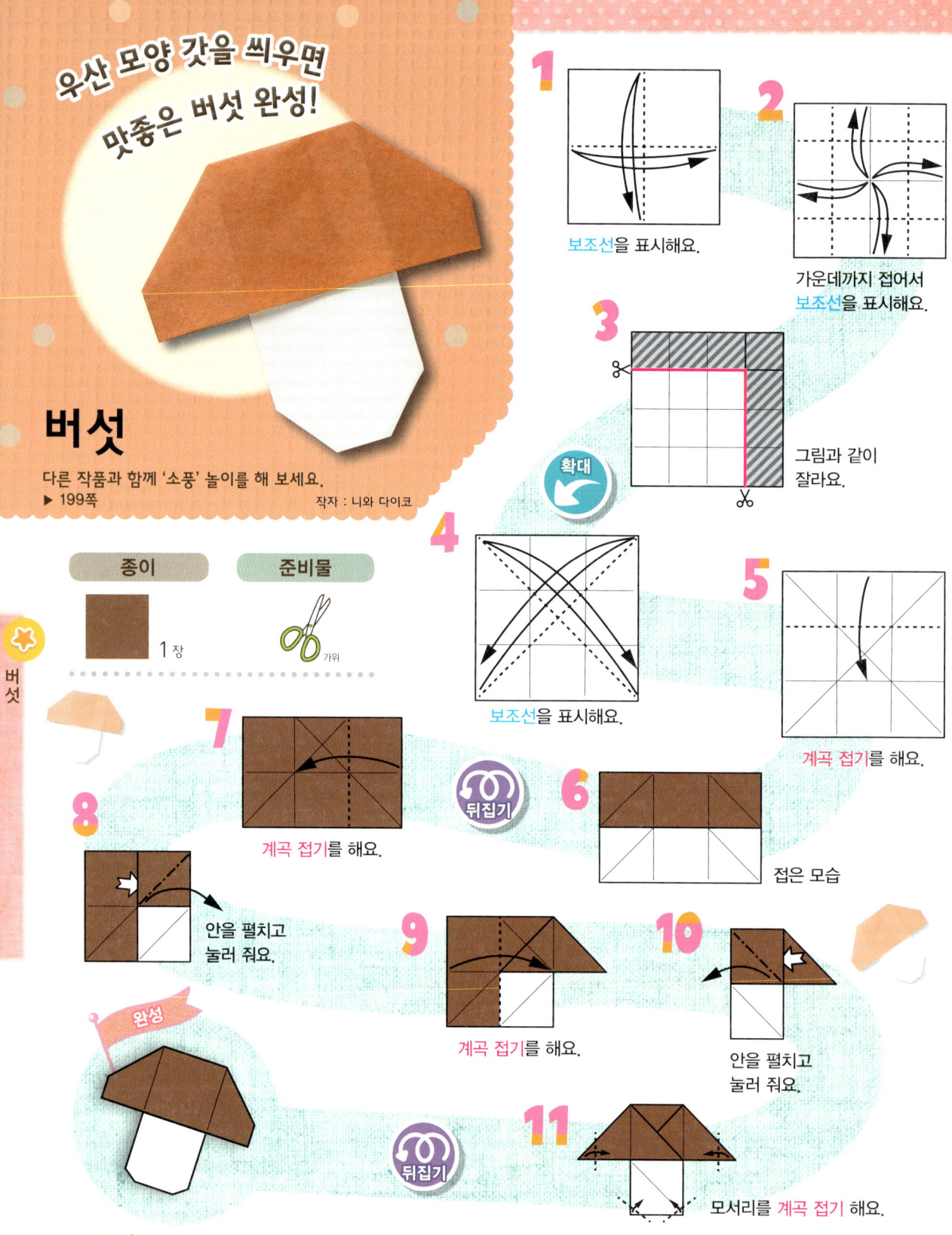

우산 모양 갓을 씌우면
맛좋은 버섯 완성!

버섯

다른 작품과 함께 '소풍' 놀이를 해 보세요.
▶ 199쪽

작자 : 니와 다이코

버섯

종이

1 장

준비물

가위

1 보조선을 표시해요.

2 가운데까지 접어서 보조선을 표시해요.

3 확대 그림과 같이 잘라요.

4 보조선을 표시해요.

5 계곡 접기를 해요.

6 접은 모습

7 계곡 접기를 해요.

뒤집기

8 안을 펼치고 눌러 줘요.

9 계곡 접기를 해요.

10 안을 펼치고 눌러 줘요.

11 모서리를 계곡 접기 해요.

뒤집기

완성

가족 알림장 무늬가 들어간 종이로 다양한 버섯을 접어 보세요.

'콘'과 '아이스크림'을 접은 다음 합체하여 완성해요.

콘

1

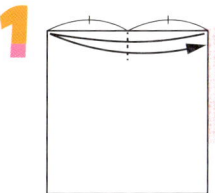

한가운데에
보조선을 표시해요.

2

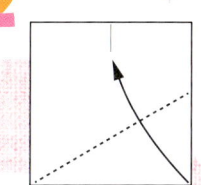

모서리를 **1**의 보조선에
맞춰 비스듬하게
계곡 접기를 해요.

확대

4

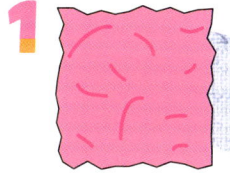

합체로 이어져요.

3

가장자리에 맞춰
계곡 접기를 하고,
풀로 붙여요.

아이스크림

1

종이를 손으로 살살 비비고 구겨서
쪼글쪼글한 주름을 만들어요.

확대

2

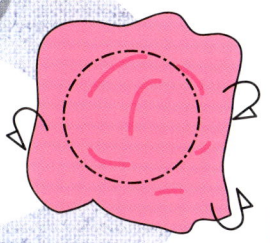

사진과 같이
동그란 모양을 잡아
산 접기를 해요.

3

합체로 이어져요.

알록달록
시원하고 달콤해요!

아이스크림

여러 가지 색으로 접어서 '아이스크림 가게' 놀이를 해 보세요.
▶ 203쪽
작자 : 미야모토 마리코

종이	준비물
 2장	풀

아이스크림

합체

아이스크림

콘

'아이스크림'을
'콘' 안에 넣어요.

완성

여러 가지 색으로
잔뜩 접어 보시옹~

가족
알림장 '아이스크림'을 몇 개 접어 2~3단 아이스크림을 만들어 보세요.

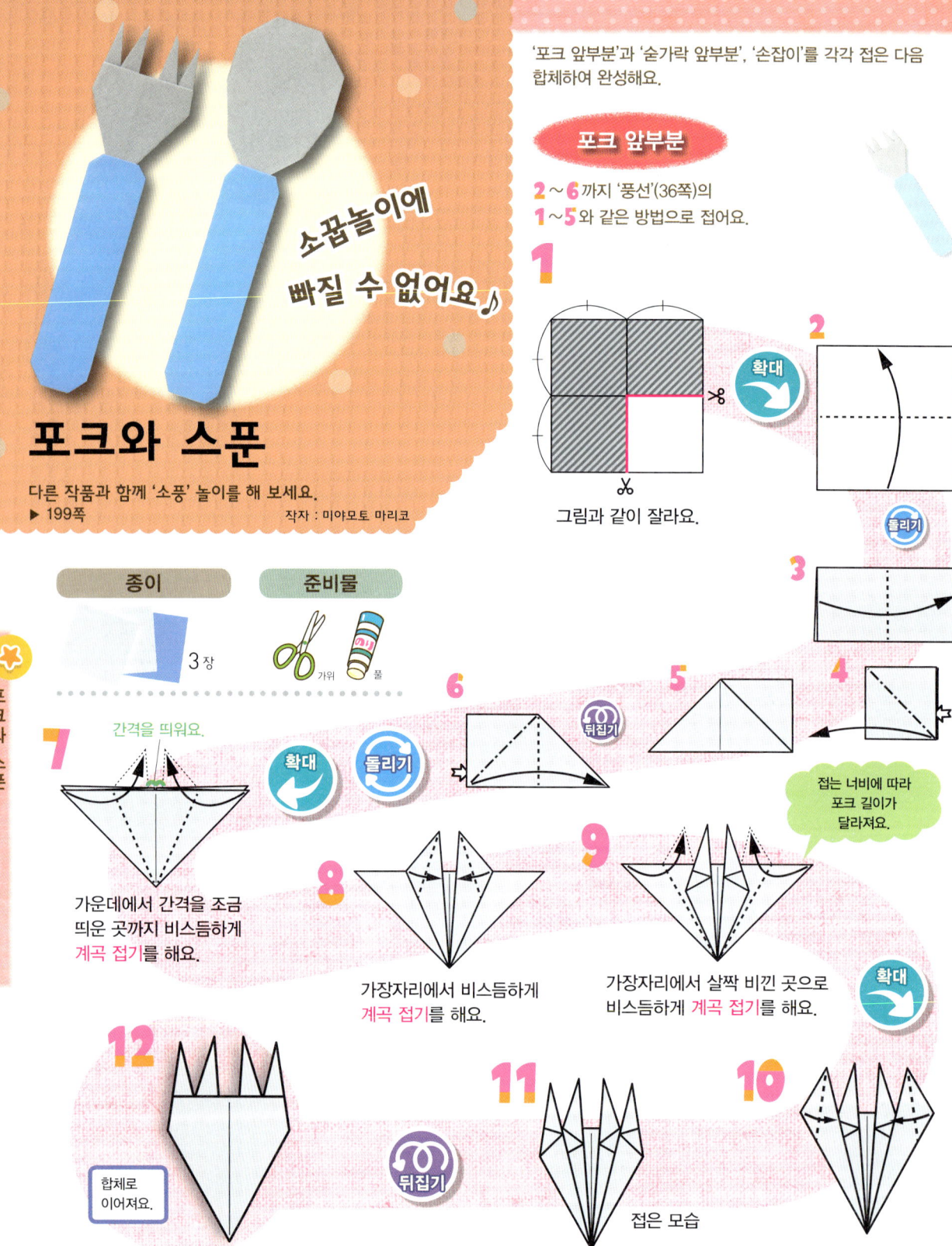

소꿉놀이에
빠질 수 없어요♪

포크와 스푼

다른 작품과 함께 '소풍' 놀이를 해 보세요.
▶ 199쪽
작자 : 미야모토 마리코

'포크 앞부분'과 '숟가락 앞부분', '손잡이'를 각각 접은 다음
합체하여 완성해요.

포크 앞부분

2 ~ **6**까지 '풍선'(36쪽)의
1 ~ **5**와 같은 방법으로 접어요.

종이

3장

준비물

가위   물

포크와 스푼

1
그림과 같이 잘라요.

2
확대   돌리기

3

4
접는 너비에 따라
포크 길이가
달라져요.

5

6
확대   돌리기   뒤집기

7
간격을 띄워요.
가운데에서 간격을 조금
띄운 곳까지 비스듬하게
계곡 접기를 해요.

8
가장자리에서 비스듬하게
계곡 접기를 해요.

9
가장자리에서 살짝 비낀 곳으로
비스듬하게 계곡 접기를 해요.
확대

10
가장자리에서 비스듬하게
계곡 접기를 해요.

11
접은 모습
뒤집기

12
합체로
이어져요.

가족
알림장
'손잡이' 색깔과 무늬를 바꿔서 다양하게 접어 보세요.

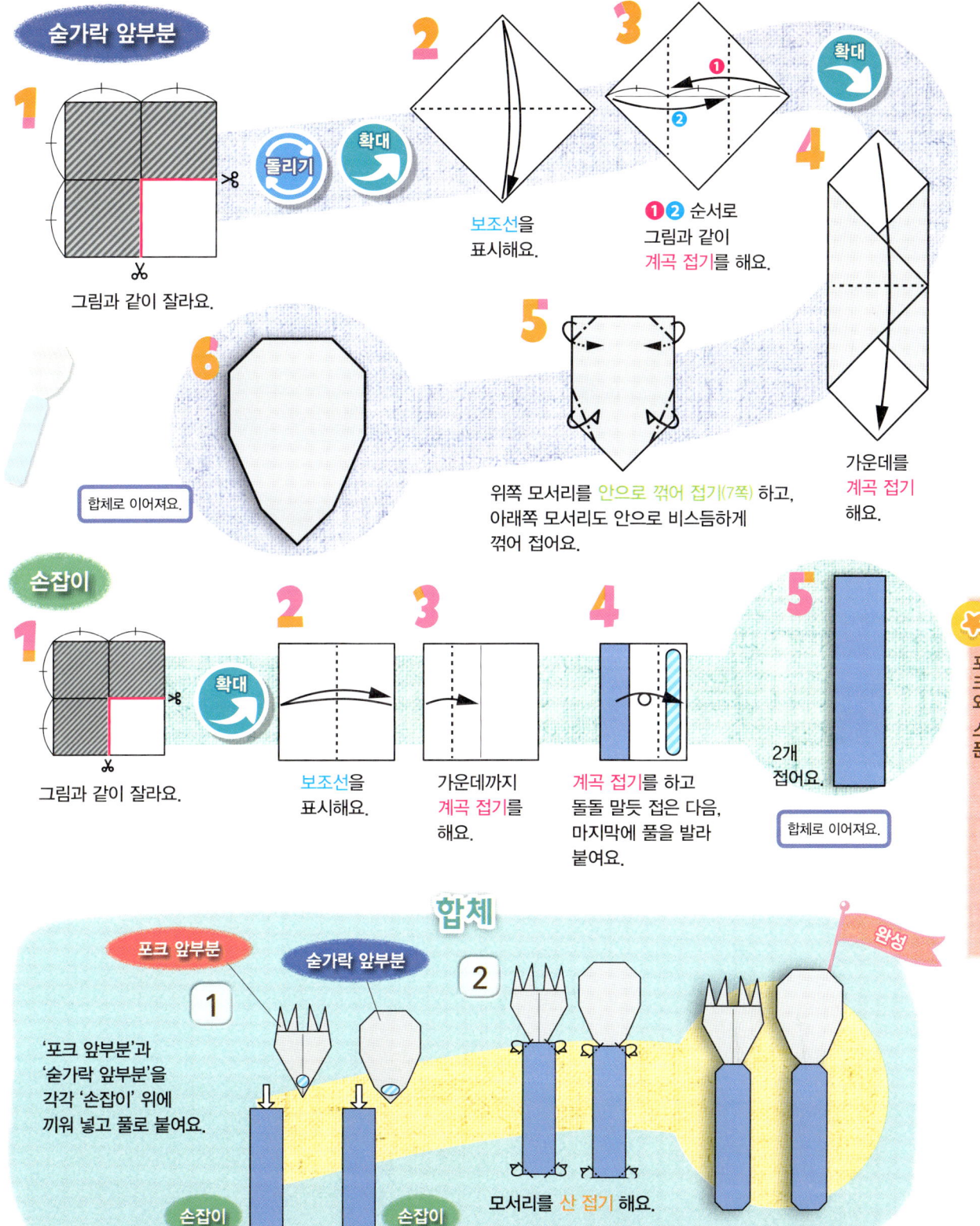

숟가락 앞부분

1 그림과 같이 잘라요.

돌리기 확대

2 보조선을 표시해요.

3 ❶❷ 순서로 그림과 같이 계곡 접기를 해요.

확대

4 가운데를 계곡 접기 해요.

5 위쪽 모서리를 안으로 꺾어 접기(7쪽) 하고, 아래쪽 모서리도 안으로 비스듬하게 꺾어 접어요.

6 합체로 이어져요.

손잡이

1 그림과 같이 잘라요.

확대

2 보조선을 표시해요.

3 가운데까지 계곡 접기를 해요.

4 계곡 접기를 하고 돌돌 말듯 접은 다음, 마지막에 풀을 발라 붙여요.

5 2개 접어요.

합체로 이어져요.

포크와 스푼

합체

완성

1 '포크 앞부분'과 '숟가락 앞부분'을 각각 '손잡이' 위에 끼워 넣고 풀로 붙여요.

포크 앞부분   숟가락 앞부분

손잡이   손잡이

2 모서리를 산 접기 해요.

기쁘고 특별한 날에 만들어 보세요!

케이크

다양한 색깔로 접어 '빵 가게'를 만들어 보세요.
▶ 202쪽

작자 : 미야모토 마리코

접은 모습.
모두 펼쳐요.

7
2.5cm

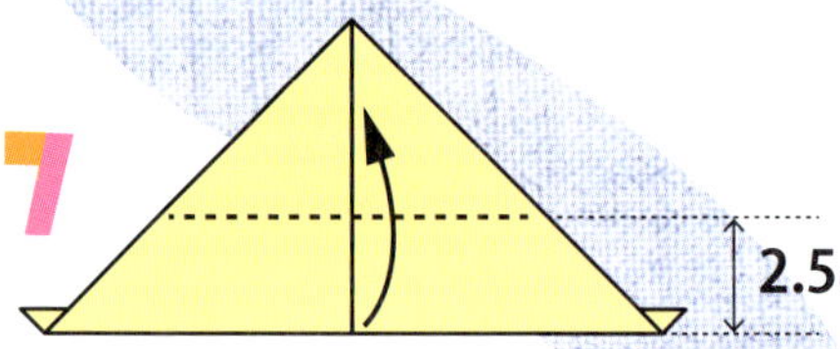

그림과 같이 계곡 접기를 해요.

202쪽의 쇼트케이크는
25×25㎝ 종이로 접었지옹♪

뒤집기

종이	준비물

3 장
자   풀   가위

케이크

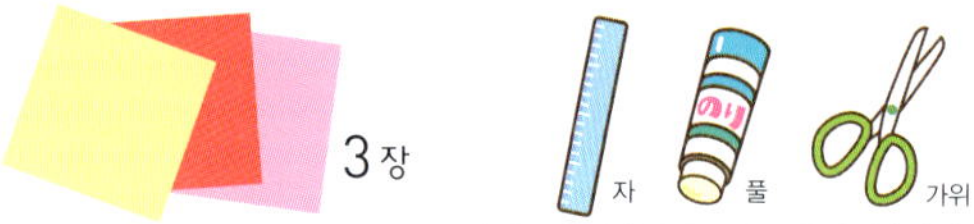

'스펀지케이크'와 '딸기', '생크림'을 각각 접은 다음
합체하여 완성해요.

6
접은 모습

5
0.5cm

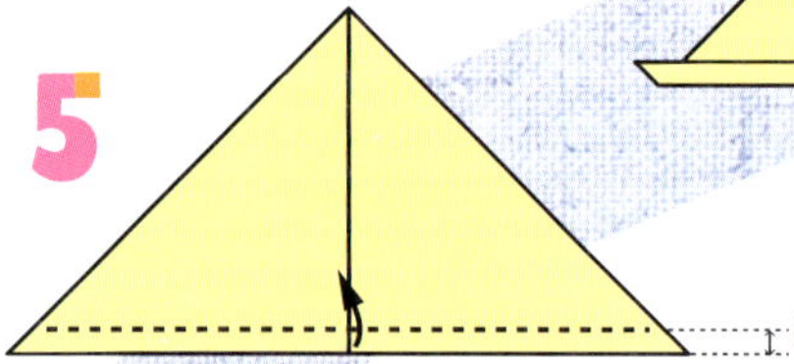

그림과 같이 계곡 접기를 해요.

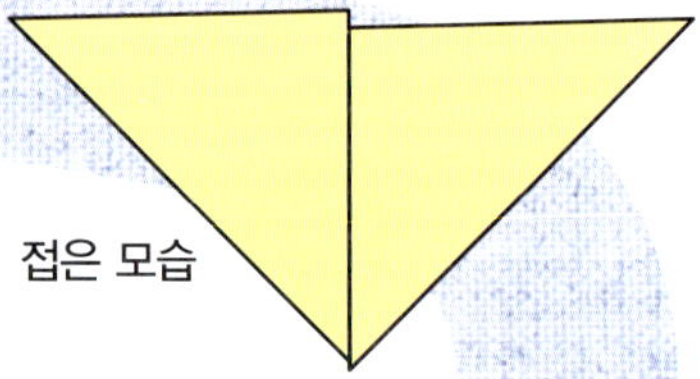

스펀지케이크

돌리기

4
접은 모습

1 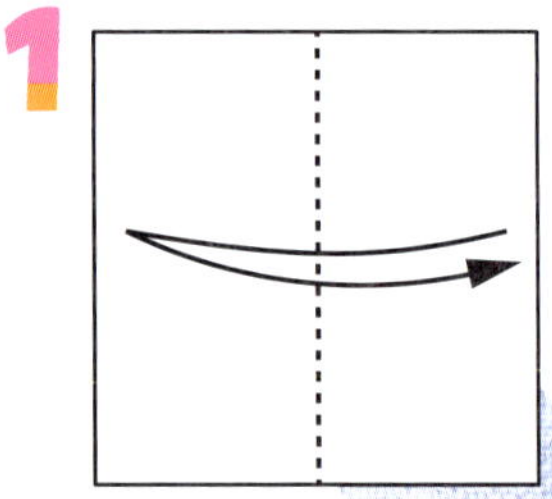
보조선을 표시해요.

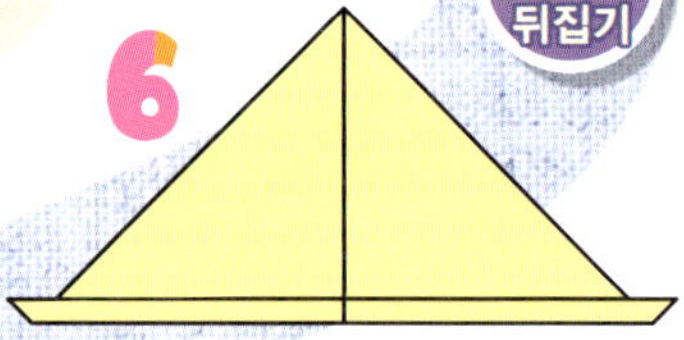

2 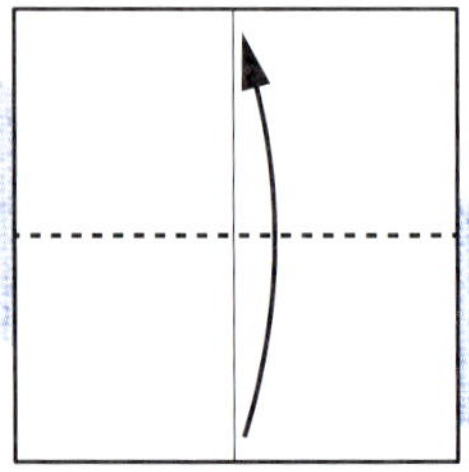
계곡 접기를 해요.

확대

3 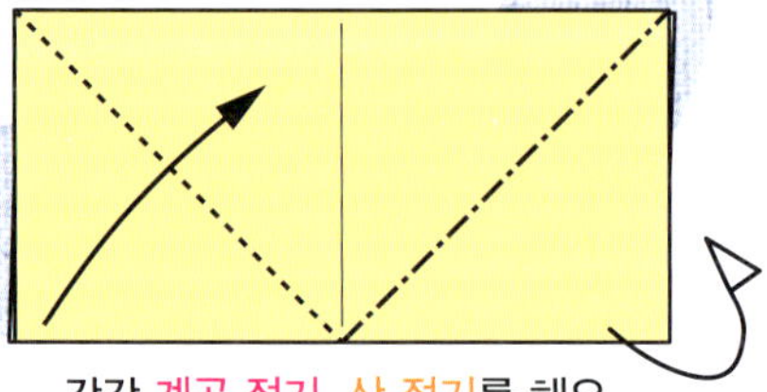
각각 계곡 접기, 산 접기를 해요.

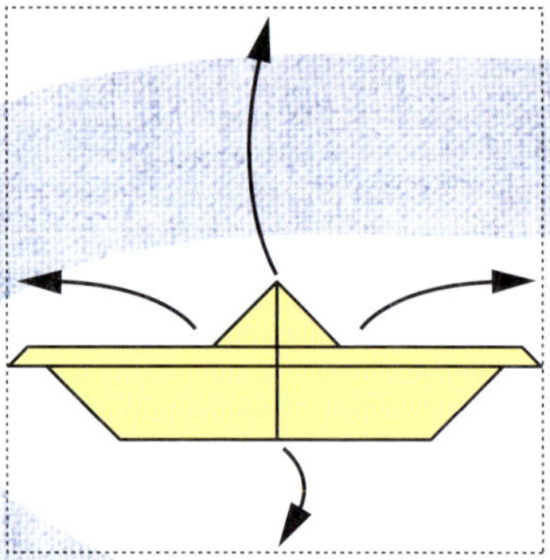

 가족
알림장 익숙해지면 비교적 쉽게 접을 수 있어요. 케이크 장식도 아이와 함께 접어 보세요.

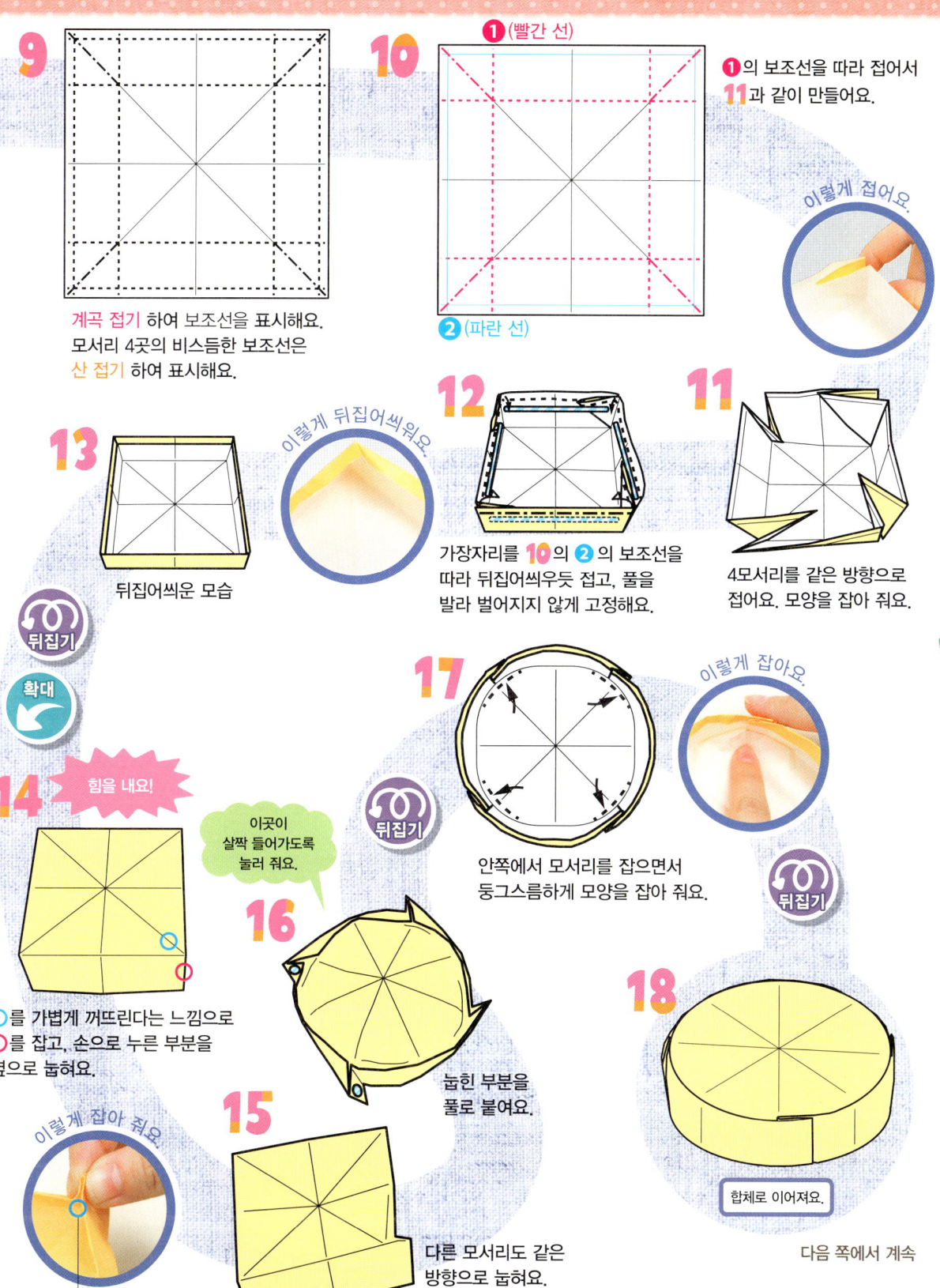

9

계곡 접기 하여 보조선을 표시해요.
모서리 4곳의 비스듬한 보조선은
산 접기 하여 표시해요.

10

❶(빨간 선)

❷(파란 선)

❶의 보조선을 따라 접어서
11과 같이 만들어요.

이렇게 접어요.

11

4모서리를 같은 방향으로
접어요. 모양을 잡아 줘요.

12

이렇게 뒤집어씌워요.

가장자리를 **10**의 ❷의 보조선을
따라 뒤집어씌우듯 접고, 풀을
발라 벌어지지 않게 고정해요.

13

뒤집어씌운 모습

뒤집기

확대

케이크

14

힘을 내요!

○를 가볍게 꺼뜨린다는 느낌으로
○를 잡고, 손으로 누른 부분을
옆으로 눕혀요.

이렇게 잡아 줘요.

이곳을 살짝 눌러 눕혀요.

15

다른 모서리도 같은
방향으로 눕혀요.

16

이곳이
살짝 들어가도록
눌러 줘요.

눕힌 부분을
풀로 붙여요.

17

이렇게 잡아요.

뒤집기

안쪽에서 모서리를 잡으면서
둥그스름하게 모양을 잡아 줘요.

뒤집기

18

합체로 이어져요.

다음 쪽에서 계속

음식 **145**

'케이크'에서 이어져요.

딸기 2~6까지는 '종이학'(88쪽)의 1~5와 같은 방법으로 접어요.

1 그림과 같이 잘라요.

돌리기 확대

2

5

4

뒤집기

6

3

돌리기

확대

7
한쪽만 가운데까지 접어서 보조선을 표시해요.

8
안을 펼치고 눌러 접어요.

9
접은 모습.
다른 3곳도 똑같이 접어요.

10
전부 한꺼번에 잡고 가장자리까지 접어서 보조선을 표시해요.

11
앞 장을 계곡 접기 해요.
반대쪽도 똑같이 접어요.

12
앞 장을 안으로 집어넣어요.
안쪽 주름을 끼워 넣듯 접어요.
반대쪽 주름도 똑같이 끼워 넣고, 다른 2곳은 끼워 넣지 않아요.

이렇게 집어넣어요.

집어넣은 모습

14
옆을 벌리고, 그림과 같이 모서리를 안으로 접어 넣어요.
반대쪽도 똑같이 접어 넣어요.

13
한가운데까지 접지 않도록 주의해요.
모서리에 보조선을 표시해요.
반대쪽도 똑같이 표시해요.

이렇게 접어요.

접은 모습

15
손가락을 밑으로 넣어 부풀리고 모양을 잡아 줘요.

이렇게 매만져요.

16
원하는 개수만큼 만들어요.

합제로 이어져요.

케이크

케이크

생크림 2~6까지는 '종이학'(88쪽)의 1~5와 같은 방법으로 접어요.

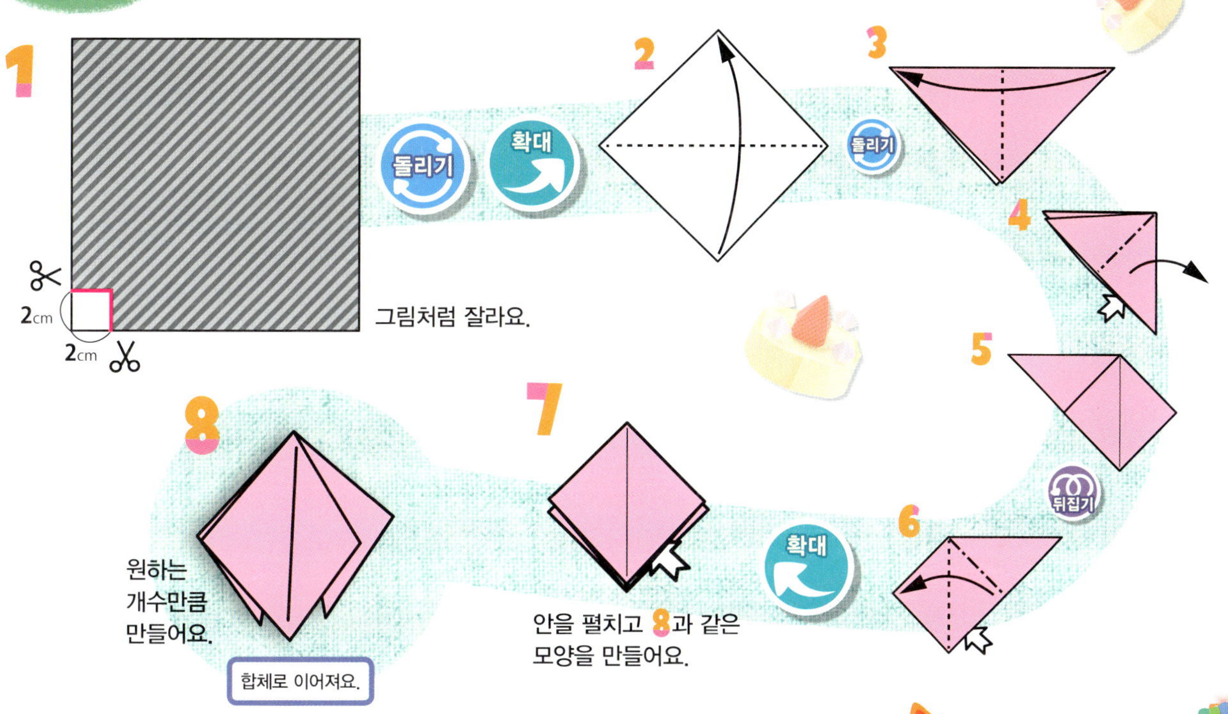

1

2cm
2cm

그림처럼 잘라요.

돌리기 **확대**

2

돌리기

3

4

5

뒤집기

6

확대

안을 펼치고 8과 같은
모양을 만들어요.

7

8

원하는
개수만큼
만들어요.

합체로 이어져요.

202쪽 쇼트케이크의 생크림은 3.75×3.75㎝,
딸기 케이크의 생크림은 2.5×2.5㎝,
다른 케이크의 생크림은 3×3㎝ 색종이로 접었지요옹-★

합체

생크림

딸기

마음껏
장식하시옹♥

완성

스펀지케이크

'스펀지케이크' 위에
'딸기'와 '생크림'을 얹어요.

케이크

다음 쪽에서 계속

'케이크'에서 계속

응용 Tip

'작은 스펀지케이크'와 '중간 크기 스펀지케이크'를 접어서 3단 케이크를 만들어 보세요!

작은 스펀지케이크

1~4까지 '스펀지케이크'와 같은 방법으로 접어요.

돌리기

5

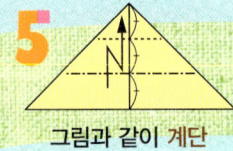

그림과 같이 계단 접기(7쪽)를 해요.

6

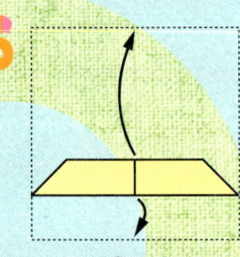

접은 모습. 모두 펼쳐요.

7

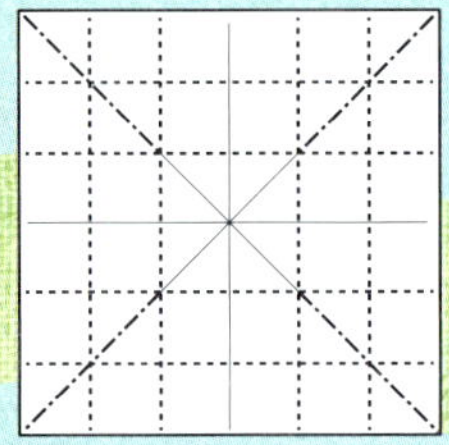

보조선을 계곡 접기 하고, 다시 보조선을 표시해요. 귀퉁이 4곳의 보조선은 산 접기를 해서 다시 보조선을 표시해요.

완성

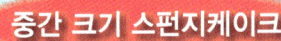

8~마지막까지 '스펀지케이크'의 **10~18**과 같은 방법으로 접어요.

'스펀지케이크' 맨 위에 올려놓아요!

중간 크기 스펀지케이크

1~4까지 '스펀지케이크'와 같은 방법으로 접어요.

돌리기

5

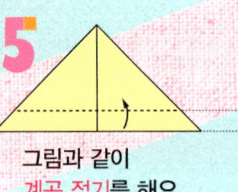

1.5cm

그림과 같이 계곡 접기를 해요.

6

접은 모습

뒤집기

7

2.5cm

그림과 같이 계곡 접기를 해요.

완성

10~마지막까지 '스펀지케이크'의 **10~18**과 같은 방법으로 접어요.

크기가 다른 '스펀지케이크'를 차곡차곡 쌓아요!

9

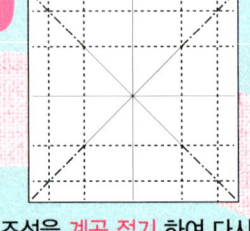

보조선을 계곡 접기 하여 다시 보조선을 표시해요. 모퉁이 4곳의 보조선은 산 접기를 하여 다시 보조선을 표시해요.

8

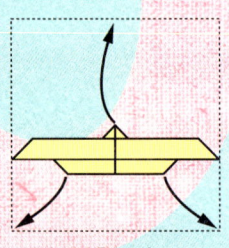

접은 모습. 모두 펼쳐요.

케이크

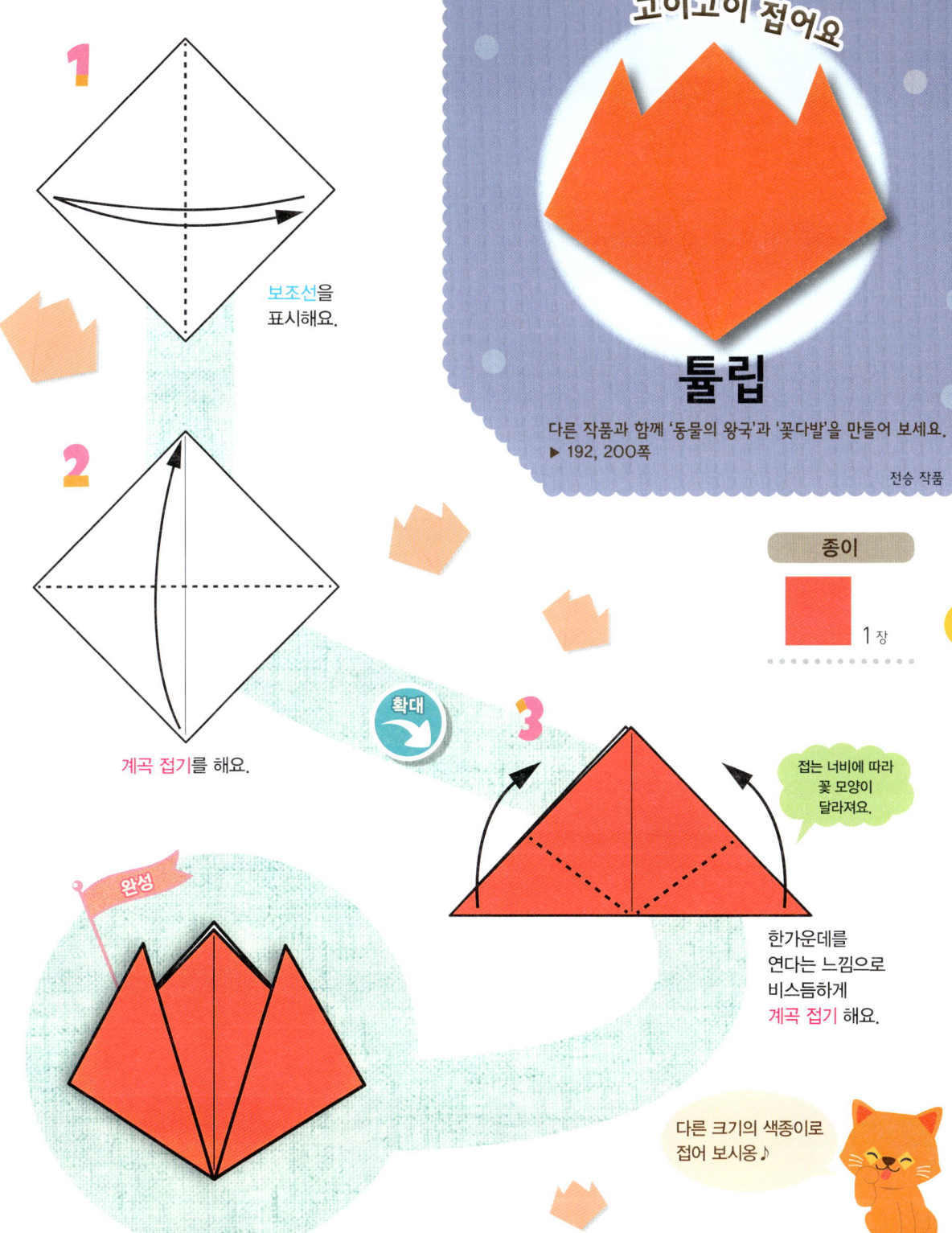

고이고이 접어요

튤립

다른 작품과 함께 '동물의 왕국'과 '꽃다발'을 만들어 보세요.
▶ 192, 200쪽

전승 작품

1

보조선을
표시해요.

2

계곡 접기를 해요.

확대

3

접는 너비에 따라
꽃 모양이
달라져요.

한가운데를
연다는 느낌으로
비스듬하게
계곡 접기 해요.

종이

1장

튤립

완성

다른 크기의 색종이로
접어 보시옹♪

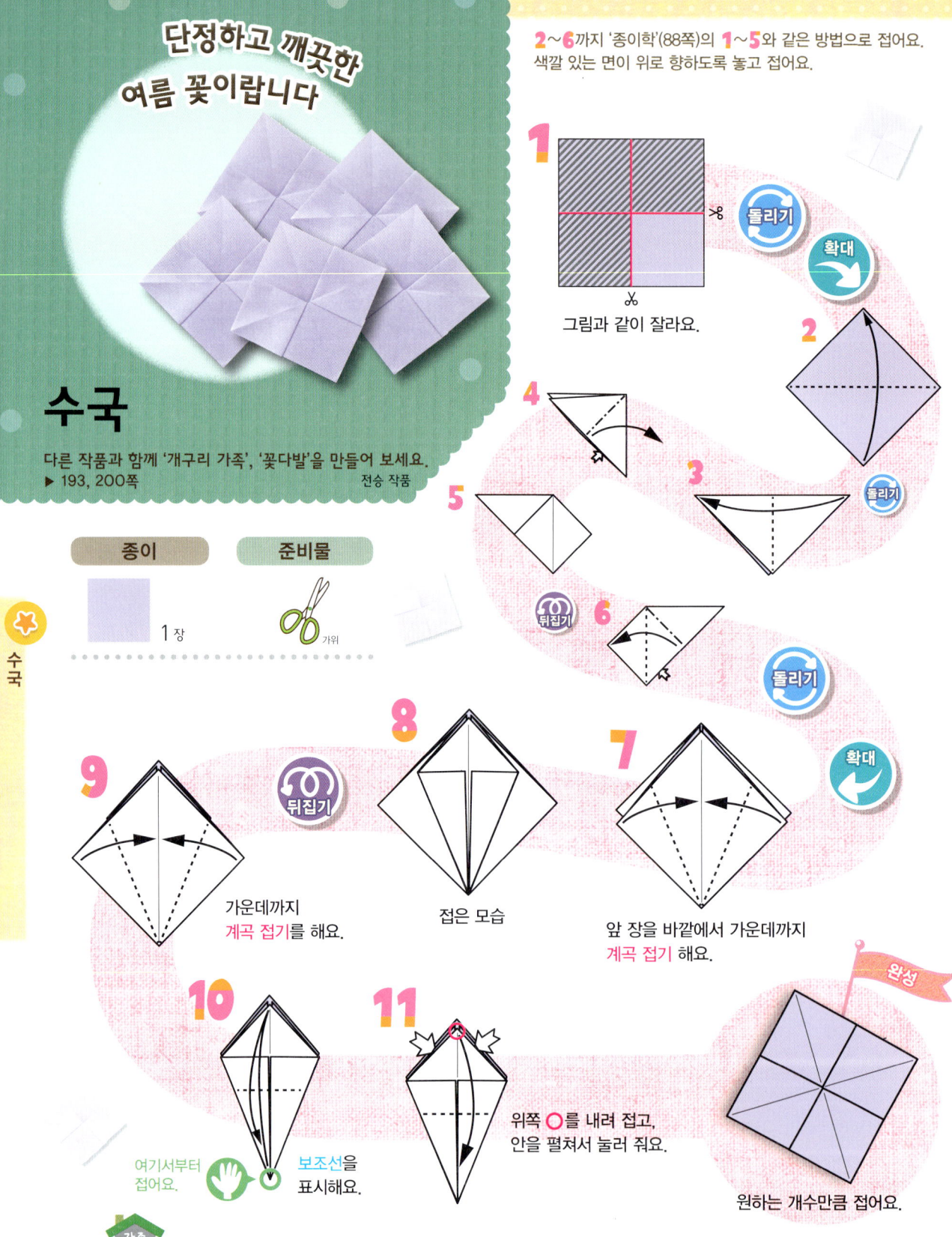

단정하고 깨끗한 여름 꽃이랍니다

수국

다른 작품과 함께 '개구리 가족', '꽃다발'을 만들어 보세요.
▶ 193, 200쪽   전승 작품

▶ 193, 200쪽

종이	준비물
1 장	가위

2~6까지 '종이학'(88쪽)의 1~5와 같은 방법으로 접어요.
색깔 있는 면이 위로 향하도록 놓고 접어요.

1 그림과 같이 잘라요.

돌리기

확대

2

돌리기

3

4

5

뒤집기

6

돌리기

확대

7 앞 장을 바깥에서 가운데까지 계곡 접기 해요.

8 접은 모습

뒤집기

9 가운데까지 계곡 접기를 해요.

10 여기서부터 접어요. 보조선을 표시해요.

11 위쪽 ⚪를 내려 접고, 안을 펼쳐서 눌러 줘요.

완성

원하는 개수만큼 접어요.

150

가족 알림장   여러 개 접어서 스케치북에 붙여 멋진 작품을 꾸며 보세요.

1～5까지 '종이학'(88쪽)의 1～5와 같은 방법으로 접어요.
색깔 있는 면이 뒤로 향하도록 하고 접어요.

1

2 돌리기

3

4 뒤집기

5

여름날 아침마다
반갑게 인사해요

나팔꽃

다양한 작품과 함께 '꽃다발'을 꾸며 보세요.
▶ 200쪽

전승 작품

종이	준비물
1장	가위

나팔꽃

돌리기

확대

6 앞 장을
한가운데까지
계곡 접기 해요.

7 뒤집기

8 가운데까지
계곡 접기를 해요.

뒤집기

9 가운데까지
접어서 보조선을
표시해요.

여기서부터
접어요.

10 가위로 잘라요.

동그랗게
오려요.

11 앞쪽 ◯를 내려 접고,
안을 펼쳐 눌러 줘요.

완성

가족
알림장 **10**에서 연필로 밑그림을 그리고 자르면 더 예쁜 모양을 만들 수 있어요.

해바라기

다양한 작품과 함께 '꽃다발'을 꾸며 보세요.
▶ 200쪽

작자 : 미야모토 마리코

'꽃잎 1'과 '꽃잎 2', '씨앗'을 각각 접은 다음 합체하여 완성해요.

꽃잎 1

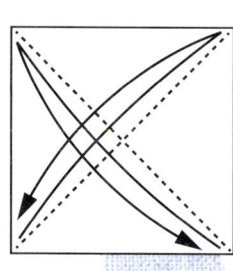

1

보조선을
표시해요.

2

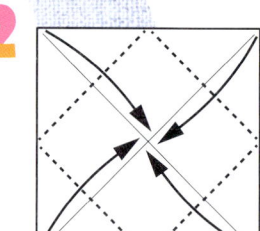

가운데까지
계곡 접기를 해요.

꽃잎이
멋져요옹!

종이	준비물
 3장	 풀

확대

3

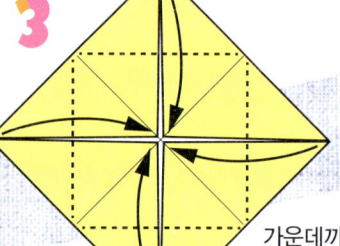

확대

가운데까지
계곡 접기를 해요.

4

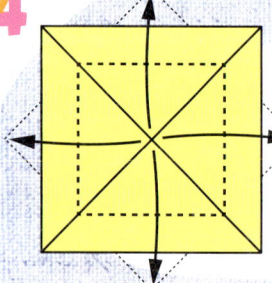

접는 위치에 따라
꽃잎 크기가 달라져요.

가장자리에서 살짝 떨어진
곳에서 계곡 접기를 하고
펼쳐 줘요.

5

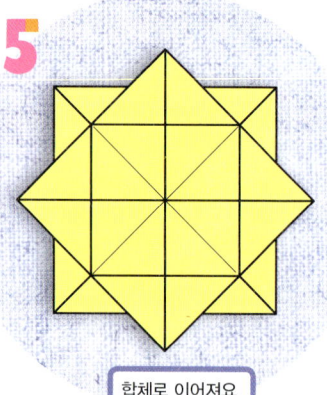

합체로 이어져요.

가족
알림장

'꽃잎 1'과 '꽃잎 2'를 다른 색으로 접어도 예뻐요.

꽃잎 2   1~4까지 '꽃잎 1'과 똑같이 접어요.

'꽃잎 1'의 4와 같은 위치에서 펼쳐요.

1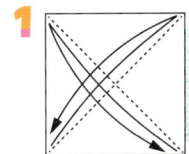

2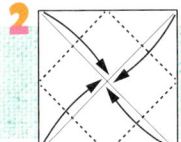

3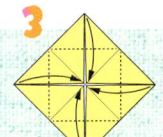

4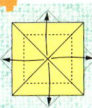

확대

5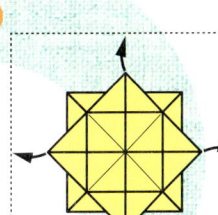

모조리 펼쳐 줘요.

8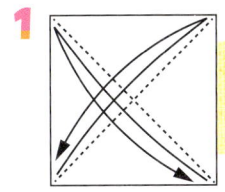

합체로 이어져요.

7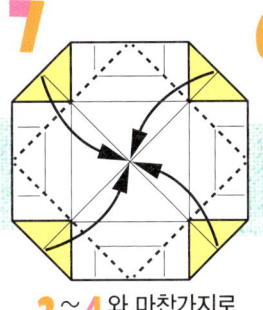

2~4와 마찬가지로 계곡 접기를 해요.

6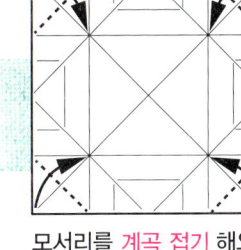

모서리를 계곡 접기 해요.

해바라기

씨앗   '꽃잎 1'의 1~3과 같은 방법으로 접어요.

1

2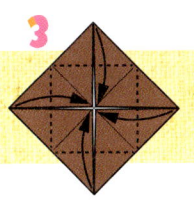

3

4

합체로 이어져요.

합체

1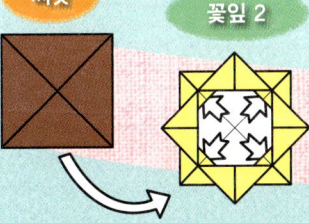
씨앗   꽃잎 2

'씨앗' 모서리를 '꽃잎 2' 안으로 끼워 넣어요.

2
꽃잎 1

1 을 '꽃잎 1' 위에 꽃잎이 살짝 어긋나도록 놓고 풀로 붙여요.

완성

봄바람 휘날리면
꽃구경 가요

벚꽃

다양한 작품과 함께 '꽃다발', '벚나무'를 꾸며 보세요.
▶ 200, 206쪽

작자 : 미야모토 마리코

종이

1 장

준비물

가위

벚꽃

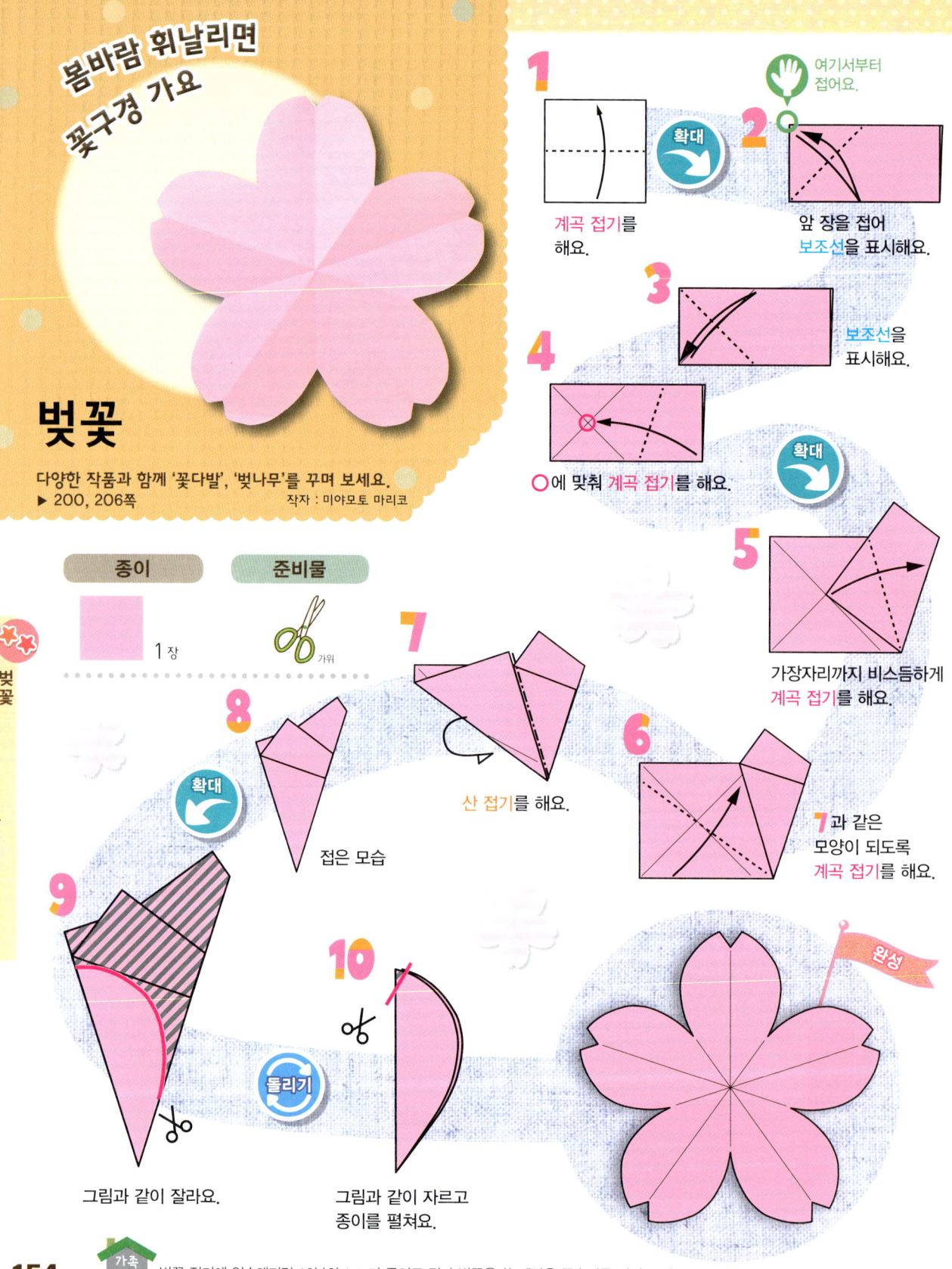

1 계곡 접기를 해요.

확대

여기서부터 접어요.

2 앞 장을 접어 보조선을 표시해요.

3 보조선을 표시해요.

4 ○에 맞춰 계곡 접기를 해요.

확대

5 가장자리까지 비스듬하게 계곡 접기를 해요.

6 **7**과 같은 모양이 되도록 계곡 접기를 해요.

7 산 접기를 해요.

8 접은 모습

확대

9 그림과 같이 잘라요.

돌리기

10 그림과 같이 자르고 종이를 펼쳐요.

완성

가족 알림장

벚꽃 접기에 익숙해지면 16분의 1 크기 종이로 진짜 벚꽃을 쏙 빼닮은 꽃송이를 접어 보세요.

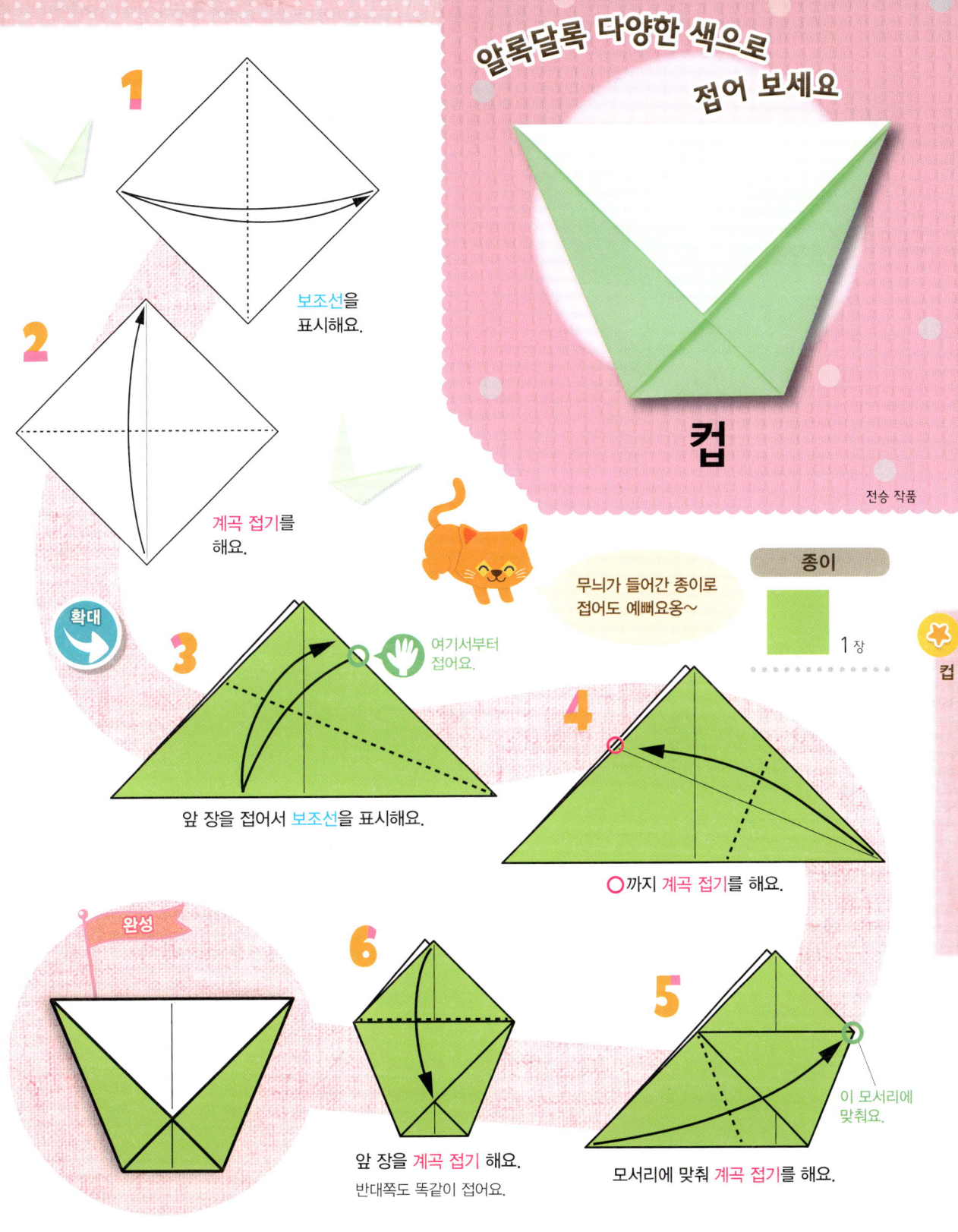

**알록달록 다양한 색으로
접어 보세요**

1

보조선을
표시해요.

2

계곡 접기를
해요.

컵

전승 작품

확대

3

여기서부터
접어요.

앞 장을 접어서 보조선을 표시해요.

무늬가 들어간 종이로
접어도 예뻐요옹~

종이

1장

컵

4

○까지 계곡 접기를 해요.

완성

6

앞 장을 계곡 접기 해요.
반대쪽도 똑같이 접어요.

5

이 모서리에
맞춰요.

모서리에 맞춰 계곡 접기를 해요.

가족
알림장 작은 과자나 잡동사니를 넣는 소품 보관함으로 활용해도 좋아요.

멋진 상자를 접어 보세요

상자

다른 작품과 함께 '펭귄'이나 '보물상자', '크리스마스' 놀이를
해 보세요.
▶ 195, 196, 207쪽

전승 작품

상자

종이

2장

준비물

가위   자

1 종이 2장을 각각
계곡 접기 해요.

상자 뚜껑

2 상자 뚜껑이 될 종이를 밑 뚜껑이
될 종이 위에 그림과 같이 살짝
어긋나게 겹쳐 놓아요.

밑 뚜껑

1cm

3 그림과 같이 밑 뚜껑이 될 종이를 잘라요.
상자 뚜껑이 될 종이를 펼쳐요.

밑 뚜껑   상자 뚜껑

돌리기

먼저
상자 뚜껑을
만들어요.

4 보조선을 표시해요.

돌리기

5 보조선을 표시해요.

6 가운데까지
계곡 접기를 해요.

확대

돌리기

가족
알림장 4~8까지 보조선을 선명하게 표시하면 깔끔하게 완성할 수 있어요.

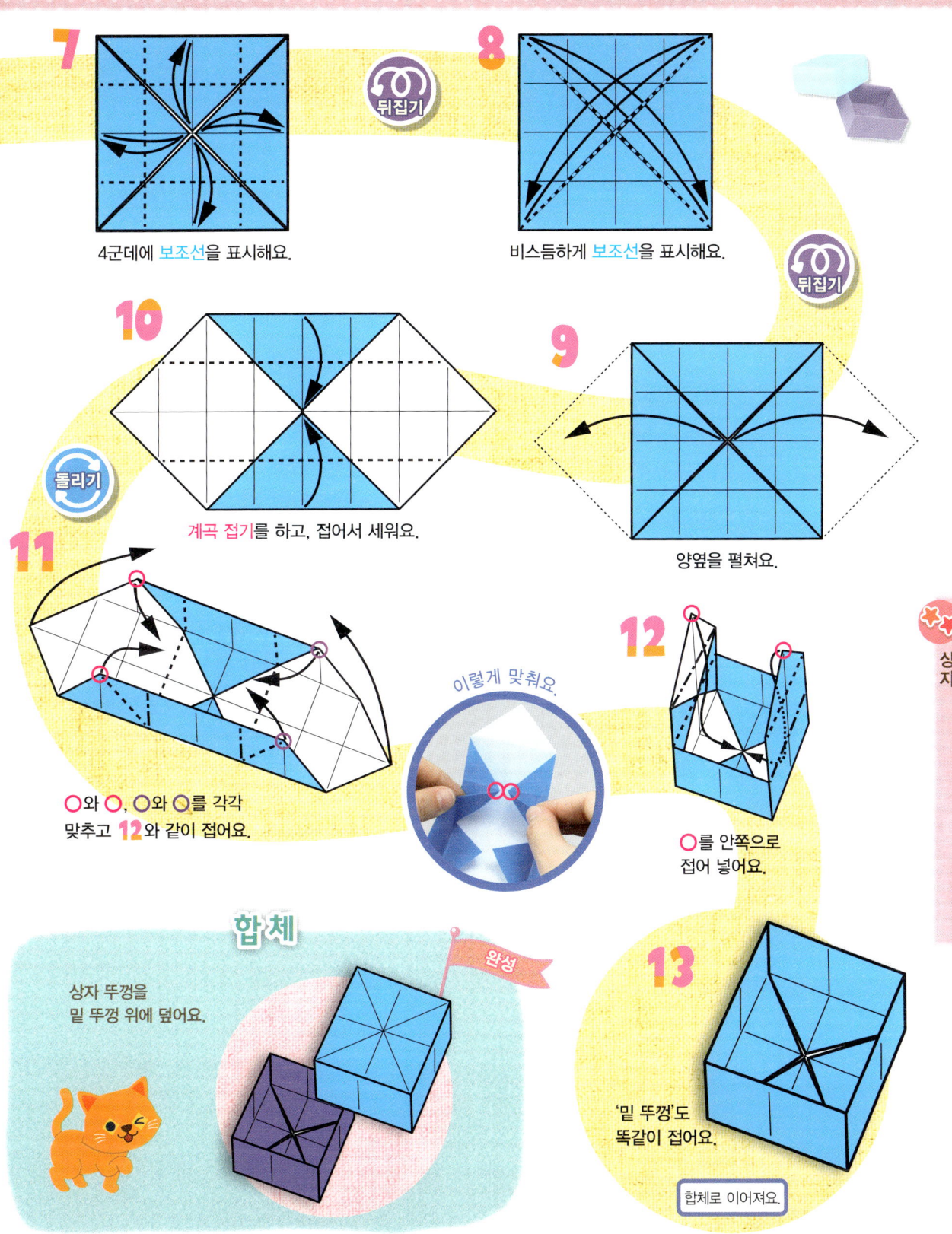

7 4군데에 보조선을 표시해요.

뒤집기

8 비스듬하게 보조선을 표시해요.

뒤집기

10 계곡 접기를 하고, 접어서 세워요.

돌리기

9 양옆을 펼쳐요.

11 ○와 ○, ○와 ○를 각각 맞추고 **12**와 같이 접어요.

이렇게 맞춰요.

12 ○를 안쪽으로 접어 넣어요.

상자

합체 상자 뚜껑을 밑 뚜껑 위에 덮어요.

완성

13 '밑 뚜껑'도 똑같이 접어요.

합체로 이어져요.

별별 물건 **157**

손쉽게 쓱싹
접어 보세요

손잡이 달린 상자

커다란 종이로 이것저것 모두 담는 만능 상자를 접어 보세요.
▶ 207쪽   전승 작품

1 계곡 접기를 해요.

2 계곡 접기를 해요.

확대

3 비스듬하게 보조선을 표시해요. 여기서부터 접어요.

4 앞 장 ○를 잡고 펼쳐서 눌러 줘요.

종이

1 장   직사각형 종이로 접어요
※ 사진은 A4 크기 종이를 사용했어요.

손잡이 달린 상자

5 접은 모습

뒤집기

6 ○를 잡고 펼쳐서 누르며 접어요.

7 앞 장을 가운데에서 계곡 접기 해요. 반대쪽도 똑같이 접어요.

8 앞 장을 가운데까지 계곡 접기 해요. 반대쪽도 똑같이 접어요.

확대

9 위쪽만 계곡 접기를 해요. 반대쪽도 똑같이 접어요.

10 계곡 접기를 하고 산 접기를 해서 보조선을 표시해요.

11 안쪽을 펼치고 펼친 부분의 모양을 잡아 줘요.

완성

가족 알림장 전단지처럼 버리는 종이로 잡동사니 물건을 담는 정리함을 접어 보세요.

1~5까지 '종이학'(88쪽)과 같은 방법으로 접어요.

1

2
돌리기

3

4
뒤집기

5

돌리기

확대

6

가운데까지
계곡 접기를 해요.
반대쪽도 똑같이 접어요.

7

우산 모양으로 접힌 부분을
펼치고 눌러 접어요.
반대쪽도 똑같이 접어요.

8

산 접기를 하고
안쪽으로 접어 넣어요.
반대쪽도 똑같이 접어요.

뚜껑에 뿔이 달린 상자를
만들어 보세요

뿔 모양 상자

전승 작품

종이

1 장

뿔 모 양 상 자

9

계곡 접기를 하고,
산 접기를 해서
보조선을 표시해요.

11

안을 펼치고
펼친 곳의 모양을
잡아 줘요.

10

계곡 접기를 해요.
다른 3곳도 똑같이 접어요.

완성

가족
알림장 자잘한 소품을 보관하기에 좋아요.

등 주머니에
이쑤시개를 꽂아요!

카피바라 이쑤시개꽂이

종이 색과 크기를 바꿔 접어 '동물의 왕국'을 만들어 보세요.
▶ 192쪽
작자 : 미야모토 마리코

종이	준비물
1 장	동그란 스티커 / 펜

1
보조선을 표시해요.

2
가운데까지
계곡 접기를 해요.

3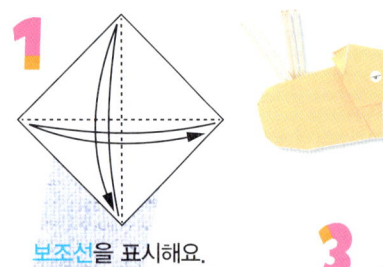
확대
접은 모습

뒤집기

4
가운데까지
계곡 접기를 해요.

5
접은 모습

뒤집기

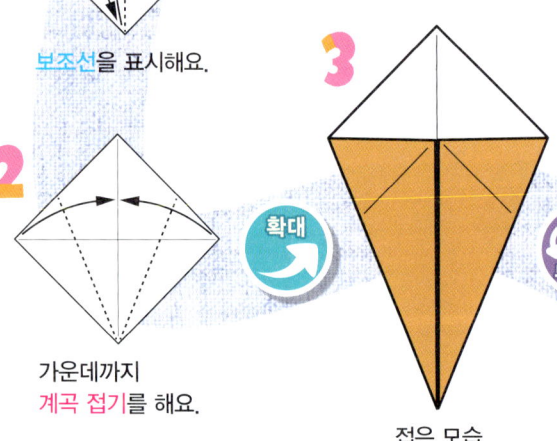

6
○를 잡고, **7**과 같은
모양이 되도록 끄집어내요.

7
여기서부터
접어요.
앞 장의 가운데를 접어
보조선을 표시해요.

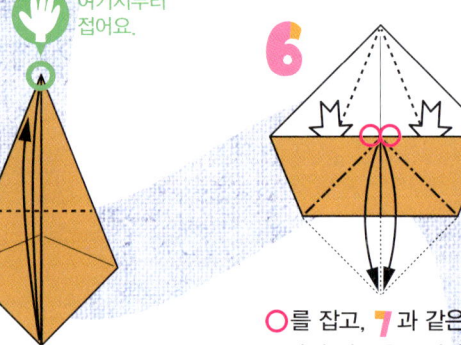

8
계곡 접기를 해요.

9
계곡 접기를 해요.

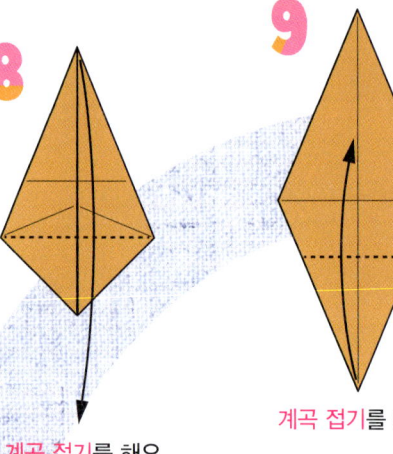

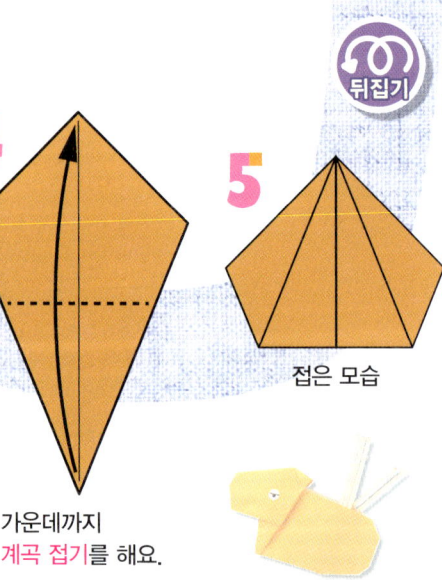

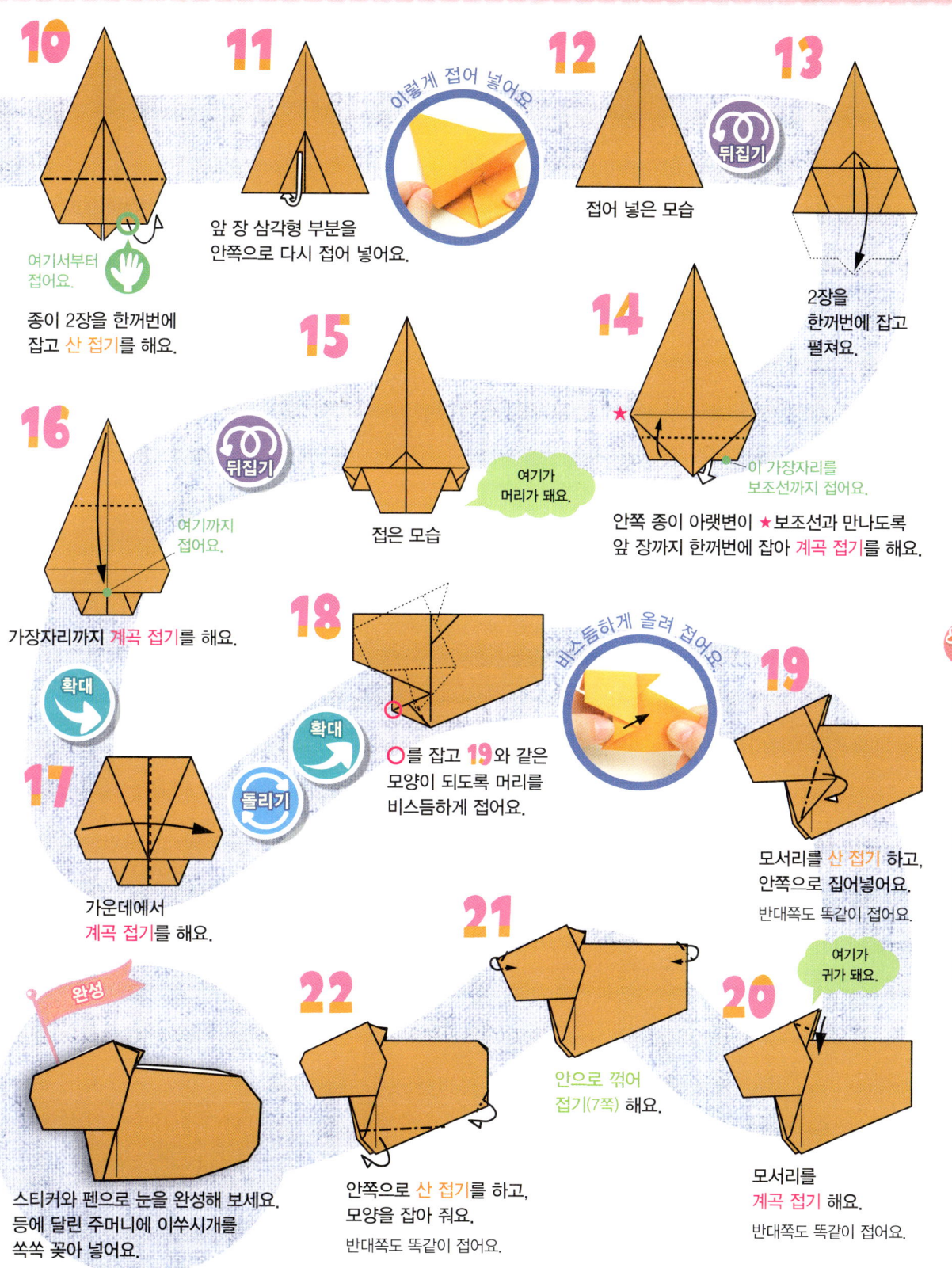

10

여기서부터
접어요.

종이 2장을 한꺼번에
잡고 산 접기를 해요.

11

앞 장 삼각형 부분을
안쪽으로 다시 접어 넣어요.

이렇게 접어 넣어요.

12

접어 넣은 모습

13

뒤집기

2장을
한꺼번에 잡고
펼쳐요.

14

여기가
머리가 돼요.

이 가장자리를
보조선까지 접어요.

안쪽 종이 아랫변이 ★보조선과 만나도록
앞 장까지 한꺼번에 잡아 계곡 접기를 해요.

15

접은 모습

16

뒤집기

여기까지
접어요.

가장자리까지 계곡 접기를 해요.

확대

17

돌리기

확대

가운데에서
계곡 접기를 해요.

18

비스듬하게 올려 접어요.

○를 잡고 **19**와 같은
모양이 되도록 머리를
비스듬하게 접어요.

19

모서리를 산 접기 하고,
안쪽으로 집어넣어요.

반대쪽도 똑같이 접어요.

21

안으로 꺾어
접기(7쪽) 해요.

22

안쪽으로 산 접기를 하고,
모양을 잡아 줘요.

반대쪽도 똑같이 접어요.

20

여기가
귀가 돼요.

모서리를
계곡 접기 해요.

반대쪽도 똑같이 접어요.

완성

스티커와 펜으로 눈을 완성해 보세요.
등에 달린 주머니에 이쑤시개를
쏙쏙 꽂아 넣어요.

반짝반짝 빛나는

마음의 보석을 담아 보세요

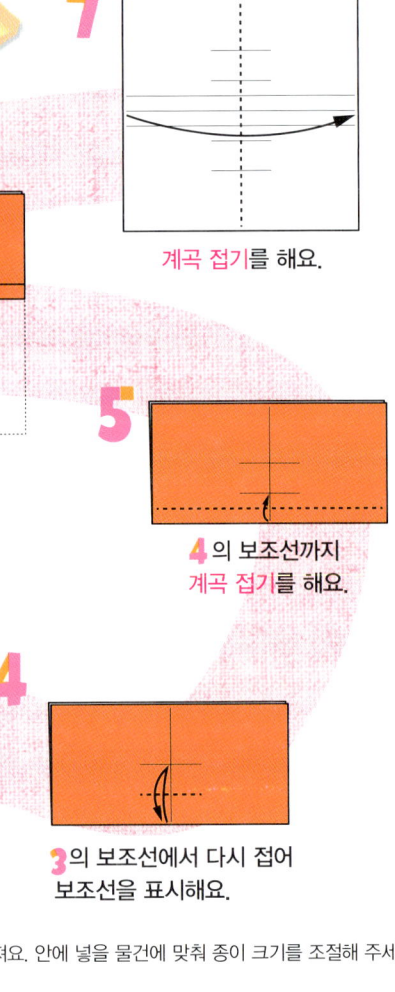

보석상자

'반지'를 '보석상자'에 넣어 보세요!
▶ 194쪽

작자 : 니와 다이코

▶ 194쪽

9

8의 보조선에서 다시 접어
보조선을 표시해요.

8

가운데를 접어서 보조선을 표시해요.

돌리기

7

계곡 접기를 해요.

종이	준비물
3장	가위 풀

보석상자

'상자'와 '칸막이', '뚜껑' 3부분을 따로 접은 다음
합체하여 완성해요.

상자

6

모두 펼쳐요.

1

보조선을 표시해요.

5

4의 보조선까지
계곡 접기를 해요.

2

계곡 접기를 해요.

확대

3

가운데를 접어서
보조선을 표시해요.

4

3의 보조선에서 다시 접어
보조선을 표시해요.

162

가족
알림장

15㎝ 정사각형 색종이로 접으면 가로 8.5㎝×세로 8.5㎝×높이 1.5㎝ 상자가 만들어져요. 안에 넣을 물건에 맞춰 종이 크기를 조절해 주세요.

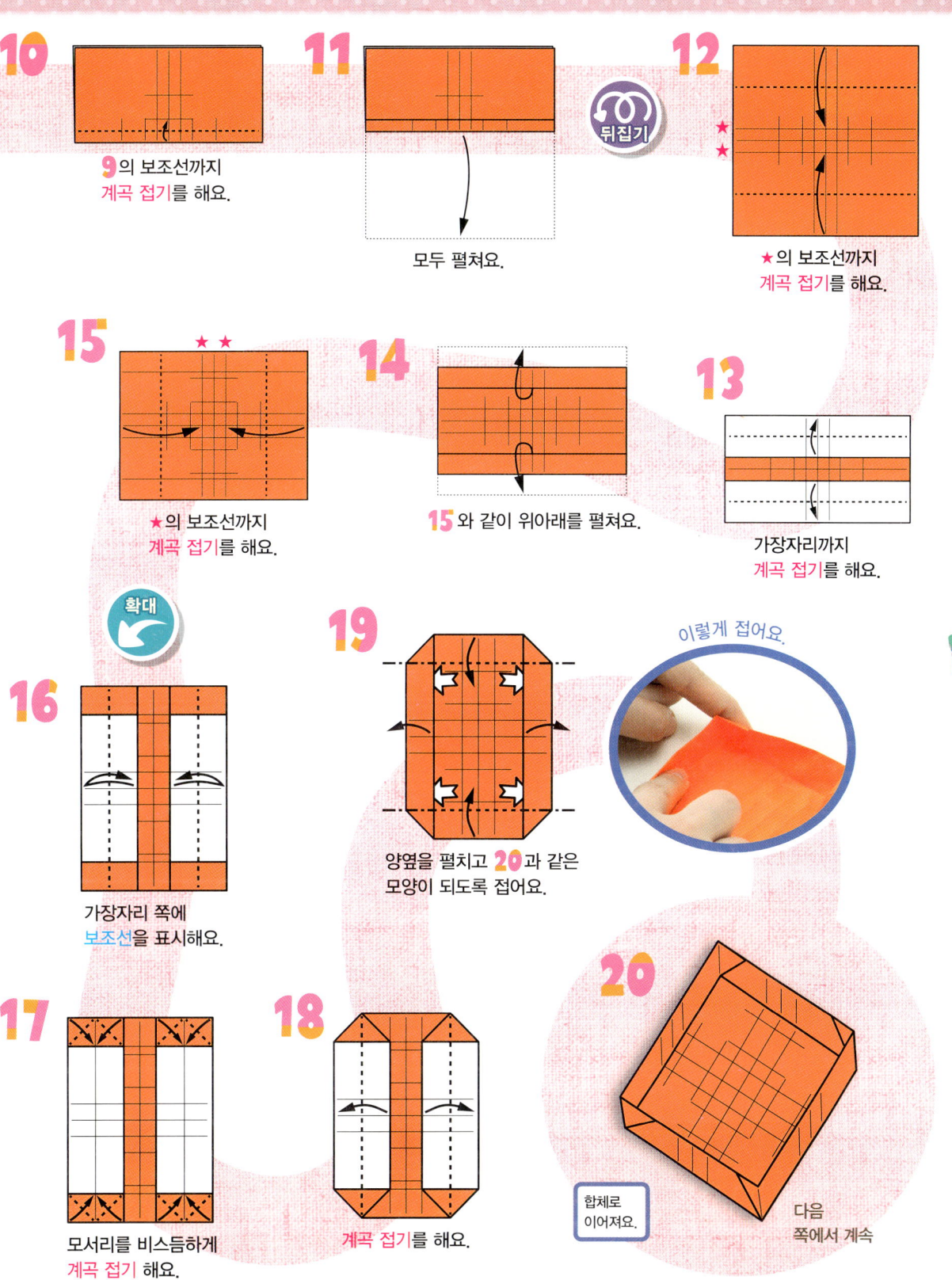

10 9의 보조선까지
계곡 접기를 해요.

11 모두 펼쳐요.

뒤집기

12 ★의 보조선까지
계곡 접기를 해요.

15 ★의 보조선까지
계곡 접기를 해요.

14 15와 같이 위아래를 펼쳐요.

13 가장자리까지
계곡 접기를 해요.

확대

16 가장자리 쪽에
보조선을 표시해요.

19 양옆을 펼치고 20과 같은
모양이 되도록 접어요.

이렇게 접어요.

17 모서리를 비스듬하게
계곡 접기 해요.

18 계곡 접기를 해요.

20 합체로
이어져요.

다음
쪽에서 계속

보석상자

'보석상자'에서 계속

칸막이

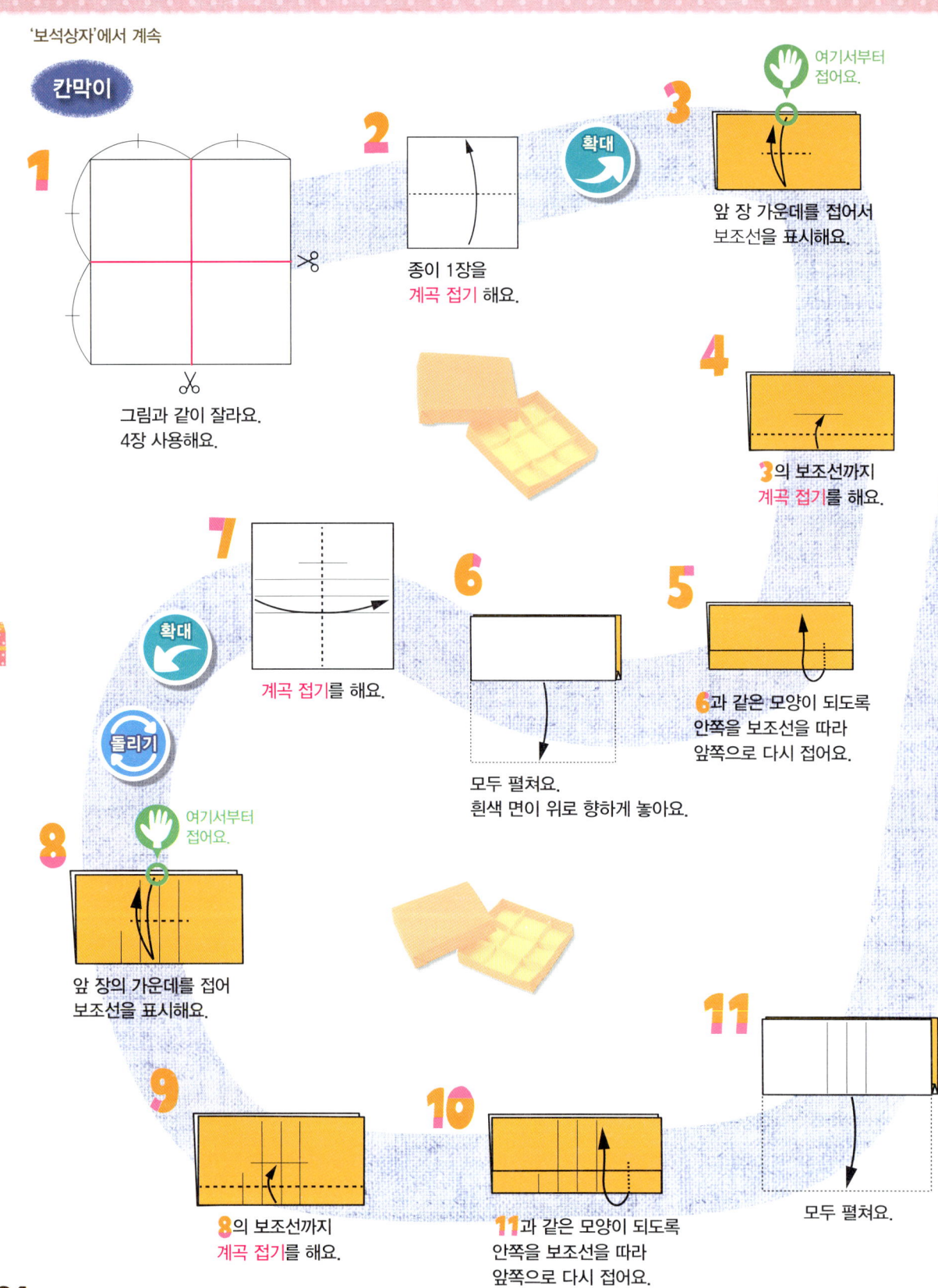

1 그림과 같이 잘라요.
4장 사용해요.

2 종이 1장을
계곡 접기 해요.

확대

3 여기서부터
접어요.
앞 장 가운데를 접어서
보조선을 표시해요.

4 3의 보조선까지
계곡 접기를 해요.

5 6과 같은 모양이 되도록
안쪽을 보조선을 따라
앞쪽으로 다시 접어요.

6 모두 펼쳐요.
흰색 면이 위로 향하게 놓아요.

7 계곡 접기를 해요.
확대
돌리기

8 여기서부터
접어요.
앞 장의 가운데를 접어
보조선을 표시해요.

9 8의 보조선까지
계곡 접기를 해요.

10 11과 같은 모양이 되도록
안쪽을 보조선을 따라
앞쪽으로 다시 접어요.

11 모두 펼쳐요.

보석상자

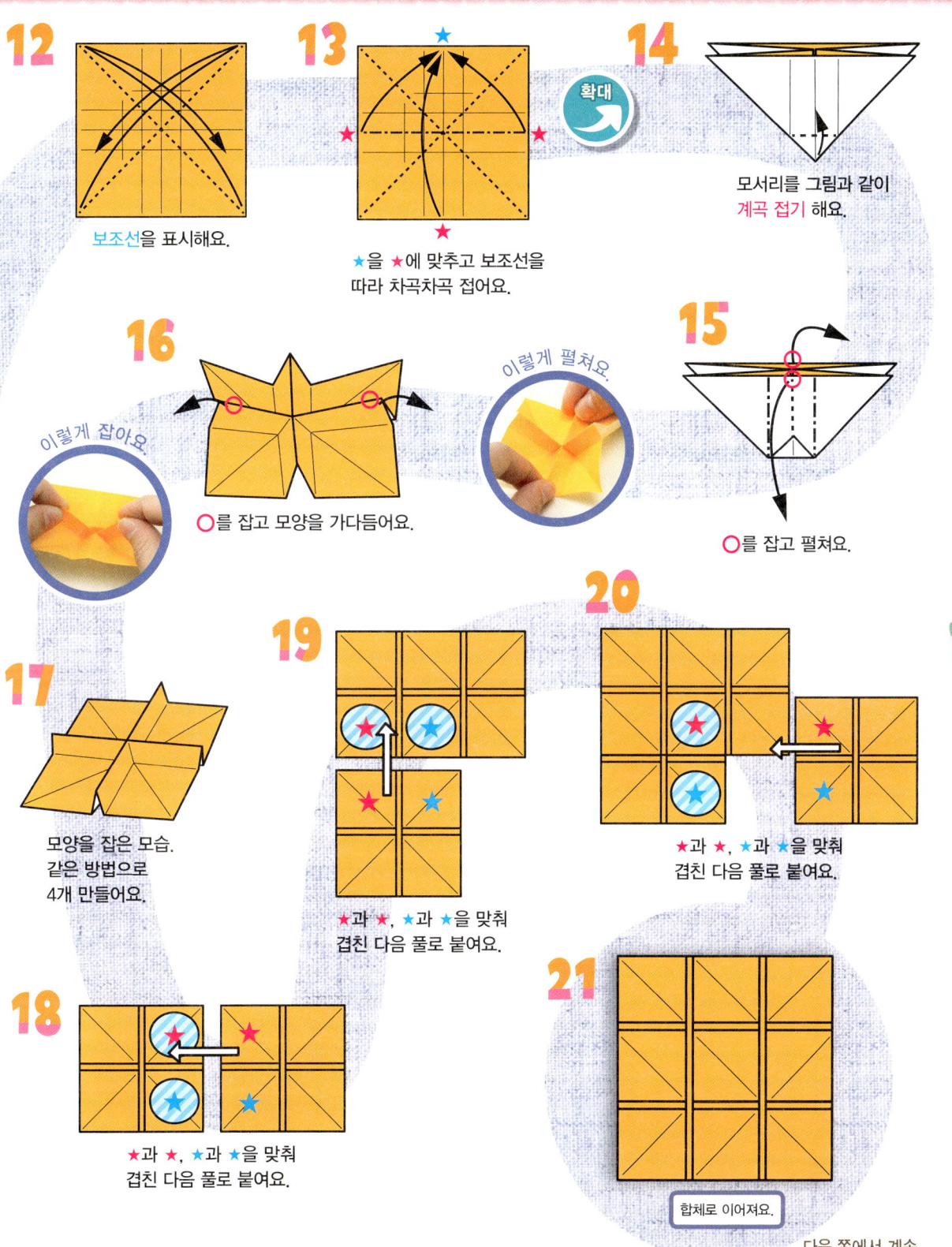

12

보조선을 표시해요.

13

확대

★을 ★에 맞추고 보조선을
따라 차곡차곡 접어요.

14

모서리를 그림과 같이
계곡 접기 해요.

16

이렇게 잡아요.

이렇게 펼쳐요.

○를 잡고 모양을 가다듬어요.

15

○를 잡고 펼쳐요.

17

모양을 잡은 모습.
같은 방법으로
4개 만들어요.

19

★과 ★, ★과 ★을 맞춰
겹친 다음 풀로 붙여요.

20

★과 ★, ★과 ★을 맞춰
겹친 다음 풀로 붙여요.

18

★과 ★, ★과 ★을 맞춰
겹친 다음 풀로 붙여요.

21

합체로 이어져요.

다음 쪽에서 계속

보석상자

뚜껑

1 보조선을 표시해요.

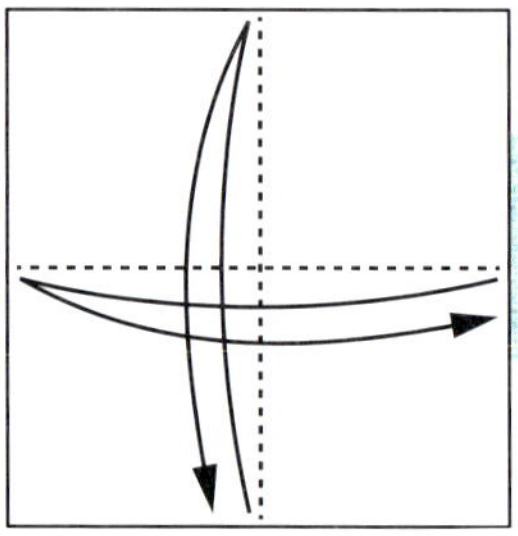

2 보조선을 표시해요.

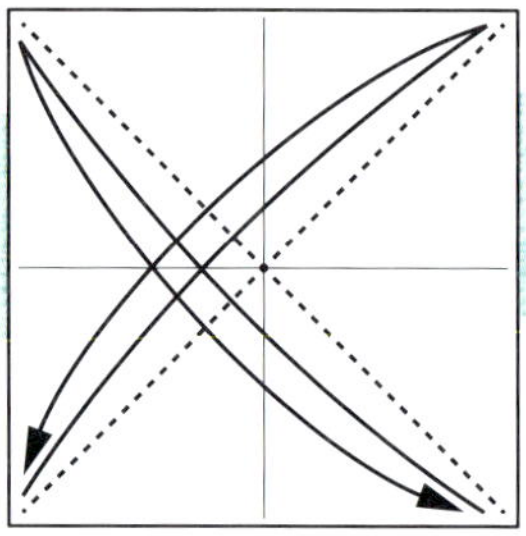

3
이 지점에서
교차해요.

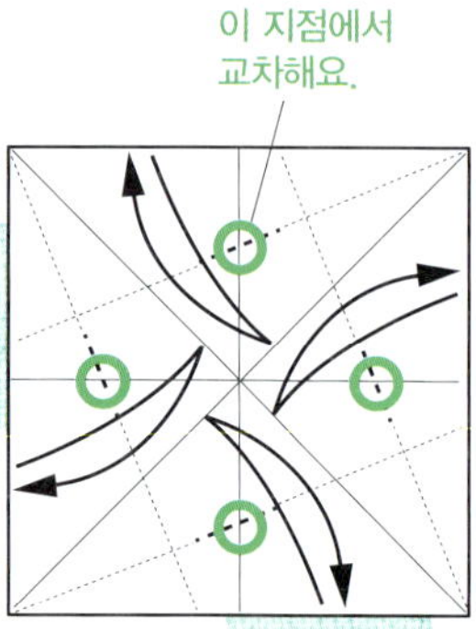

1의 보조선과 교차하도록
2의 보조선까지 접어
보조선을 표시해요.

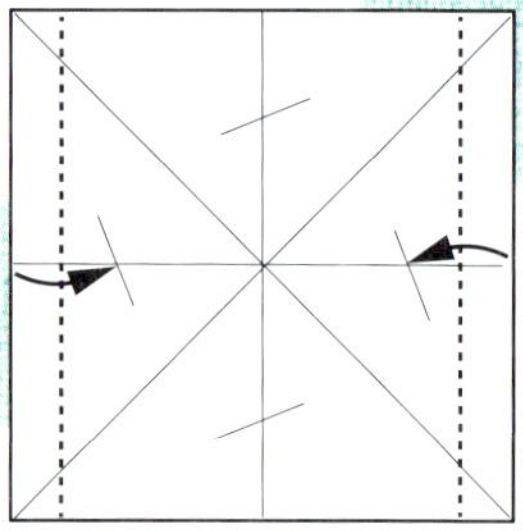

6
3의 보조선까지
계곡 접기를 해요.

확대

5 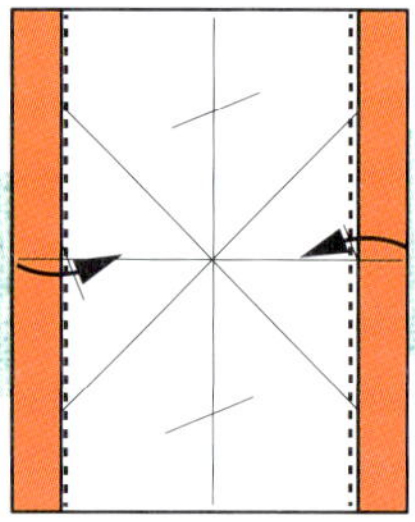
양옆에서 계곡
접기를 해요.

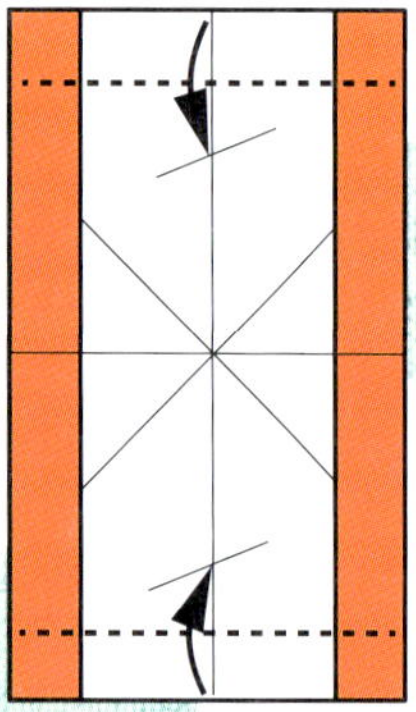

4
3의 보조선까지
계곡 접기를 해요.

7 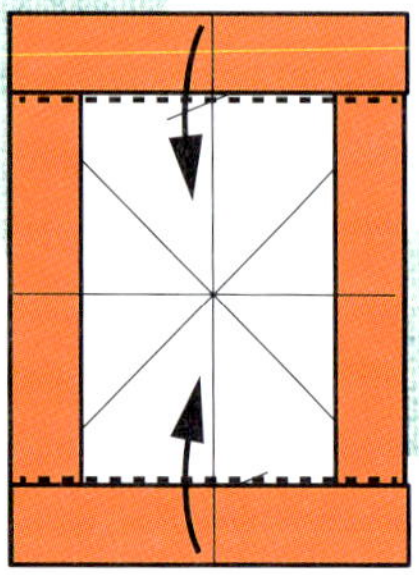
위아래 가장자리에서
계곡 접기를 해요.

8 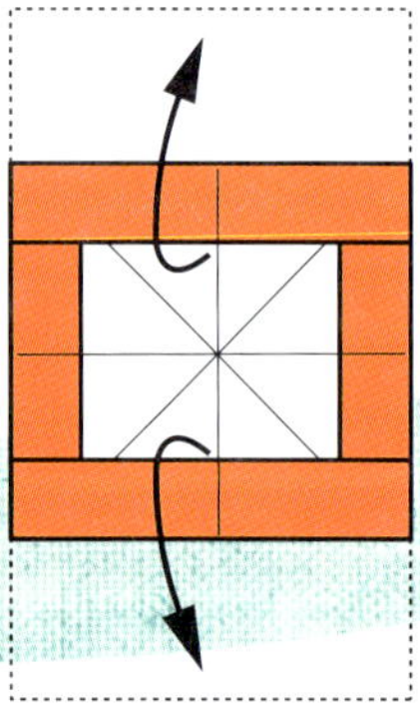
9와 같은 모양이 되도록
위아래를 제자리로 돌려놓아요.

9
힘을 내요!

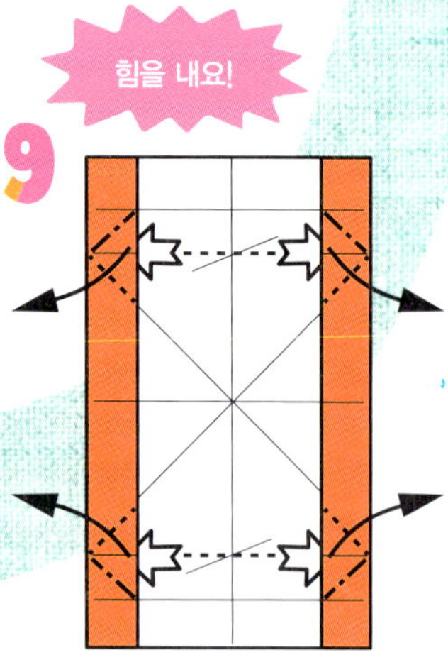

안을 대각선 방향
보조선에 맞춰 펼치고,
눌러 줘요.

보석상자

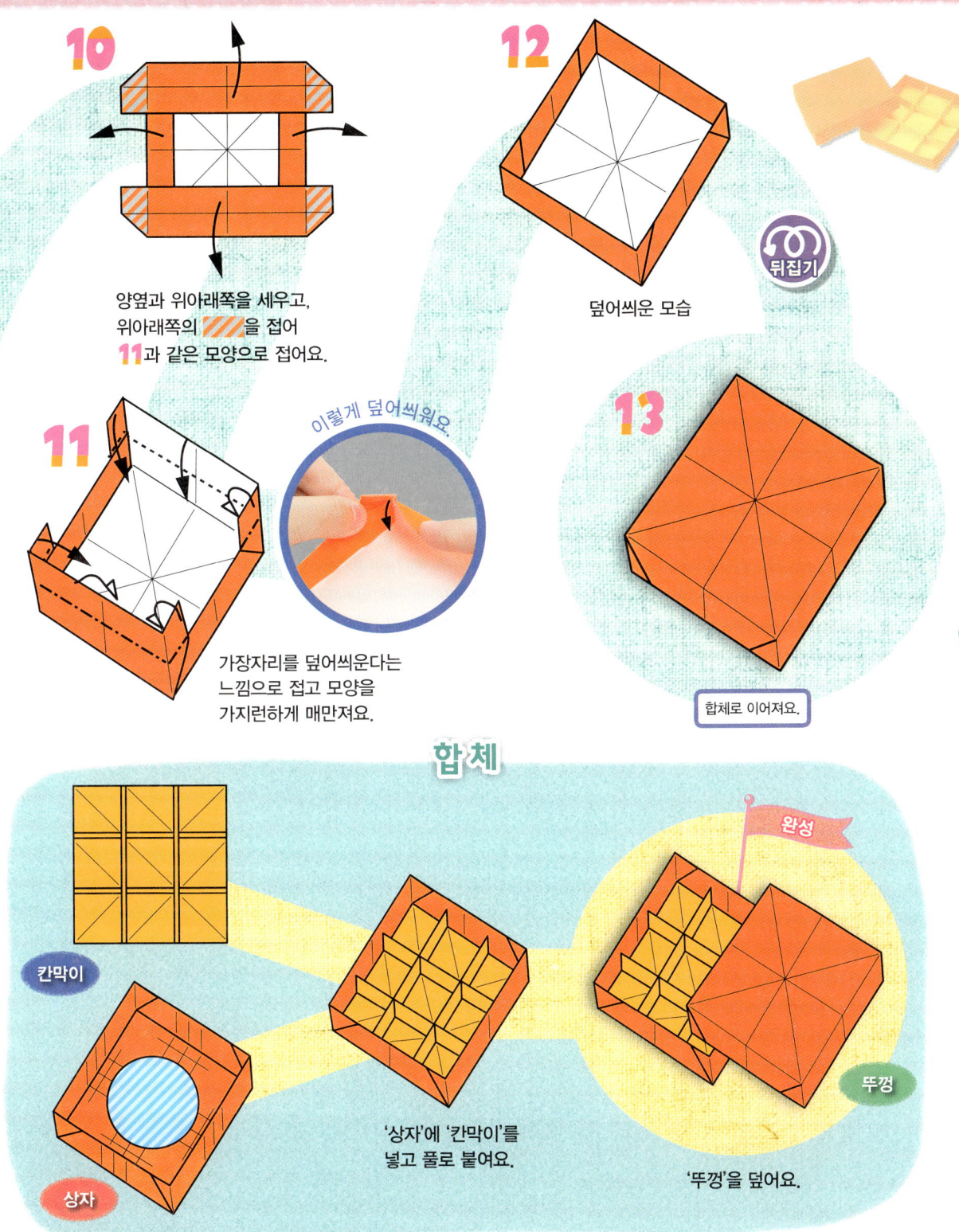

10

양옆과 위아래쪽을 세우고,
위아래쪽의 ▨▨을 접어
11과 같은 모양으로 접어요.

11

이렇게 덮어씌워요.

가장자리를 덮어씌운다는
느낌으로 접고 모양을
가지런하게 매만져요.

12

덮어씌운 모습

뒤집기

13

합체로 이어져요.

보석상자

합체

칸막이

상자

'상자'에 '칸막이'를
넣고 풀로 붙여요.

'뚜껑'을 덮어요.

완성

뚜껑

다른 작품과 함께 재미있게 만들다 보면
종이접기의 세계에 푹 빠져들 거예요!

'팔찌'나 '반지' 장식으로
좋아요♥

하트

다른 작품과 함께 '보석상자', '골디락스와 곰 세 마리'를
꾸며 보세요.
▶ 194, 204쪽

작자 : 미야모토 마리코

48쪽 팔찌는 7.5×7.5cm,
반지는 3.75×3.75cm
색종이를 추천해요옹!

1

보조선을 표시해요.

2

계곡 접기를
해요.

3

가운데까지 계곡
접기를 해요.

종이

 1 장

하
트

5

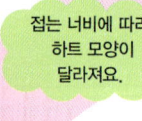

앞쪽 2장을
계곡 접기 해요.

접는 너비에 따라
하트 모양이
달라져요.

4

접은 모습

뒤집기

확대

6

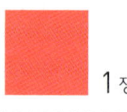

가장자리에 맞춰
계곡 접기를 해요.

7

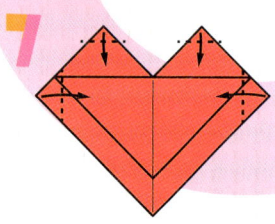

모서리를 계곡 접기 해요.

8

접은 모습

뒤집기

완성

가족
알림장 안에 메시지를 적으면 편지가 되고, 뒷면에 끈을 달면 멋진 펜던트가 돼요.

'안'과 '밖'을 각각 접은 다음 합체하여 완성해요.

동쪽 하늘에서도 서쪽 하늘에서도 반짝반짝♪

안

1 계곡 접기를 해요.

2 계곡 접기를 해요.

3 합체로 이어져요.

별

다른 작품과 함께 '옷가게', '크리스마스'를 꾸며 보세요.
▶ 194, 203, 207쪽

전승 작품

종이 | **준비물**

2장 | 풀

밖

1 보조선을 표시해요.

2 뒤집기 · 계곡 접기를 해요.

3 앞 장을 가장자리까지 계곡 접기 해요.

5 돌리기 · 뒤집기 · 가운데를 계곡 접기 해요.

4 접은 모습

6 ○를 잡고 안을 펼친 다음 눌러 줘요.

7 합체로 이어져요.

합체

'안'을 '밖'에 끼워 넣고 풀로 붙여요.

완성

가족 알림장 — 15㎝ 정사각형 색종이로 접으면 커다란 별 완성! 다른 작품과 조합할 때는 16분의 1 크기를 추천해요.

칼럼 ② 169

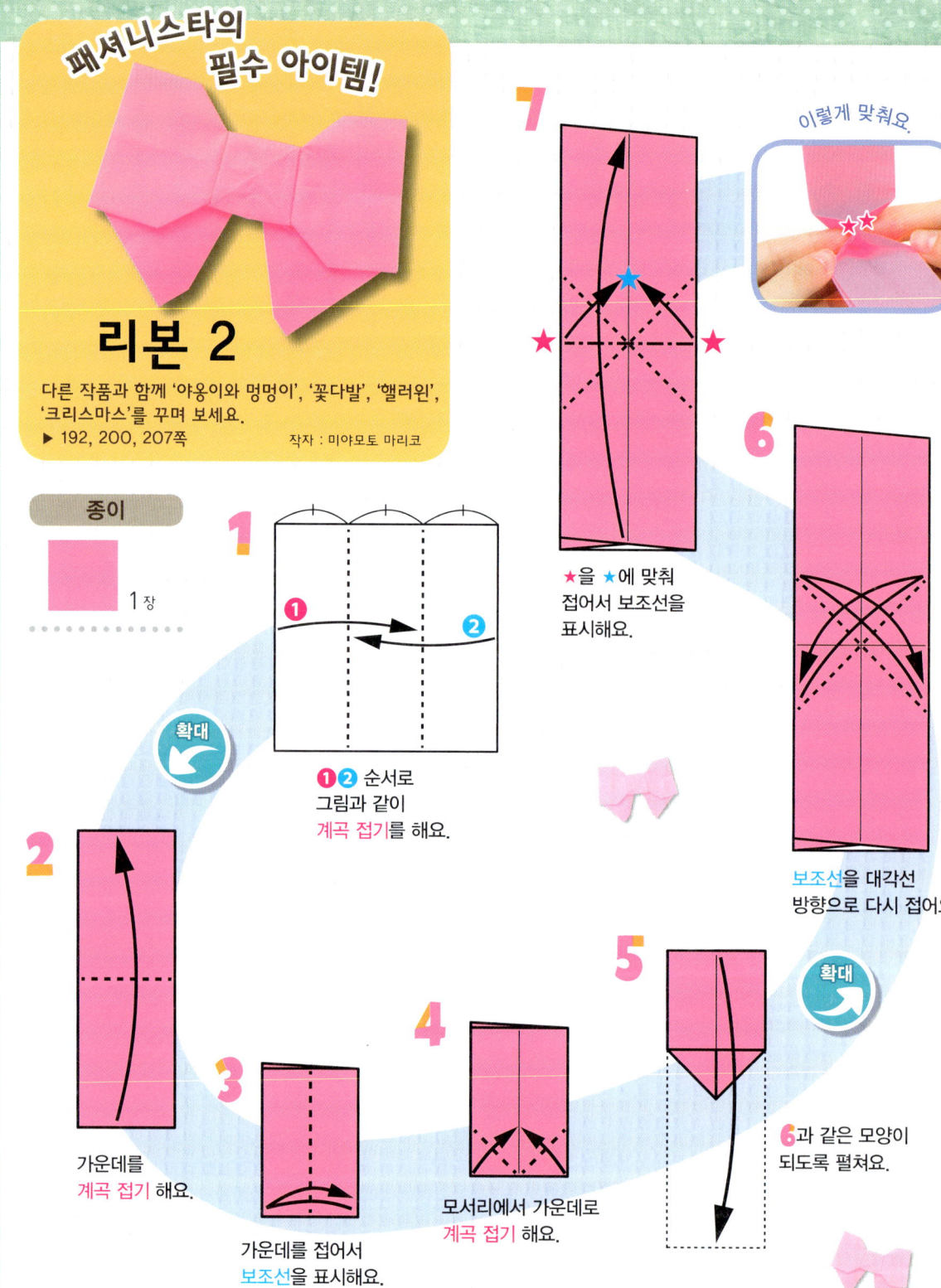

패셔니스타의
필수 아이템!

리본 2

다른 작품과 함께 '야옹이와 멍멍이', '꽃다발', '핼러윈',
'크리스마스'를 꾸며 보세요.
▶ 192, 200, 207쪽
작자 : 미야모토 마리코

종이

1 장

1

❶❷ 순서로
그림과 같이
계곡 접기를 해요.

확대

2

가운데를
계곡 접기 해요.

3

가운데를 접어서
보조선을 표시해요.

4

모서리에서 가운데로
계곡 접기 해요.

5

6과 같은 모양이
되도록 펼쳐요.

확대

6

보조선을 대각선
방향으로 다시 접어요.

7

★을 ★에 맞춰
접어서 보조선을
표시해요.

이렇게 맞춰요.

9∼11은 종이가 겹쳐져 접는 과정이 복잡해요. 가족의 도움이 필요해요.

8

앞 장을 모서리 근처에서
계곡 접기 해요.
반대쪽도 같은 방법으로
접어요.

9

가운데까지 계곡
접기를 해요.
반대쪽도 같은
방법으로 접어요.

10

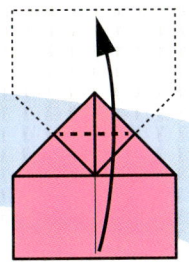

앞 장을 모서리 근처에서
계곡 접기 해요.
반대쪽도 같은 방법으로
접어요.

힘을 내요!

11

○를 잡고, 가운데가
평평해지도록 조금씩
펼치고 눌러 줘요.

이렇게 펼쳐요.

12

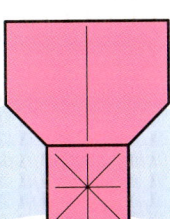

뒤집기

돌리기

접은 모습

13

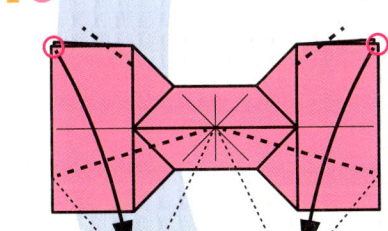

접는 각도에 따라
리본 모양이
달라져요.

앞 장의 ○를 잡고 비스듬하게
계곡 접기를 한 다음 눌러 줘요.

14

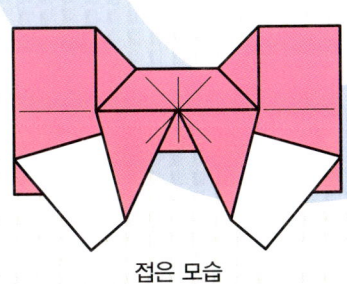

접은 모습

뒤집기

완성

다양한 작품에
마음껏 활용해 보시옹!

마음을 담아
편지를 써 보세요

부모님께

손 편지

다른 작품과 함께 '어버이날'에 보낼 편지를 만들어 보세요.
▶ 206쪽
작자 : 미야모토 마리코

종이   **준비물**

1장   색연필   펜

손 편지

1

사랑해요

흰색 면에 편지를 쓰고,
위쪽 가운데를 접어
보조선을 표시해요.

2

사랑해요

가장자리에서 살짝
계곡 접기 해요.

> 접는 너비에 따라
> 연필심 굵기가
> 달라져요.

3

사랑해요

접은 모습

4

뒤집기

가운데까지
비스듬하게
계곡 접기를 해요.

확대

5

뒤집기

접은 모습

6

사랑해요

살짝 띄워요.

모서리에서 살짝 떨어진
곳에서 계곡 접기 해요.

> 접는 너비에 따라
> 연필 길이가 달라져요.

7

뒤집기

확대

● 부분에서 계곡 접기를 해요.
튀어나오면 안쪽으로 접어 넣어요.

8

뒤집기

접은 모습

완성

알록달록한 색연필이나 펜으로
받는 사람을 적어 보세요.

가족
알림장   아이와 알콩달콩 편지를 주고받으며 사랑을 전해 보세요.

1
그림과 같이
계곡 접기를 해요.

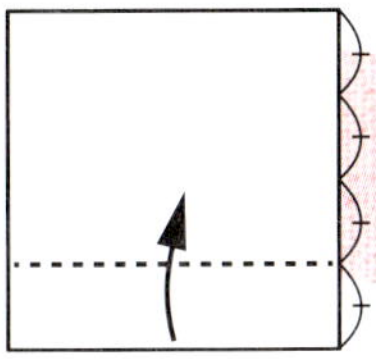

접는 너비에 따라
봉투 크기가 달라져요.

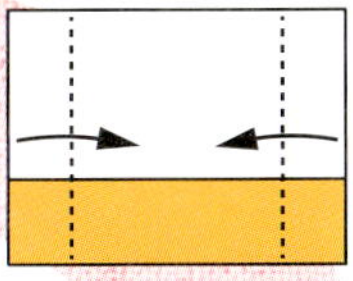

2
양옆을 같은 너비로
계곡 접기 해요.

4
살짝
띄워요.
가장자리에서 살짝 떨어진
곳까지 계곡 접기를 해요.

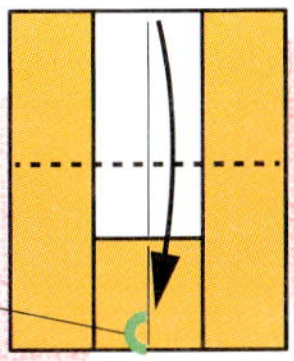

확대

3
가운데를
계곡 접기 해요.

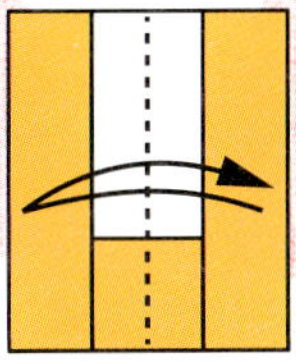

확대

편지를 써서 귀요미 봉투에
쏙~★

고양이 편지봉투

다른 작품과 함께 '어버이날'에 보낼 편지를
만들어 보세요.
▶ 206쪽

작자 : 미야모토 마리코

종이	준비물
 1 장	 펜

5 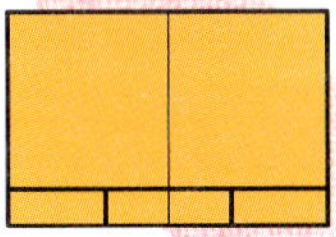
접은 모습

이 부분이
겹치게

힘을 내요!

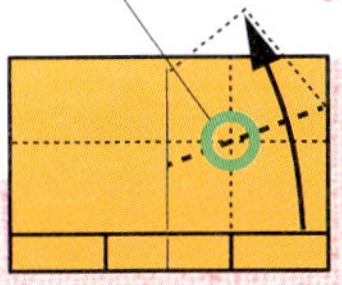

여기서 겹치게 해요.
8

6
그림과 같이 안쪽 가장자리가
겹치는 부분에서 가운데 보조선까지
계곡 접기를 해요.

7
접었던 부분을 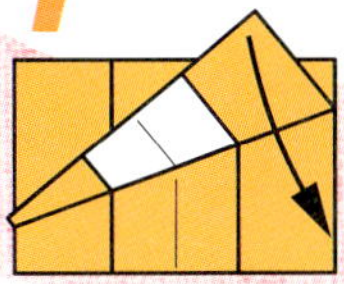
원래대로 펼쳐요.

이 부분이
겹치게

8 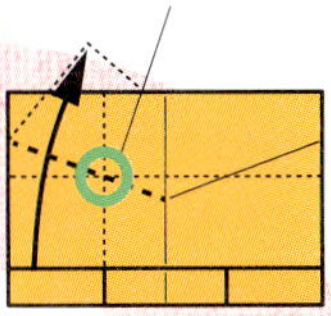
6과 마찬가지로
계곡 접기를 해요.

고양이 편지봉투

활용 Tip

10에서 끼워 넣은
부분을 들어 올려,
안에 편지나 쪽지를
넣어 보세요!

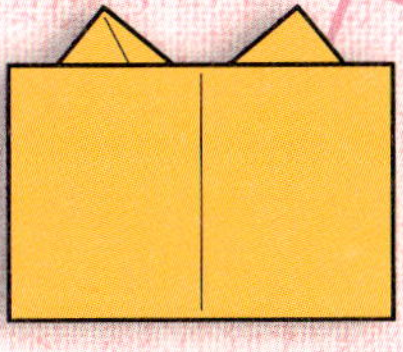

펜으로 눈, 코, 입을
그려 보세요.

완성

10
앞쪽 삼각형을 안쪽으로
끼워 넣어요.

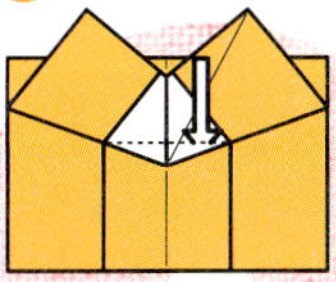

9 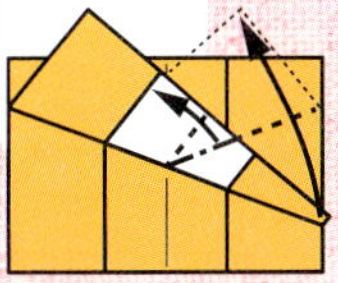
7에서 원래대로 되돌린
부분을 다시 접고, 10과
같은 모양이 되도록
겹치는 곳을 눌러 접어요.

11
뒤집기

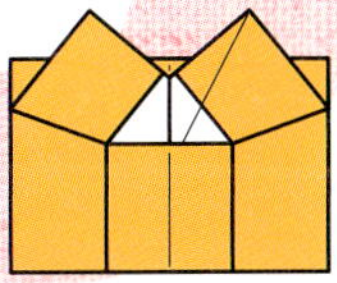

끼워 넣은 모습

가족
알림장
6, 8의 가장자리를 맞추는 과정은 약간 어려울 수 있어요.

소중한 추억을 끼워 보세요

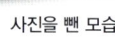

사진을 뺀 모습

사진꽂이

다른 작품과 함께 '어버이날'에 보낼 편지를 만들어 보세요.
▶ 206쪽

작자 : 미야모토 마리코

종이	준비물
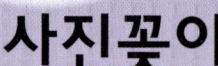 1 장	사진 등

※ 15cm 정사각형 색종이로 접는 경우,
가로 89mm×세로 127mm 사이즈에 맞아요.

1

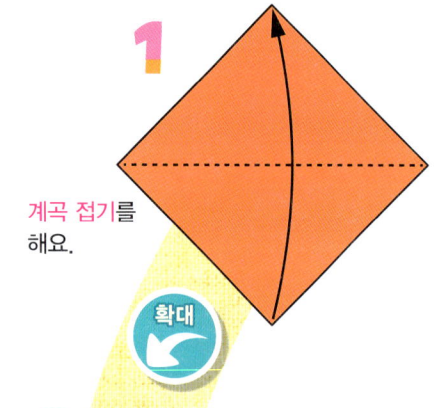

계곡 접기를
해요.

확대

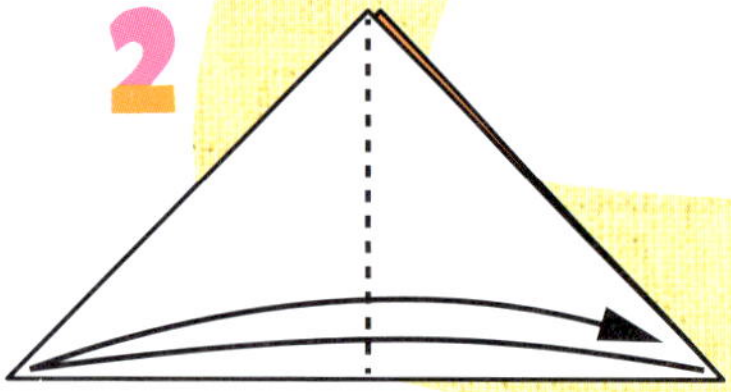

2

가운데를 접어서
보조선을 표시해요.

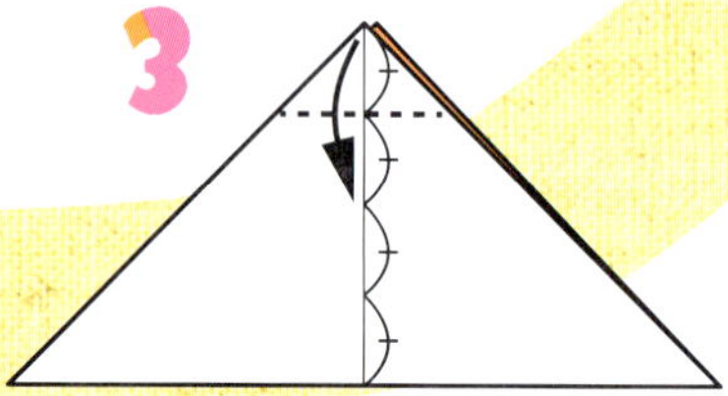

3

앞 장을 그림과 같이
계곡 접기를 해요.

4

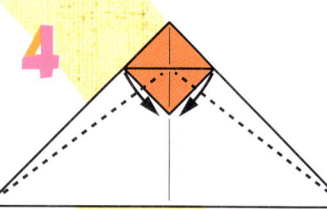

비스듬하게 계곡 접기를 해요.

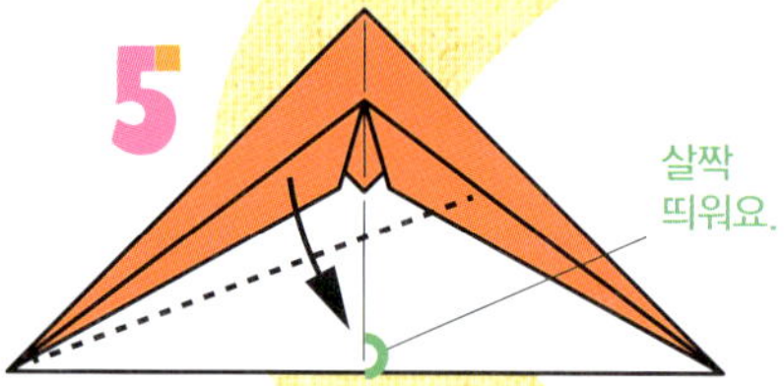

5

살짝
띄워요.

가장자리에서 살짝 떨어진 곳까지
비스듬하게 계곡 접기를 해요.

6

5에서 접은 부분을
원래대로 되돌려 놓아요.

7

이 부분에서
교차해요.

5의 보조선과 한가운데에서
교차하도록 비스듬하게
계곡 접기를 해요.

가족
알림장

사진이나 엽서 등 장식할 대상에 맞춰 13에서 접는 너비를 조절해 주세요.

8 7에서 접은 부분을
원래대로 되돌려 놓아요.

9 ○를 잡고 보조선을
따라 접어요.

10 보조선을 표시해요.

11 마지막에 ●를 세워요.
보조선을 표시한 부분

12 아랫변에 맞춰 사진을 올려놓아요.

뒤집기

13 계곡 접기를 해요.

14 사진을 빼요.

15 계곡 접기를 해요.

16 모서리를 안쪽으로 산 접기 해요.

17 화살표 방향으로 사진을 끼워 넣어요.

완성

뒤에서 봤을 때
이 부분이 지지대가 되어 줘요.

사진꽂이

손님상에 올려서
솜씨를 뽐내요★

고양이 젓가락받침

종이 색깔과 무늬를 바꾸어 '초밥집'이나 '깃발'에
활용해 보세요.
▶ 202, 206쪽

작자 : 미야모토 마리코

▶ 202, 206쪽

종이

1 장

준비물

가위 풀 펜

고양이 젓가락받침

1

그림과 같이 잘라요.
종이 2장을 사용해요.

확대

2

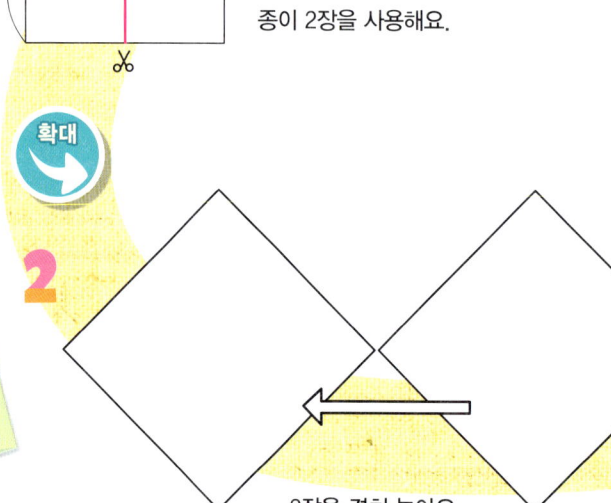

2장을 겹쳐 놓아요.

3

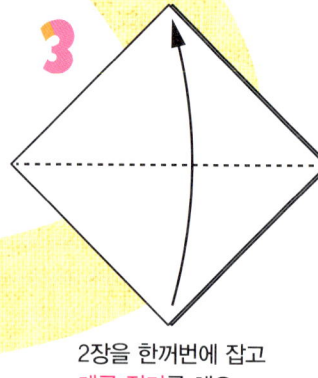

2장을 한꺼번에 잡고
계곡 접기를 해요.

4

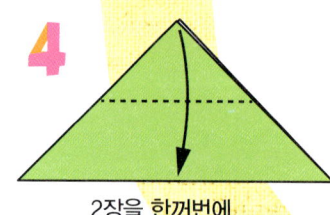

2장을 한꺼번에
계곡 접기를 해요.

5

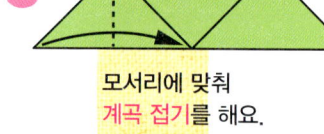

모서리에 맞춰
계곡 접기를 해요.

6

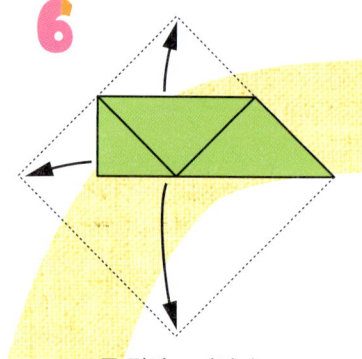

모두 펼치고 겹쳐진
종이 2장을 분리해요.

가족
알림장

봉투 안에 젓가락을 넣어 젓가락 봉투로 사용할 수 있어요. 206쪽처럼 잉어 모양 깃발로 활용해도 좋아요.

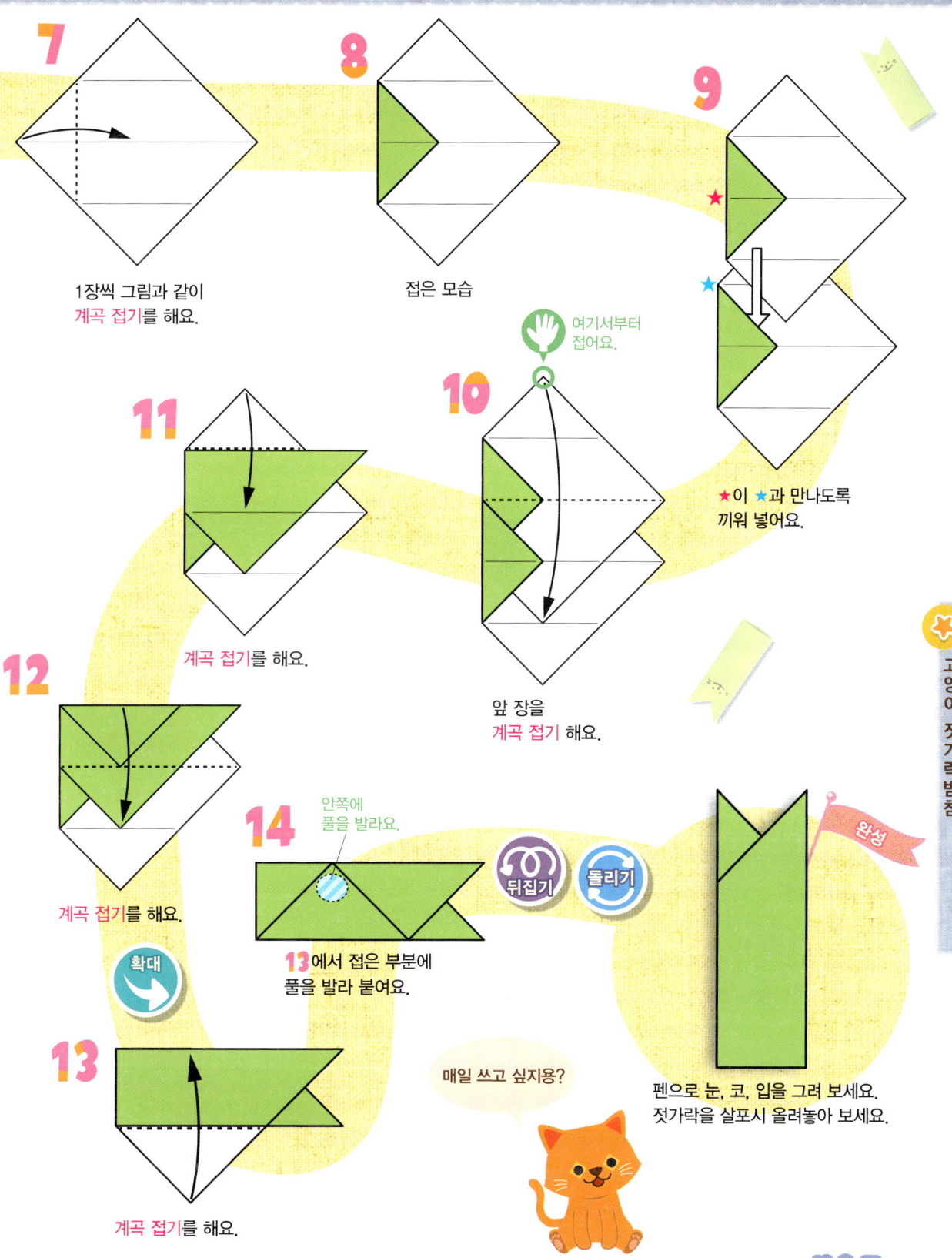

7

1장씩 그림과 같이
계곡 접기를 해요.

8

접은 모습

9

★이 ★과 만나도록
끼워 넣어요.

여기서부터
접어요.

10

앞 장을
계곡 접기 해요.

11

계곡 접기를 해요.

12

계곡 접기를 해요.

확대

14

안쪽에
풀을 발라요.

13에서 접은 부분에
풀을 발라 붙여요.

뒤집기 돌리기

13

계곡 접기를 해요.

매일 쓰고 싶지용?

완성

펜으로 눈, 코, 입을 그려 보세요.
젓가락을 살포시 올려놓아 보세요.

고양이 젓가락 받침

무시무시한 도깨비가 나타났다!

도깨비 가면

다양한 표정의 도깨비 가면을 만들어 보세요.
▶ 207쪽

작자 : 니와 다이코

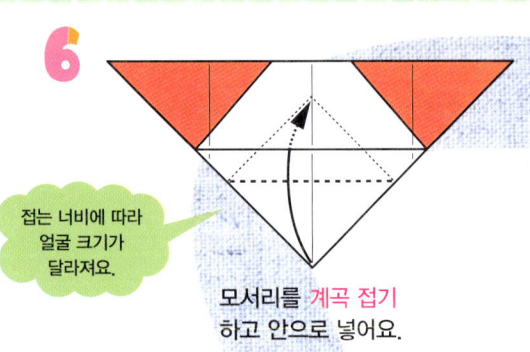

6

접는 너비에 따라
얼굴 크기가
달라져요.

모서리를 **계곡 접기**
하고 안으로 넣어요.

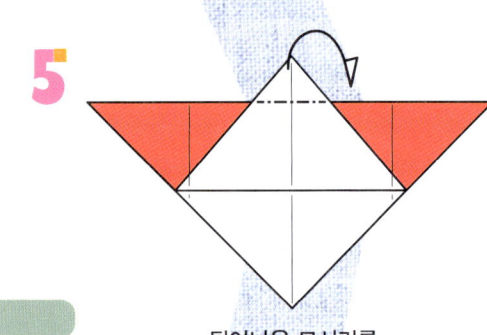

5

튀어나온 모서리를
산 접기 해요.

종이	준비물

 1장

큼직한 종이로
접어요.

 가위 크레파스 고무줄 스카치테이프

도깨비 가면

1

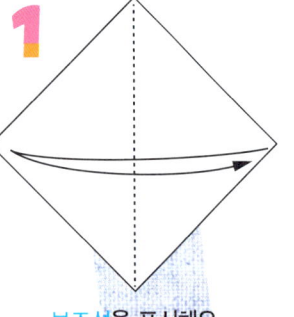

보조선을 표시해요.

4

튀어나온 모서리
크기에 따라 도깨비
머리숱이 달려져요.

앞 장만 **계곡**
접기를 해요.

2

계곡 접기를 해요.

 돌리기  확대

3

가운데까지 접어서
보조선을 표시해요.

178   가족 알림장 25㎝ 정사각형 종이로 접으면 가로 길이가 17.5㎝인 가면을 만들 수 있어요. 얼굴 크기에 맞춰 종이 크기를 선택해 주세요.

7

3의 보조선까지 비스듬하게
계곡 접기를 해요.

8

그림과 같이 밖으로
뒤집어 접기(7쪽)를
해요.

여기가
뿔이 돼요.

확대

11

여기가
눈 위치가 돼요.

눈 위치를 생각해서
가운데보다 약간 위에서
산 접기를 해요.

뒤집기

10

접은 모습

9

계곡 접기를 해요.

12

뒤집기

눈 모양으로 자르고 접은
부분을 원래대로 펼쳐요.

13

고무줄을
스카치테이프로 붙여요.

뒤집기

완성

크레파스로 코와 입을 그려 넣어 보세요.
고무줄을 귀에 걸면 가면이 돼요.

도
깨
비
가
면

응용 Tip

다양한 표정을
그려 보세요.

6에서 접는 너비를 바꾸면,
얼굴이 길쭉한 도깨비 가면을
만들 수 있어요.

6에서 계곡 접기를 하지 않고
가위로 자르면, 수염이 성성한
도깨비 가면을 만들 수 있어요.

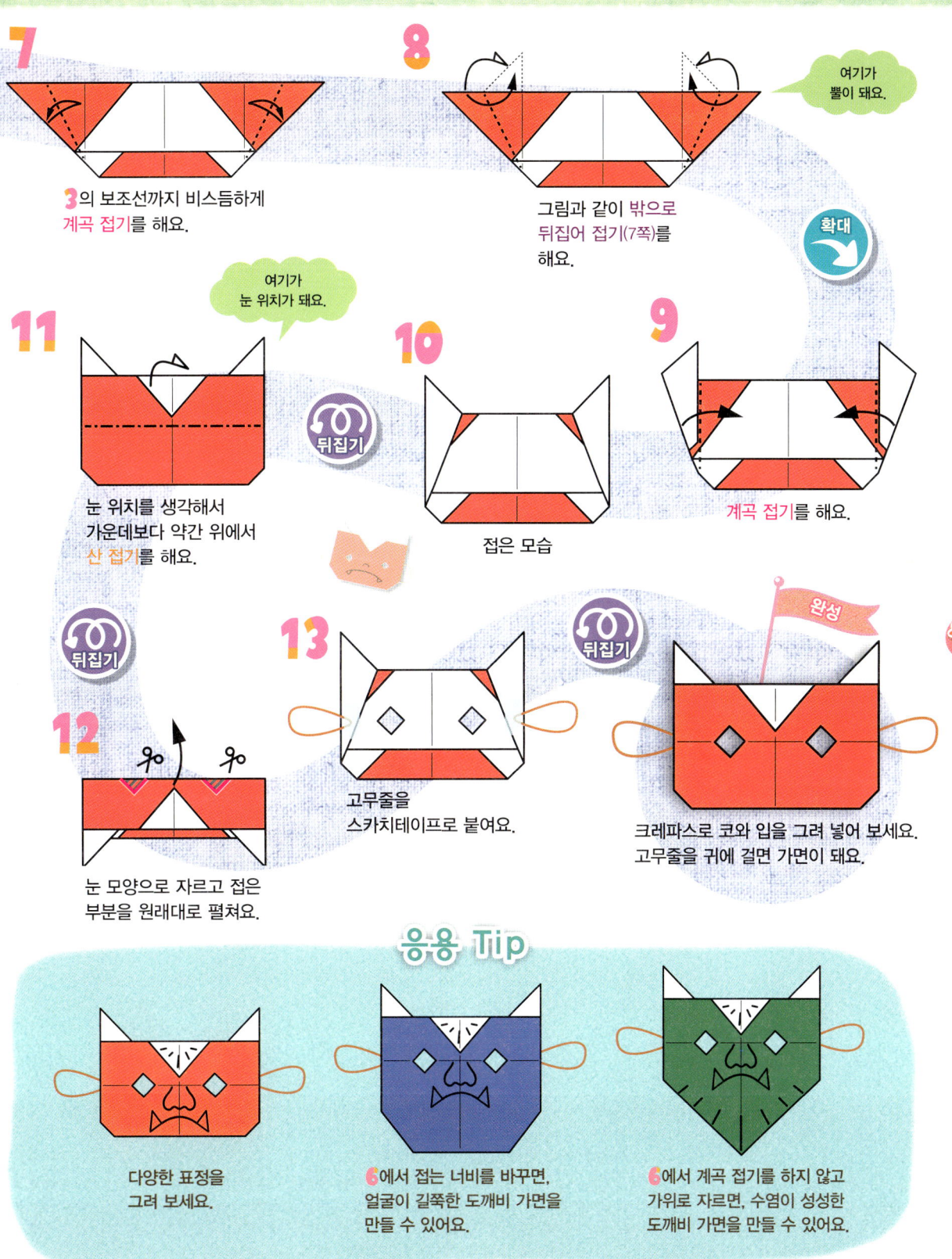

감사와
사랑을 담아

접어 보세요!

카네이션

다른 작품과 함께 '어버이날' 선물을 만들어 보세요.
▶ 206쪽

작자 : 미야모토 마리코

'꽃'과 '꽃받침', '줄기' 3부분을 접은 다음 합체하여 완성해요.

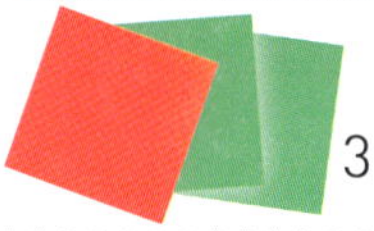

종이

3장

준비물

가위   풀

카네이션

꽃

돌리기 **확대**

1 그림과 같이 잘라요.
2장을 사용해요.

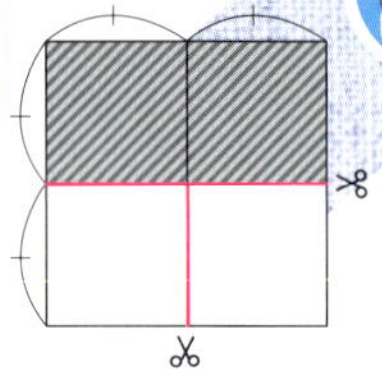

2 1장씩 각각
계곡 접기를 해요.

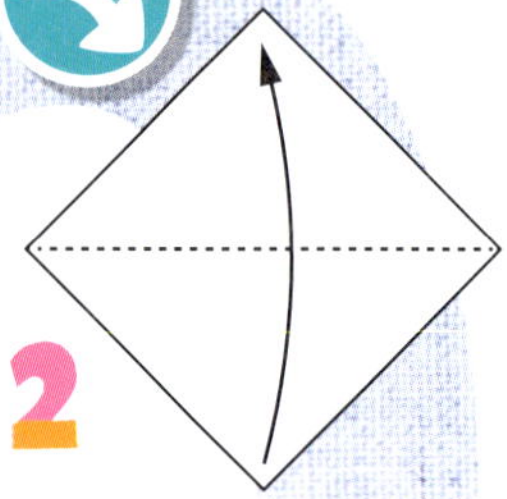

3 안에 넣지 마세요.

접는 방법에 따라 꽃 모양이 달라져요.

종이 1장을 다른 종이 위에 겹쳐 놓아요.

4 2장을 함께 잡고 비스듬하게
계곡 접기를 해요.

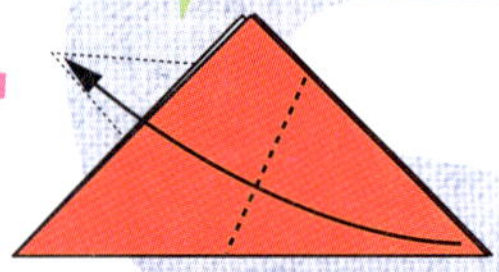

5 **확대** 이 부분이 어긋나지 않도록 잘 맞춰요.

○를 잡고 안쪽으로 종이를 비껴 접어요.

6 **돌리기** 비껴 접은 모습

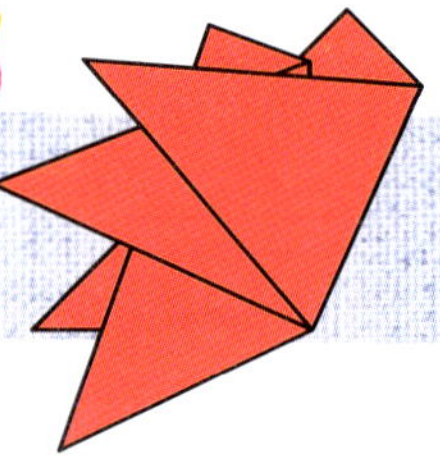

7 합체로 이어져요.

꽃잎을 풀로 붙여요.

뒷면에 풀을 발라 붙여요.

꽃받침

1 그림과 같이 잘라요.

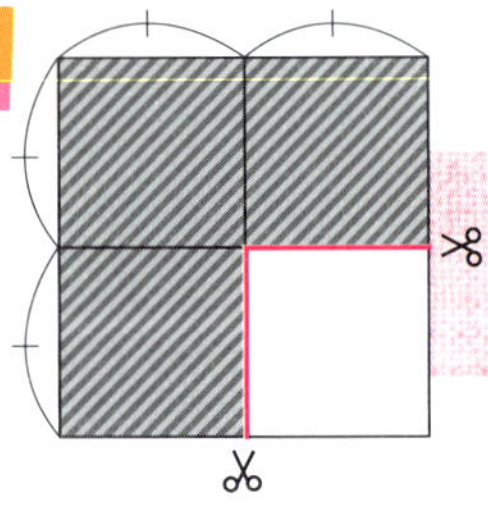

2 **확대** 보조선을 표시해요.

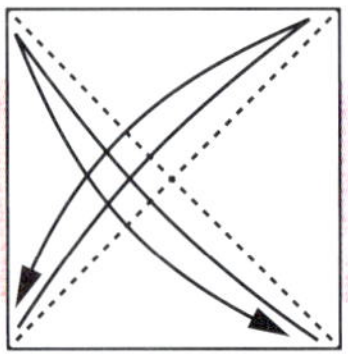

3 가운데까지
계곡 접기를 해요.

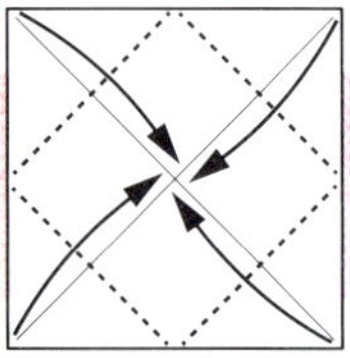

4 **확대** 모서리에서 살짝 어긋난 곳에서 비스듬하게
계곡 접기를 해요.

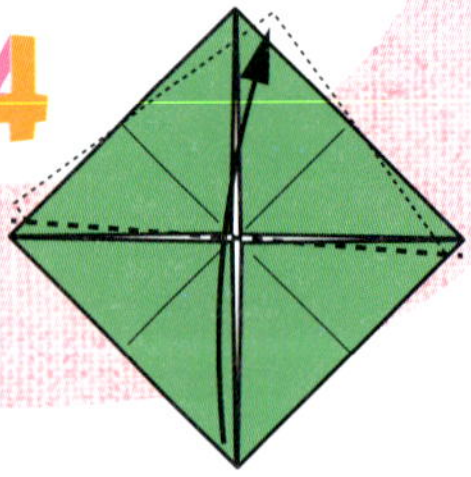

가족 알림장 '꽃받침'은 겹쳐 접는 과정이 복잡해요. 가족이 도와주세요.

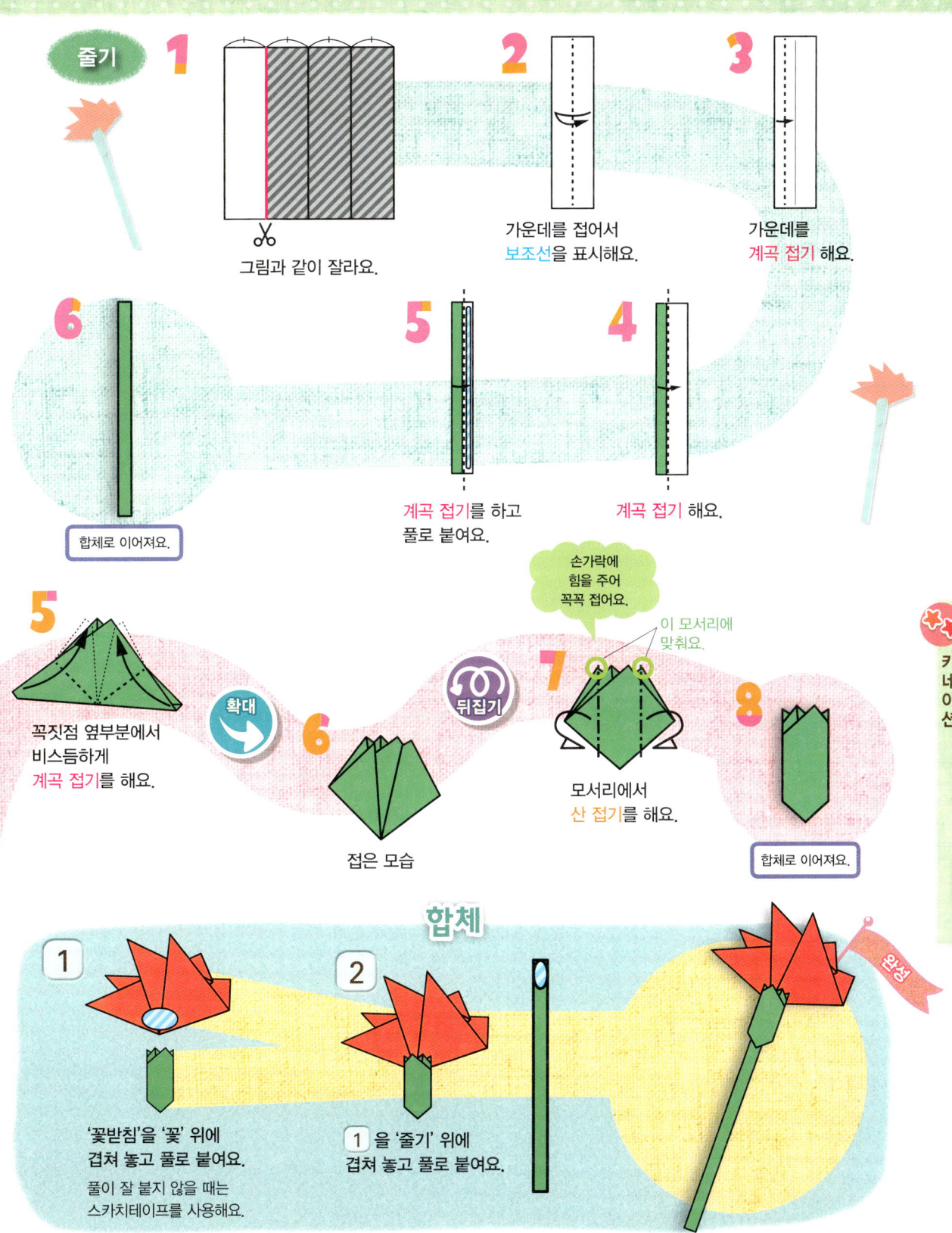

줄기

1 그림과 같이 잘라요.

2 가운데를 접어서 보조선을 표시해요.

3 가운데를 계곡 접기 해요.

4 계곡 접기 해요.

5 계곡 접기를 하고 풀로 붙여요.

6 합체로 이어져요.

카네이션

5 꼭짓점 옆부분에서 비스듬하게 계곡 접기를 해요.

확대

6 접은 모습

뒤집기

손가락에 힘을 주어 꼭꼭 접어요.

이 모서리에 맞춰요.

7 모서리에서 산 접기를 해요.

8 합체로 이어져요.

합체

1 '꽃받침'을 '꽃' 위에 겹쳐 놓고 풀로 붙여요.

풀이 잘 붙지 않을 때는 스카치테이프를 사용해요.

2 1 을 '줄기' 위에 겹쳐 놓고 풀로 붙여요.

완성

과자를 안 주면 장난을 칠 거야!

잭오랜턴 사탕 바구니

다른 작품과 함께 '골디락스와 곰 세 마리'나 '신데렐라', '핼러윈' 놀이를 해 보세요.
▶ 204, 205, 207쪽

작자 : 니와 다이코

종이

5장

준비물

가위 풀 양면테이프

잭오랜턴 사탕 바구니

'잭오랜턴'과 '모자', '바구니', '손잡이'를 각각 접은 다음 합체하여 완성해요.

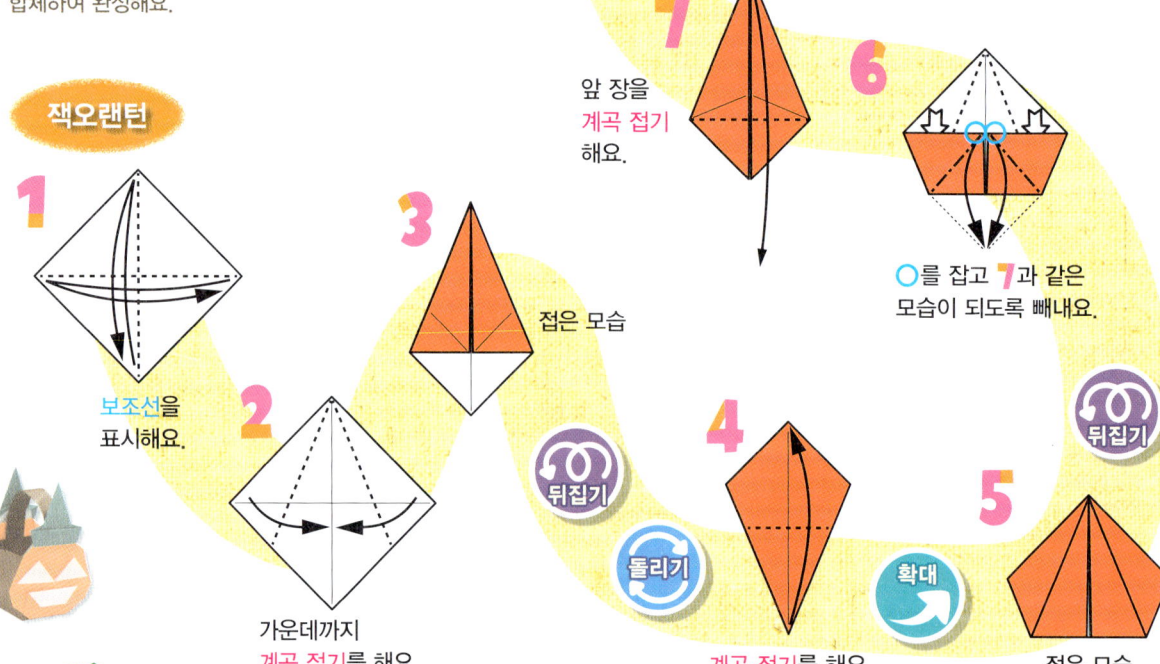

잭오랜턴

1 보조선을 표시해요.

2 가운데까지 계곡 접기를 해요.

3 접은 모습

뒤집기 / 돌리기

4 계곡 접기를 해요.

확대

5 접은 모습

뒤집기

6 ○를 잡고 **7**과 같은 모습이 되도록 빼내요.

7 앞 장을 계곡 접기 해요.

8 접은 모습

뒤집기

9 보조선을 표시해요.

돌리기

10 모두 펼쳐요.

뒤집기

'모자'를 아이가 접고 다른 부분은 가족이 도와주는 등 서로 나눠서 접어요.

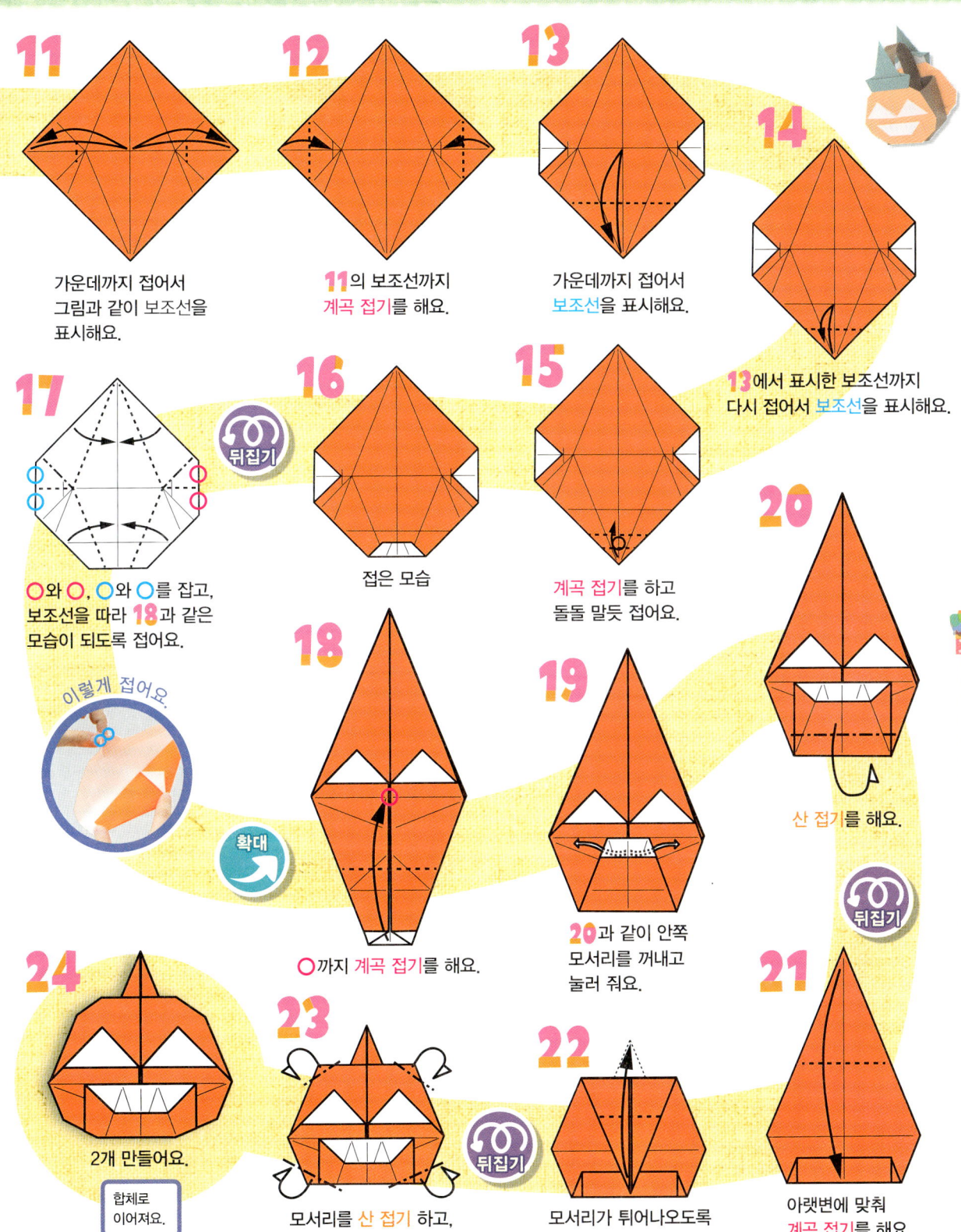

11 가운데까지 접어서 그림과 같이 보조선을 표시해요.

12 **11**의 보조선까지 계곡 접기를 해요.

13 가운데까지 접어서 보조선을 표시해요.

14 **13**에서 표시한 보조선까지 다시 접어서 보조선을 표시해요.

17 ○와 ○, ○와 ○를 잡고, 보조선을 따라 **18**과 같은 모습이 되도록 접어요.

이렇게 접어요.

16 접은 모습

15 계곡 접기를 하고 돌돌 말듯 접어요.

20 산 접기를 해요.

잭오랜턴 사탕 바구니

18 ○까지 계곡 접기를 해요.

확대

19 **20**과 같이 안쪽 모서리를 꺼내고 눌러 줘요.

뒤집기

24 2개 만들어요.

합체로 이어져요.

다음 쪽에서 계속

23 모서리를 산 접기 하고, 모양을 잡아 줘요.

뒤집기

22 모서리가 튀어나오도록 계곡 접기를 해요.

21 아랫변에 맞춰 계곡 접기를 해요.

'잭오랜턴'에서 계속

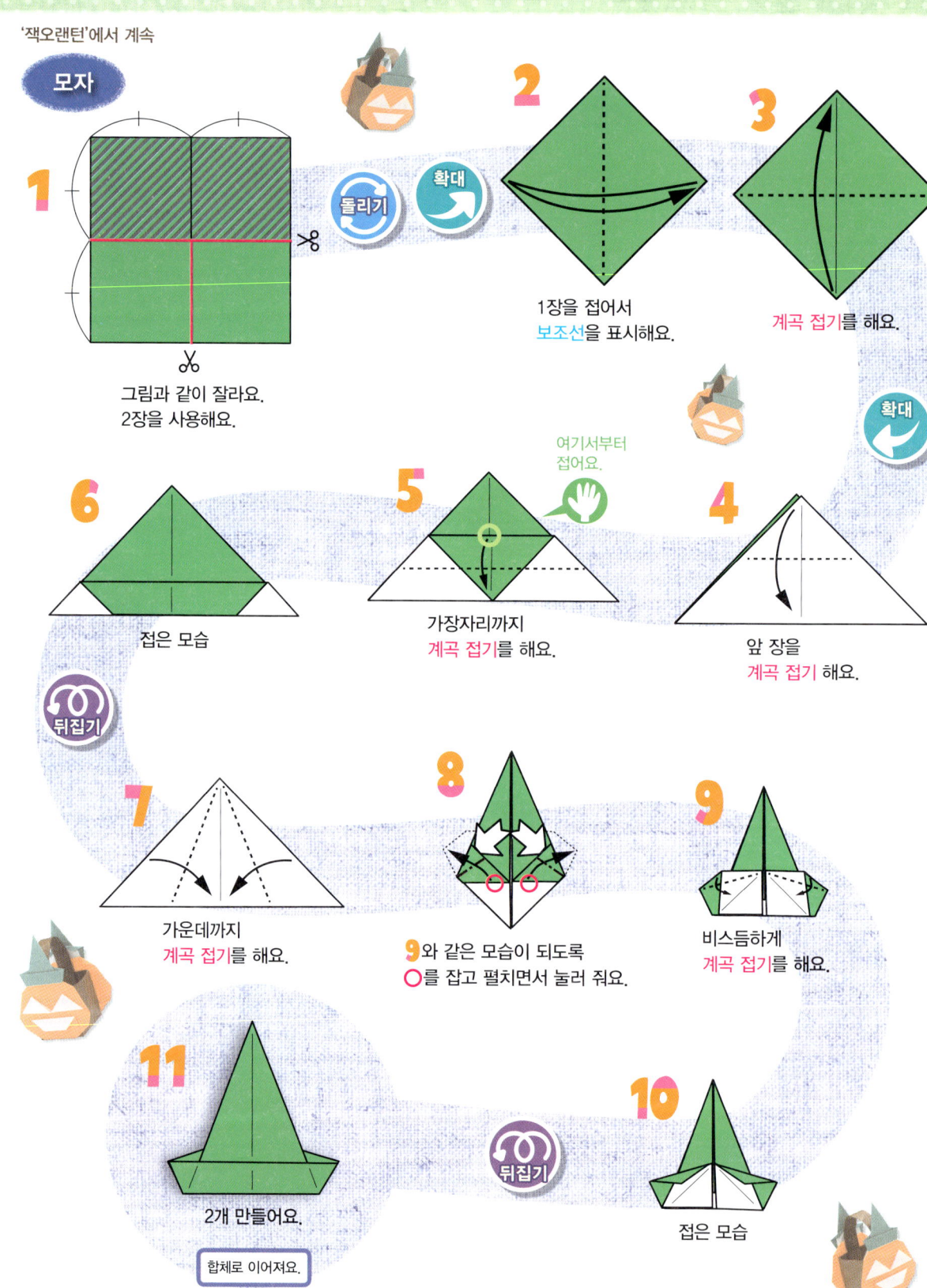

모자

1 그림과 같이 잘라요.
2장을 사용해요.

돌리기 확대

2 1장을 접어서
보조선을 표시해요.

3 계곡 접기를 해요.

확대

6 접은 모습

5 가장자리까지
계곡 접기를 해요.

여기서부터
접어요.

4 앞 장을
계곡 접기 해요.

뒤집기

잭오랜턴 사탕 바구니

7 가운데까지
계곡 접기를 해요.

8 **9**와 같은 모습이 되도록
○를 잡고 펼치면서 눌러 줘요.

9 비스듬하게
계곡 접기를 해요.

11 2개 만들어요.

합체로 이어져요.

뒤집기

10 접은 모습

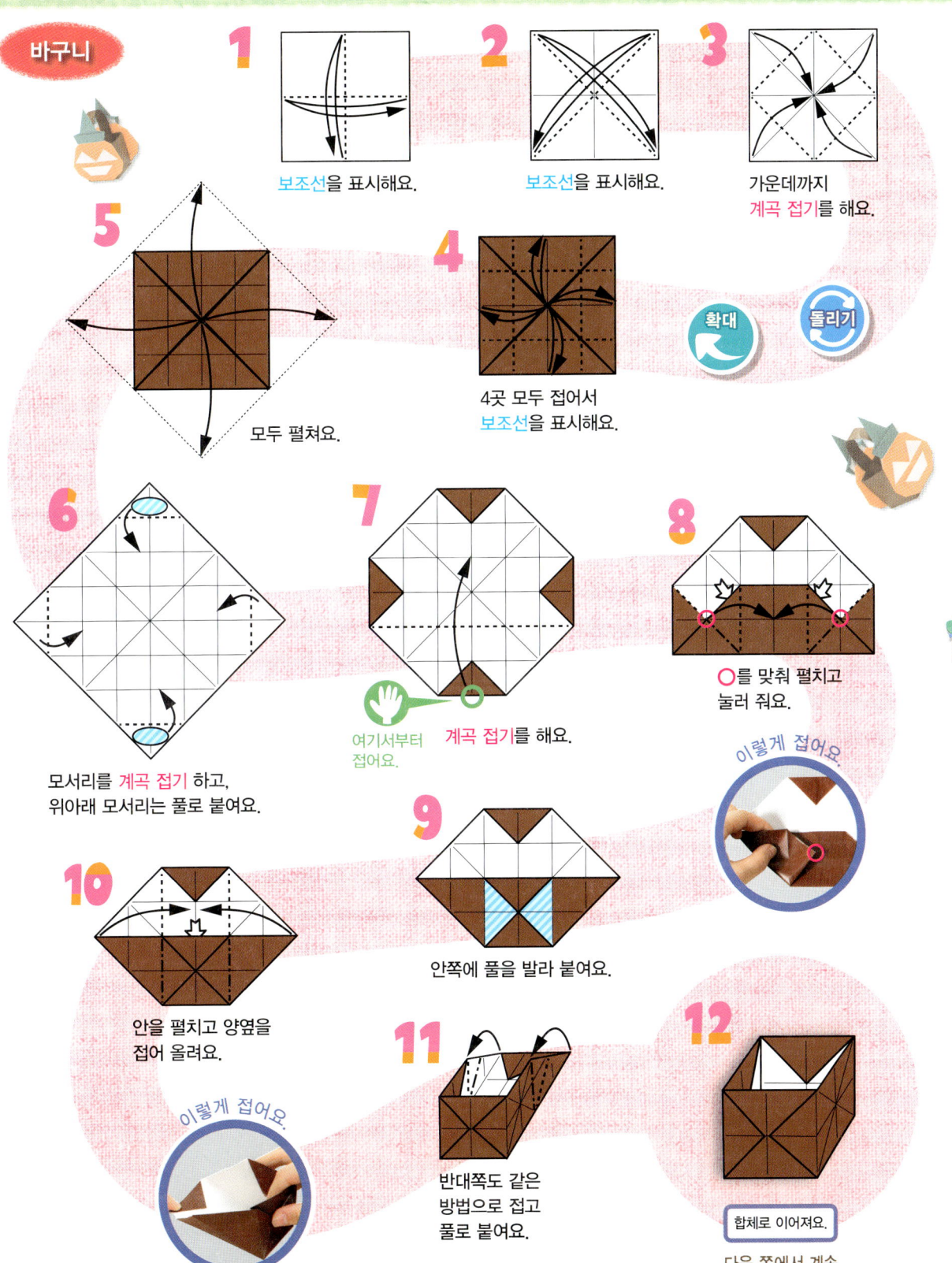

바구니

1 보조선을 표시해요.

2 보조선을 표시해요.

3 가운데까지 계곡 접기를 해요.

4 4곳 모두 접어서 보조선을 표시해요.

확대　돌리기

5 모두 펼쳐요.

6 모서리를 계곡 접기 하고, 위아래 모서리는 풀로 붙여요.

7 여기서부터 접어요. 계곡 접기를 해요.

8 ○를 맞춰 펼치고 눌러 줘요.

이렇게 접어요.

9 안쪽에 풀을 발라 붙여요.

10 안을 펼치고 양옆을 접어 올려요.

이렇게 접어요.

11 반대쪽도 같은 방법으로 접고 풀로 붙여요.

12 합체로 이어져요.

다음 쪽에서 계속

잭 오 랜 턴 사 탕 바 구 니

'잭오랜턴'에서 계속

손잡이

1

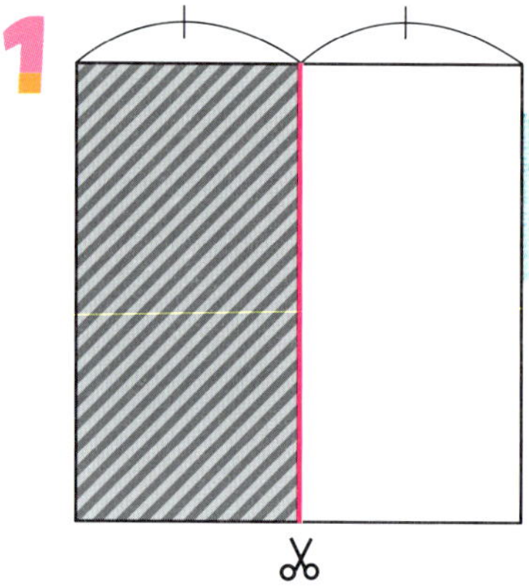

✂️

반으로 잘라요.

합체로
이어져요.

2

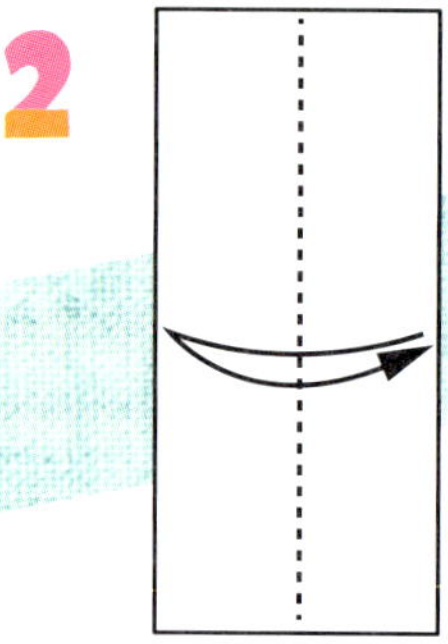

보조선을 표시해요.

3

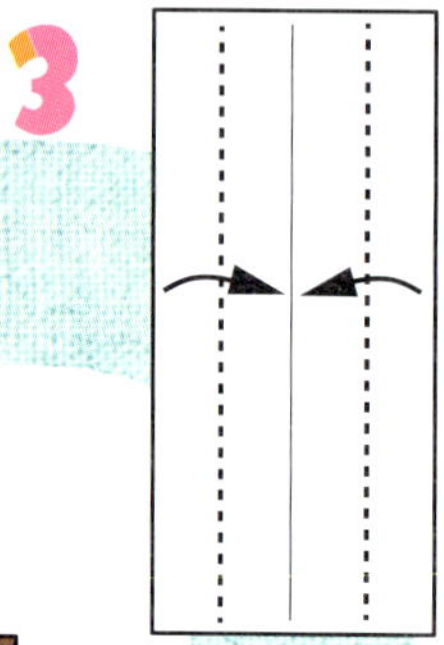

가운데까지
계곡 접기를 해요.

4

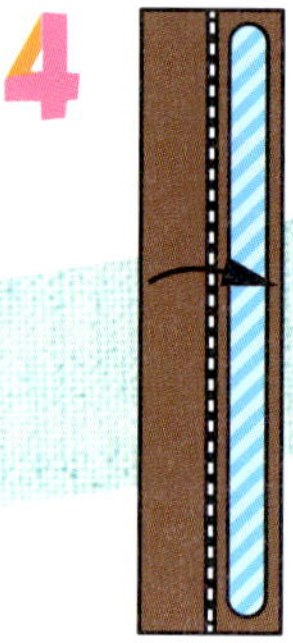

가운데까지 계곡 접기를 하고
마지막에 풀을 발라 붙여요.

5

양 끝에 양면테이프를 붙이고
그림과 같이 구부려 줘요.

잭오랜턴 사탕 바구니

합체

1

모자

'잭오랜턴'에
'모자'를 풀로 붙여요.
2개 만들어요.

잭오랜턴

1 을 **2** 에 풀로 붙여요.
반대쪽도 같은 방법으로
고정해요.

완성

2

손잡이

'바구니'에 '손잡이'를
양면테이프로 붙여요.

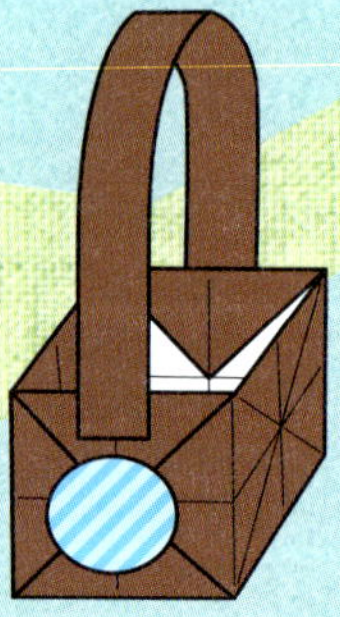

바구니

간식을 잔뜩 담을
수 있겠지요옹★

'남자 인형'과 '여자 인형'을 만들어요.

일본 전통 인형으로
예쁘게 장식해 보세요!

히나 인형

남자 인형과 여자 인형을 각각 다른 색으로 접어 보세요.
▶ 206쪽　　　　　　　　　　　전승 작품

1
보조선을 표시해요.

확대

2
가운데까지
계곡 접기를 해요.

3
계곡 접기를 해요.

확대

4
이곳이
얼굴이 돼요.

모서리에서
계곡 접기를 해요.

종이

2장

히나 인형

여자 인형　　**남자 인형**

5
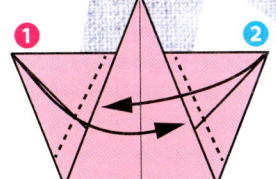
① ② 순서로 가장자리에서
살짝 떨어진 곳에서 그림과
같이 계곡 접기를 해요.

5
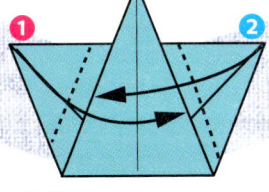
① ② 순서로 가장자리에서
살짝 떨어진 곳에서 그림과
같이 계곡 접기를 해요.

6
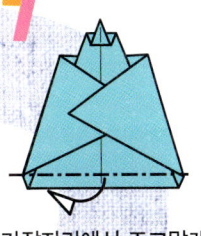
계단 접기(7쪽)를 해요.

7
가장자리에서 조그맣게
산 접기를 해요.

6

산 접기를 해요.

7
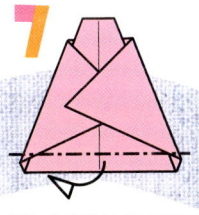
가장자리에서 조그맣게
산 접기를 해요.

완성

완성

가족
알림장
상자를 접어 그 위에 히나 인형을 올려놓아 보세요.

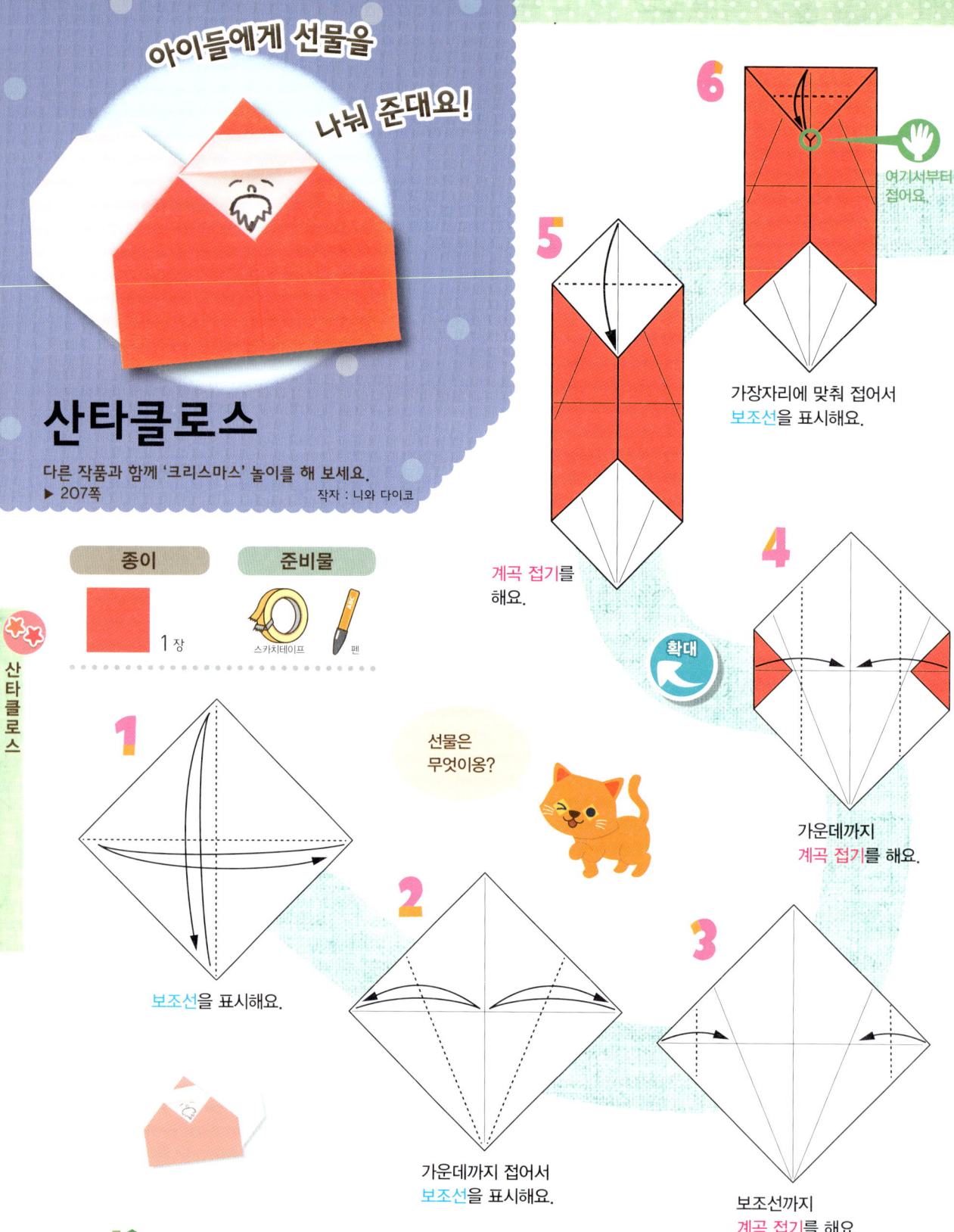

아이들에게 선물을
나눠 준대요!

산타클로스

다른 작품과 함께 '크리스마스' 놀이를 해 보세요.
▶ 207쪽

작자 : 니와 다이코

산타클로스

종이
1장

준비물
스카치테이프   펜

6
여기서부터
접어요.

5
가장자리에 맞춰 접어서
보조선을 표시해요.

계곡 접기를
해요.

4
가운데까지
계곡 접기를 해요.

확대

1
보조선을 표시해요.

선물은
무엇이옹?

2
가운데까지 접어서
보조선을 표시해요.

3
보조선까지
계곡 접기를 해요.

가족
알림장 선물 자루에 메시지를 적어서 편지로 활용해도 좋아요.

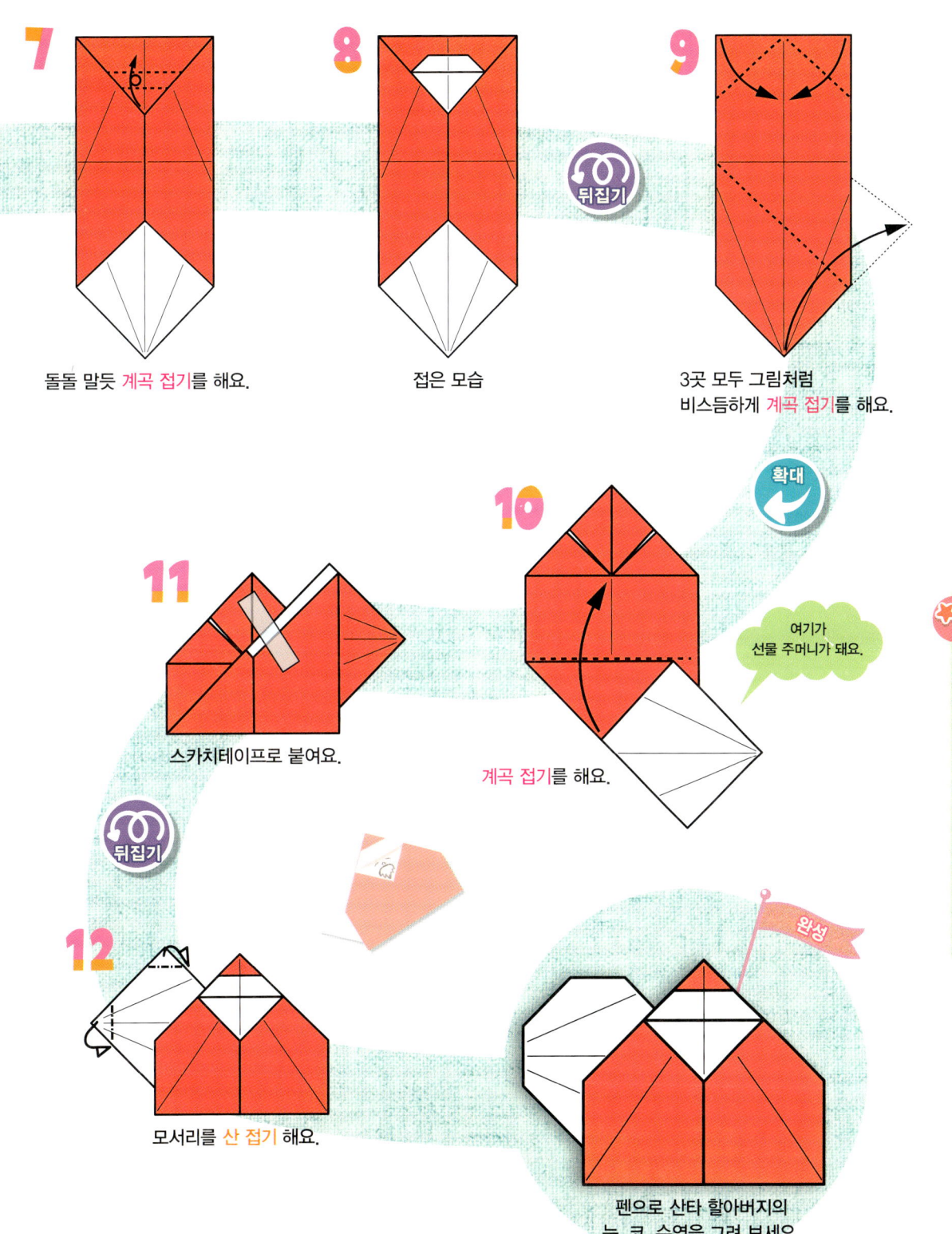

7 돌돌 말듯 계곡 접기를 해요.

8 접은 모습

뒤집기

9 3곳 모두 그림처럼
비스듬하게 계곡 접기를 해요.

확대

10 계곡 접기를 해요.

여기가
선물 주머니가 돼요.

11 스카치테이프로 붙여요.

뒤집기

12 모서리를 산 접기 해요.

완성

펜으로 산타 할아버지의
눈, 코, 수염을 그려 보세요.

산타클로스

산타 양말

산타 할아버지가
선물을 넣고 가신대요!

다른 작품과 함께 '크리스마스' 놀이를 해 보세요.
▶ 207쪽
작자 : 니와 다이코

▶ 207쪽

종이

1 장

준비물

스카치테이프

1
보조선을 표시해요.

2
계곡 접기를 해요.

접는 너비에 따라
양말의 흰 부분이
달라져요.

3
2장을 한꺼번에 잡고
계곡 접기를 해요.

확대

4
앞 장을 **5**와 같은
모습이 되도록 펼쳐요.

5
가운데까지
계곡 접기를 해요.

확대

6
접은 모습

뒤집기

7
가운데까지
계곡 접기를 해요.

뒤집기

8
이 부분에서
양말 모양이 달라져요.

앞 장을 비스듬하게 접어
보조선을 표시해요.

190

가족
알림장
25cm 정사각형 종이로 접으면 양말 안에 큰 물건도 충분히 넣을 수 있어요.

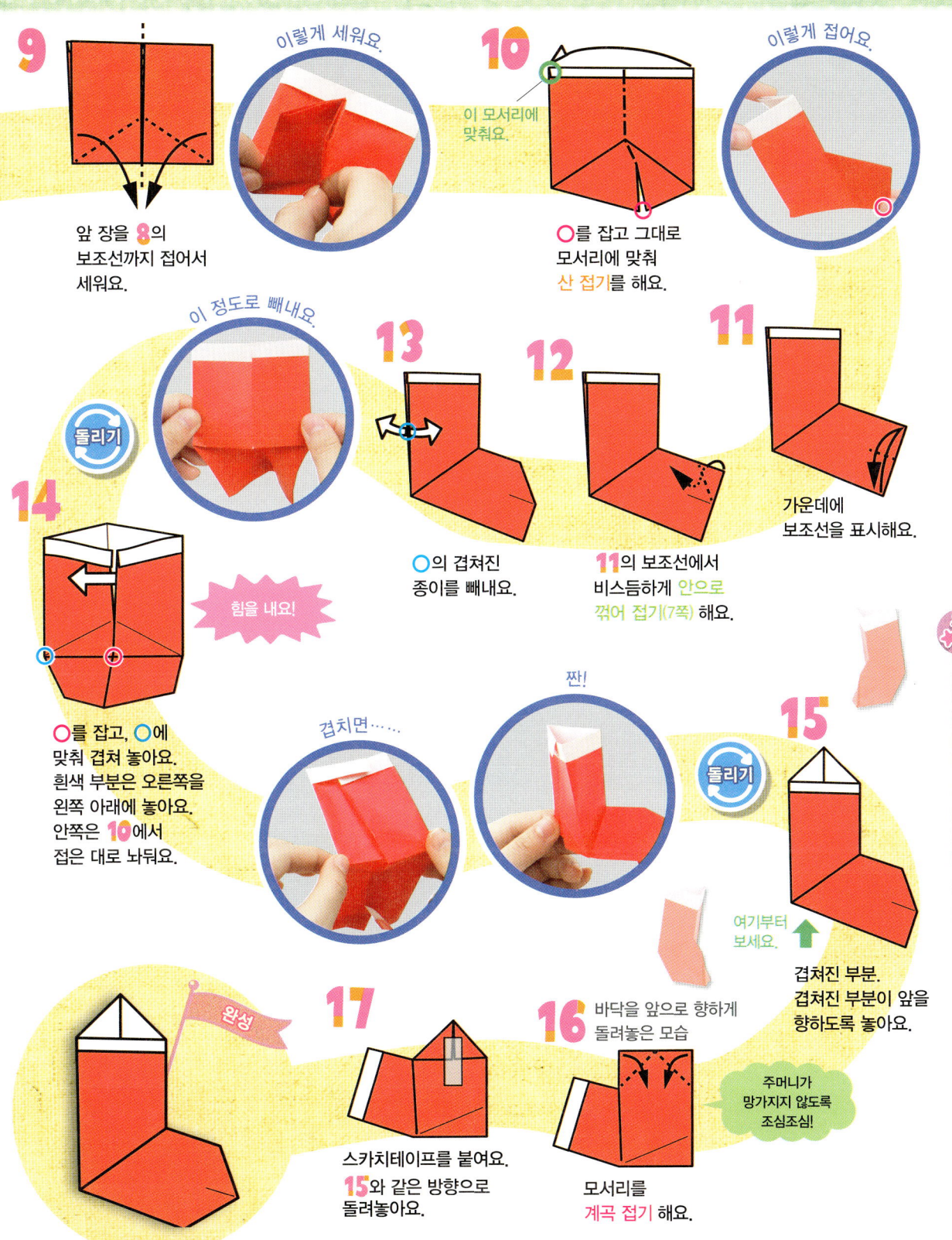

9

이렇게 세워요.

앞 장을 **8**의 보조선까지 접어서 세워요.

10 이 모서리에 맞춰요.

이렇게 접어요.

○를 잡고 그대로 모서리에 맞춰 **산 접기**를 해요.

이 정도로 빼내요.

돌리기

13

12

11

가운데에 보조선을 표시해요.

○의 겹쳐진 종이를 빼내요.

11의 보조선에서 비스듬하게 안으로 꺾어 접기(7쪽) 해요.

14

힘을 내요!

○를 잡고, ○에 맞춰 겹쳐 놓아요. 흰색 부분은 오른쪽을 왼쪽 아래에 놓아요. 안쪽은 **10**에서 접은 대로 놔둬요.

겹치면……

짠!

돌리기

15

여기부터 보세요.

겹쳐진 부분. 겹쳐진 부분이 앞을 향하도록 놓아요.

산타 양말

완성

17

스카치테이프를 붙여요. **15**와 같은 방향으로 돌려놓아요.

16 바닥을 앞으로 향하게 돌려놓은 모습

모서리를 **계곡 접기** 해요.

주머니가 망가지지 않도록 조심조심!

방이나 벽 장식에 좋아요!

동물 친구들 다 모여라!

동물의 왕국

벽에 붙여서 멋지게 장식해 보세요!
색종이 색깔과 크기를 바꿔 접어 나만의 동물원을 꾸며 보세요★

사자 78쪽

튤립 149쪽
(7.5×7.5㎝)

판다 69쪽

큰 동물

곰돌이 76쪽

코끼리 74쪽
(아기코끼리는 7.5×7.5㎝)

작아서 더 귀여운

야옹이 와 멍멍이

야옹이와 멍멍이를 나란히 나란히~
멋진 리본을 달아 주면 더욱 깜찍해요♥

아기 고양이 80쪽
(7.5×7.5㎝)

리본 170쪽
(4.5×4.5㎝)

닥스훈트 82쪽

몸통 길이를 바꿔 주면
토이 푸들로 변신~♪

잠깐만! 192~207쪽에는 해당 작품의 쪽수와, 종이 크기를 변경할 경우 사이즈가 실려 있습니다.

사슴벌레 62쪽
(7.5×7.5㎝)

나비 64쪽

바다 동물

장수풍뎅이 60쪽
(7.5×7.5㎝)

곤충 왕국

거북이 84쪽

펭귄 90쪽

카피바라 160쪽
(카피바라 이쑤시개꽂이)

작은 동물

돌고래 86쪽

물고기 12쪽
(물고기 낚시)(7.5×7.5㎝)

개굴개굴 개구리 노래를 한다~♪

개구리 가족

리본 56쪽
(나비넥타이)(7.5×7.5㎝)

수국 150쪽

개구리 30쪽
(인형)

수국을 여러 송이 접어서 예쁜 수국 덤불 완성★
개구리 머리에 리본을 달아 여자친구를 만들어 보세요!

193

★반짝반짝 빛나는 보석이 한가득★

보석상자

하트 168쪽
(반지는 3.75×3.75㎝,
팔찌는 7.5×7.5㎝)

팔찌 48쪽

클로버 펜던트 50쪽

리본 56쪽
(나비넥타이)
(3.75×3.75㎝)

반지 48쪽

보석상자 162쪽

팔찌와 반지, 목걸이에 하트, 별,
리본 장식을 달아서 깜찍하게 변신!
상자는 두꺼운 종이로 만드는 센스♥

별 169쪽
(작은 별 2.5×2.5㎝,
큰 별 3.75×3.75㎝)

얼음 위에서 뒤뚱뒤뚱!
펭귄

펭귄 90쪽

상자 156쪽
(큰 상자 25×25㎝)

흰색이나 하늘색 종이로 만든 상자 위에 펭귄을
올려놓으면 깜찍한 펭귄 가족 완성!

오늘은 코끼리들의
소풍날~♪ # 코끼리 가족

코끼리 가족이 소풍을 가고 있어요.
배경으로 나무를 장식해 코끼리가
거니는 사파리를 꾸며 보세요!

코끼리 74쪽
(아기코끼리는 7.5×7.5㎝)

방 안에
보석이 한가득!

떨어뜨리며
놀아요!

부메랑 18쪽

입을 움직이며
놀아요!

병아리 24쪽

반짝반짝

보물
상자

왕관 54쪽
(18×23.5cm)

메달 49쪽

표창 38쪽

상자 156쪽
(30×30cm)

팔찌 48쪽

평범한 상자에 장식을
붙이면 보물상자로 변신!
반짝반짝 빛나는 보물을
가득 채워 보세요★

얼마나
높이 쌓을 수
있을까요?

고양이 탑 22쪽

귀요미
손가락
인형!

인형 30쪽
(돼지, 개구리)
(7.5×7.5cm)

196

낚시

오늘은 무슨 물고기를 낚을까?

고래와 물고기, 거북이를 낚아 볼까요?
고래는 큼직한 종이로 접어 보세요.
고이고이 접어서 월척을 낚아 보세요.

돌고래 86쪽

낚싯대 12쪽
(낚시)

고래 85쪽
(25×25cm)

물고기 12쪽
(낚시)(7.5×7.5cm)

거북이 84쪽

★ 자동차랑 비행기, 기차가 총출동! ★

씽씽이 마을

로켓 103쪽

비행기 106쪽

온갖 탈것이 모여 있는
씽씽이 마을에 온 것을 환영해요!
좋아하는 색깔과 예쁜 무늬의 종이로
마음껏 접어 보세요♪

나무 121쪽

여러 개를 접어 이으면
전철이 길어져요.

ONE
WAY

전철 98쪽

STOP

기관차 100쪽

집을 만들어
보세요!

집 118쪽

버스 92쪽

자동차 94쪽

맑고 화창한 날, 다 같이 떠나 보세요♪

주먹밥, 샌드위치, 과일…….
좋아하는 메뉴를 접어 도시락을 싸 보세요!

소풍

다양한 색깔로
접어 보세요!

햄버거
128쪽

치즈 버거

불고기 버거

감자튀김
132쪽

햄 샌드위치

달걀 샌드위치

샌드위치 130쪽

사과
138쪽

버섯
140쪽

딸기 136쪽
(열매는 7.5×7.5㎝,
꼭지는 2.5×2.5㎝)

주먹밥
133쪽

문어 모양 비엔나소시지
134쪽

포크와 스푼 142쪽

곤충 친구들이 룰루랄라♪

나비 64쪽

매미 59쪽

199

누가누가 이길까요?

사슴벌레 VS 장수풍뎅이

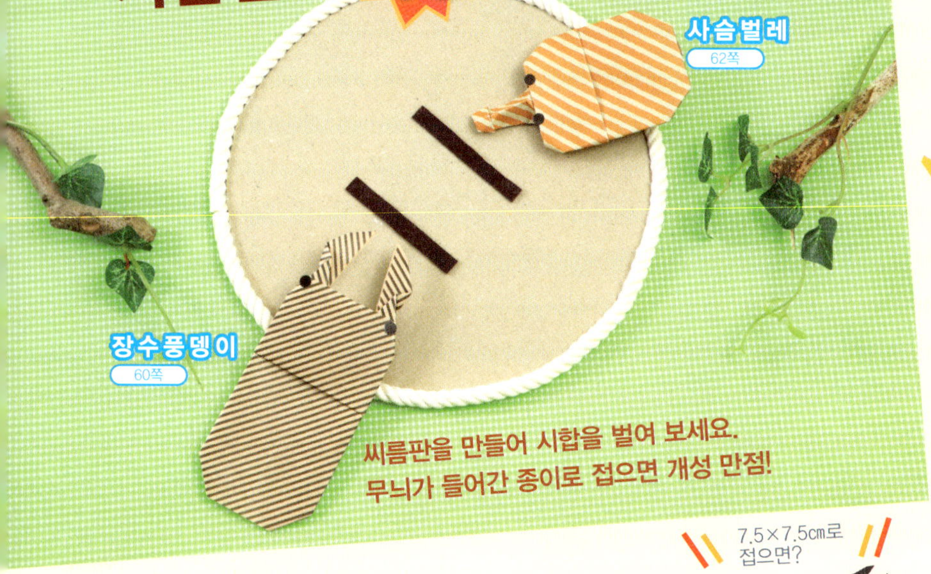
사슴벌레
62쪽
장수풍뎅이
60쪽

씨름판을 만들어 시합을 벌여 보세요.
무늬가 들어간 종이로 접으면 개성 만점!

종이 색깔과 크기를 바꿔서
다양한 곤충을 접어 보세요!

노란색으로 접으면?

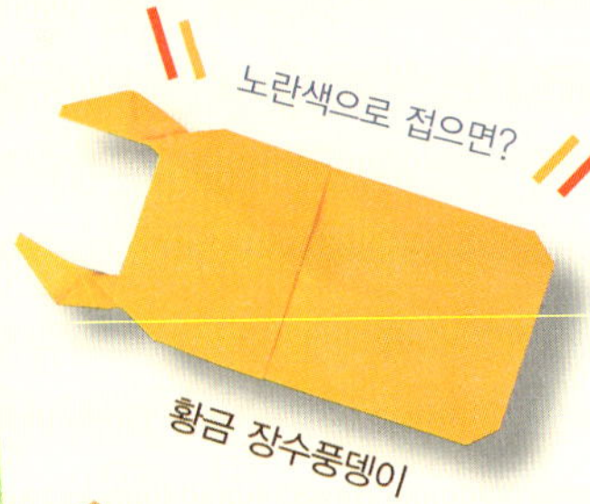

황금 장수풍뎅이

25×25㎝ 크기
종이로 접으면?

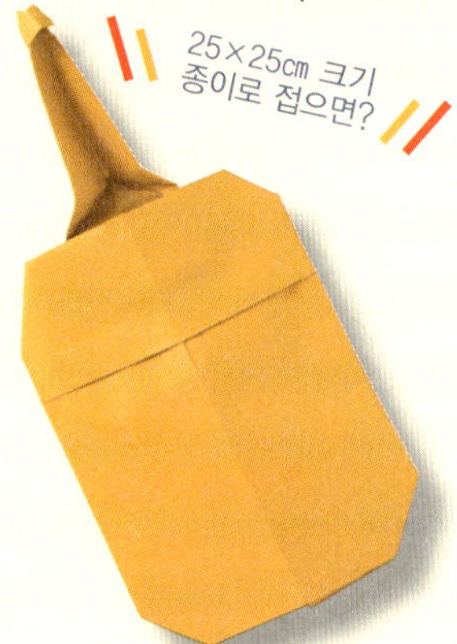

커다란 코끼리장수풍뎅이

7.5×7.5㎝로
접으면?

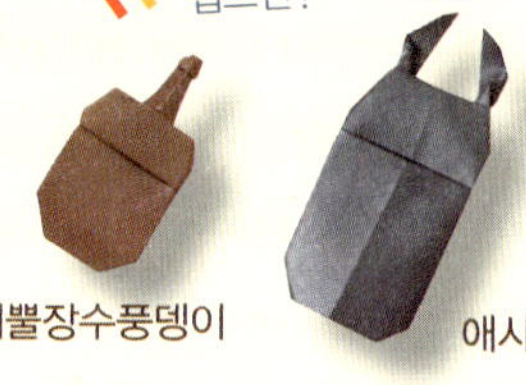

외뿔장수풍뎅이

애사슴벌레

풍성한 기쁨이 한가득

꽃다발

해바라기
152쪽
수국
150쪽
벚꽃 154쪽
(3.75×3.75㎝)
튤립
149쪽
(10×10㎝)
리본 170쪽
나팔꽃
151쪽
(13×13㎝)

알록달록한 꽃을 모아서 포장지로 감싸 주면 예쁜 꽃다발 완성!
해바라기와 튤립에는 '카네이션'(180쪽) 줄기를 붙여 보세요♥

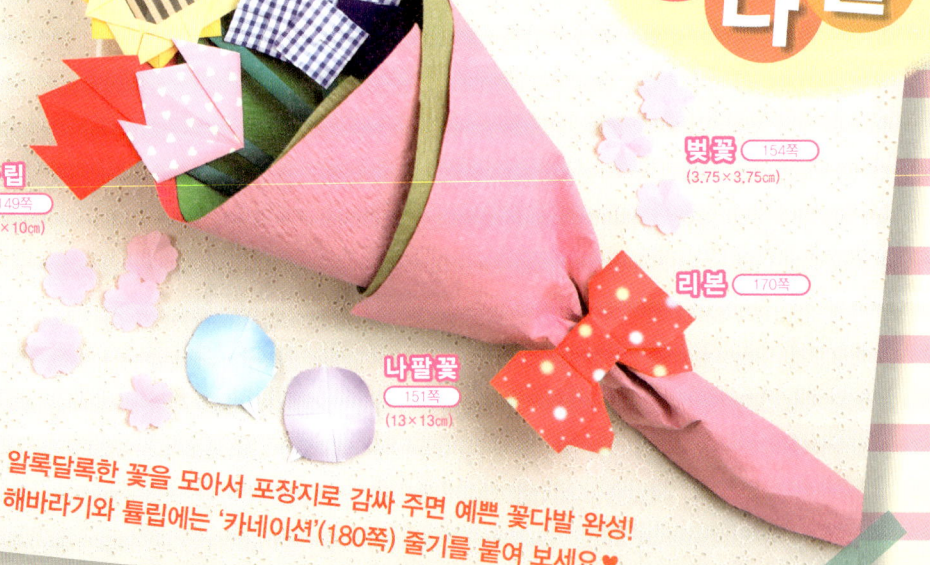

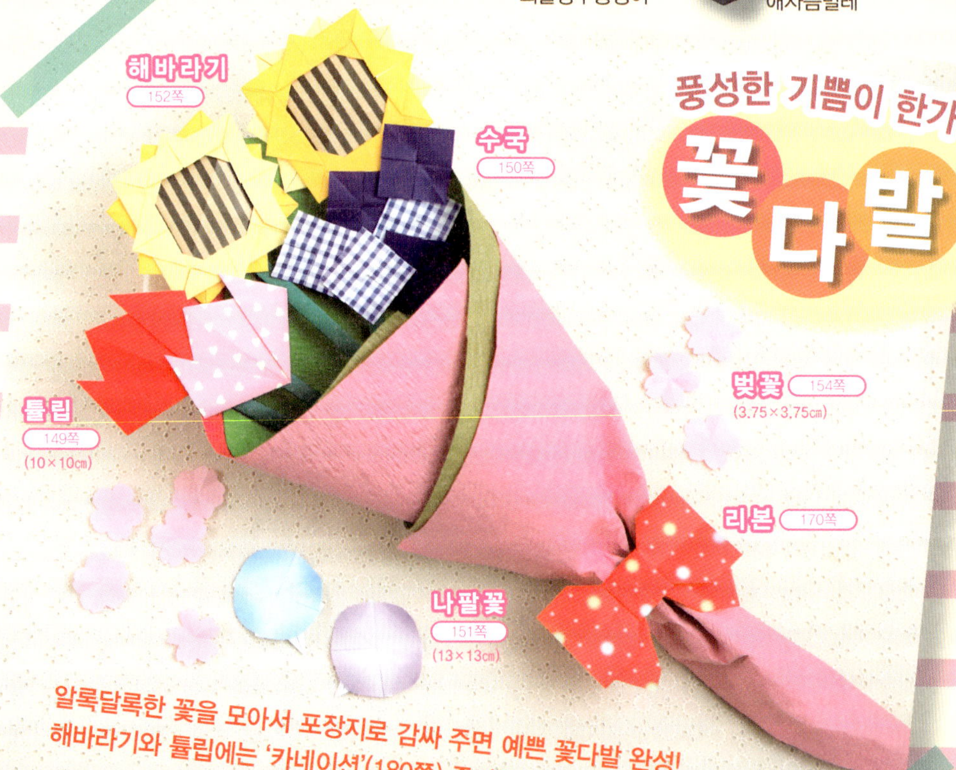

우르르 쿵쿵 공룡 세상!
쥐라기 공원

공룡 시대로 시간 여행을 떠나 볼까요?
몸집이 큰 브라키오사우루스는 커다란 종이로 접어 보세요!

익룡 111쪽

산 117쪽
(25×25㎝)

브라키오사우루스 114쪽
(25×25㎝)

티라노사우루스 108쪽

우리 동네 맛집 멋집

초밥집

어서 오세요!
무슨 초밥을 드시겠어요?

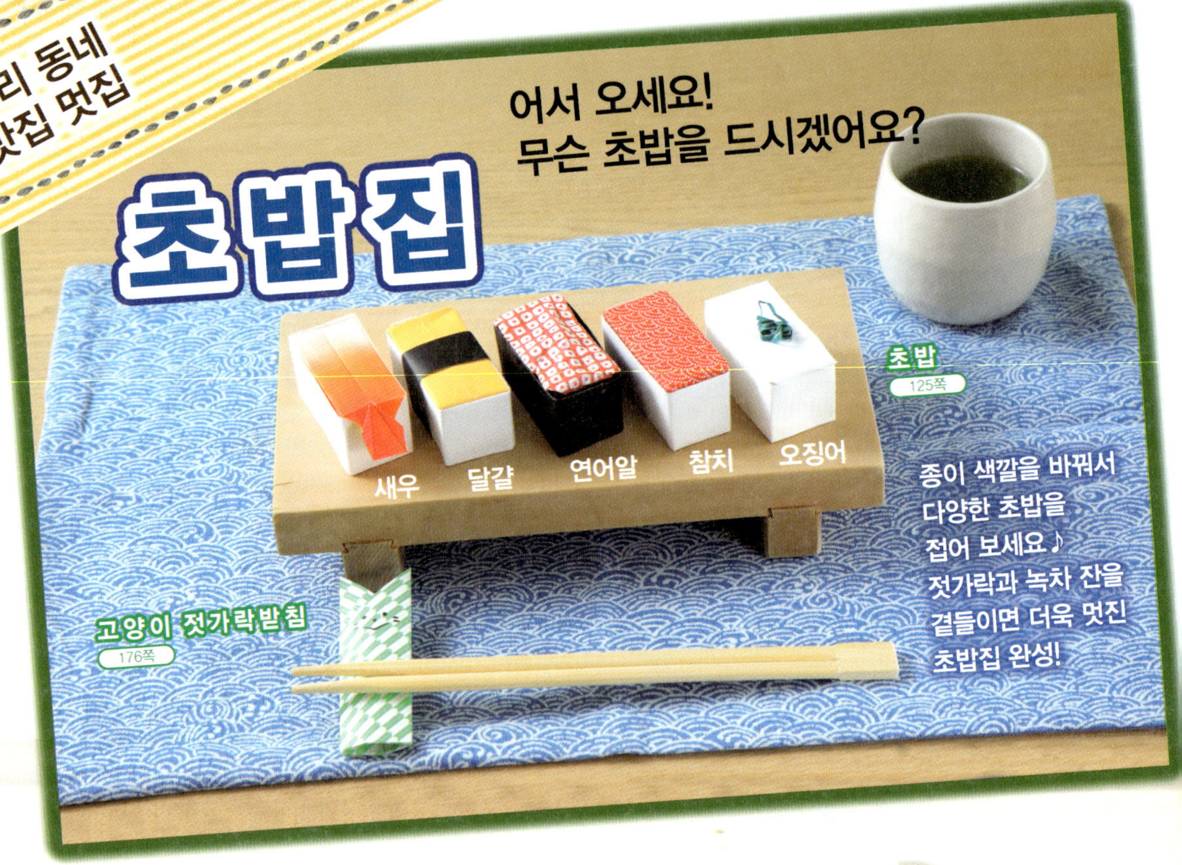
새우
달걀
연어알
참치
오징어

초밥 125쪽

고양이 젓가락받침 176쪽

종이 색깔을 바꿔서 다양한 초밥을 접어 보세요♪ 젓가락과 녹차 잔을 곁들이면 더욱 멋진 초밥집 완성!

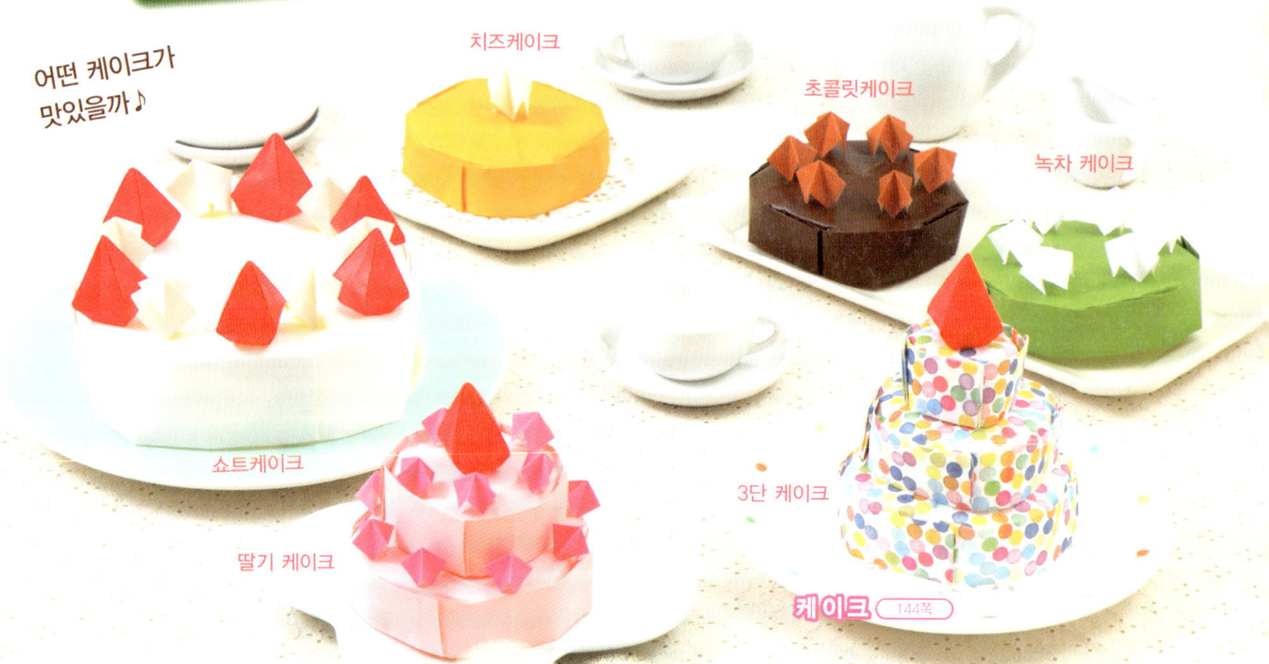
어떤 케이크가 맛있을까♪
치즈케이크
초콜릿케이크
녹차 케이크
쇼트케이크
3단 케이크
딸기 케이크

케이크 144쪽

★무슨 맛을 접어 볼까요★

빵가게

새하얀 종이로 접으면 쇼트케이크, 갈색 종이로 접으면 초콜릿케이크. 여러 가지 케이크를 마음껏 만들어 보세요!

멋진 패션 리더로 변신♪
옷가게

알록달록한 종이로 옷을 접어 보세요★
여러 가지 옷을 가지런히 접어 놓으면 멋진 옷가게 완성!
리본은 작게 접어서 옷이나 머리에 장식해요♥

다양한 무늬로
접으면 더욱 화려한
옷가게 완성!

원피스 46쪽
(종이인형)

투피스 45쪽
(종이인형)

리본 56쪽
(나비넥타이)
(큰 리본 7.5×7.5cm,
작은 리본 3.75×3.75cm)

별 169쪽

꼬마 숙녀 42쪽
(종이인형)

입 안에서 사르르~ 골라 먹는 재미!
아이스크림 가게

초콜릿칩   딸기   레몬   바닐라   민트

초콜릿

무슨 맛을
좋아하나요?

아이스크림 141쪽

노란색 종이로 레몬 맛, 분홍색 종이로 딸기 맛! 좋아하는 아이스크림을 접어 보세요.
콘 색깔을 다르게 하면 더욱 재미있어요★

아기 돼지 삼 형제

벽돌집은 적갈색, 나무집은 황토색,
지푸라기집은 노란색으로 접어 보세요★

어떤 이야기일까?

아기 돼지 삼 형제가 각각 지푸라기집과
나무집, 벽돌집을 지었어요. 그런데
갑자기 늑대가 나타나서……. 까악!

집 `118쪽`
(25 × 25㎝)

아기 돼지 `30쪽`
(인형) (7.5 × 7.5㎝)

**골디락스와
곰 세 마리**

어떤 이야기일까?

엄마 곰, 아빠 곰, 아기 곰이 산책을 마치고 집으로
돌아왔는데 누군가 집에 들어온 기척이? 정체를 밝혀라!

크기와 소품을 바꿔
곰돌이 가족을 만들어 보세요!

넥타이 `58쪽`
(3.75 × 3.75㎝)

하트 `168쪽`
(3.75 × 3.75㎝)

모자 `184쪽`
(잭오랜턴 사탕 바구니)
(3.75 × 3.75㎝)

곰돌이 `76쪽`
(엄마 곰과 아빠 곰은 12 × 12㎝,
아기 곰은 7.5 × 7.5㎝)

토끼와 거북이

토끼에게는 '인형' 몸통을 붙여 주세요♪

어떤 이야기일까?
토끼와 거북이가 달리기 경주를 했어요! 엉금엉금
거북이를 보고 마음이 놓인 토끼는 쿨쿨 낮잠을 자는데…….
과연 누가 이길까요?

산 117쪽

토끼
얼굴
65쪽

거북이 84쪽

토끼 몸통 33쪽
(인형)

신데렐라

마법의 힘으로 신데렐라도, 호박도 멋지게 변신★
'호박' 꼭지와 덩굴로 마차를 멋지게 꾸며 보세요!

어떤 이야기일까?
파티에 갈 수 없어 슬픔에 빠진 신데렐라.
그때 요정이 나타나 요술봉을 휘두르자
놀라운 일이 생겼어요!

말 40쪽
(재주넘는 말)

호박 182쪽
(잭오랜턴 사탕 바구니)

예쁜 왕관을
접어 주세요!

신데렐라
42쪽
(종이인형)

말과 마차는
끈으로 연결!

바퀴 102쪽
(거관차)

일본 여자 어린이의 날
히나마쓰리

아기자기한 무늬가 들어간 종이로 히나 인형을 접어 보세요!

히나 인형 `187쪽`

벗나무

연분홍색 종이로 예쁜 벗나무를 접어 보세요♪

나무 `121쪽` (25×25cm)
벚꽃 `154쪽` (3.75×3.75cm)

사진꽂이 `174쪽`

부모님에게 사랑을 전해 보세요!
어버이날

카네이션 `180쪽`

손 편지 `172쪽`

리본 `56쪽` (나비넥타이)

정성 가득 담아서 부모님께 선물!
사진꽂이에 부모님 얼굴을 그려 넣어 보세요♪

부모님에게 감사한 마음을 전해 보세요!
어버이날 선물

넥타이 `58쪽`

손목시계 `52쪽`

고양이 편지봉투 `173쪽`

아빠한테 어떤 넥타이가 어울릴까요?
예쁜 물방울 무늬 종이로 접어 보세요★

어린이날

종이 색을 바꾸고 눈을 붙이면 '잉어 모양' 깃발 완성!

깃발 `176쪽`

대나무 막대기에 붙이면 멋진 깃대까지~

투구 `47쪽` (7.5×7.5cm)

꼬마 장수 `28쪽`

말 `40쪽` (재주넘는 말)

핼러윈

과자를 주지 않으면 장난을 칠 테야!

아기 고양이 `80쪽`
(7.5×7.5㎝)

배 `97쪽`

리본
`170쪽`
(4.5×4.5㎝)

달콤한 간식이 한가득!
과자를 종이배에 나눠 담아도 좋아요 ★

잭오랜턴 사탕 바구니
`182쪽`

흰 눈 사이로 썰매를 타고 달리는 기분!

크리스마스

커다란 종이로 크리스마스트리를 접고
리본과 별 등으로 장식해 보세요!

나무 `121쪽` (25×25㎝)
별 `169쪽` (2×2㎝)
리본 `170쪽` (3.75×3.75㎝)

양말 `190쪽` (7.5×7.5㎝)

상자 `156쪽`
(7.5×7.5㎝)

산타클로스 `188쪽`

콩을 뿌리면서 도깨비를 쫓아내는 일본 명절 세쓰분

손잡이 달린 상자 `158쪽`
(20×26㎝)

도깨비 가면
`178쪽`
(25×25㎝)

도깨비 가면과
도깨비를 물리칠 콩
상자를 접어 보세요!

설날

사자탈을 접으며
새해를 축하해
보세요♪

사자탈
`34쪽`

두뇌 발달부터 치매 예방까지

115 베이직 종이접기

1판 1쇄 | 2019년 1월 31일

지은이 | 니와 다이코 · 미야모토 마리코
옮긴이 | 서수지
펴낸이 | 장재열
펴낸곳 | 단한권의책
출판등록 | 제25100-2017-000072호(2012년 9월 14일)
주소 | 서울, 은평구 서오릉로 20길 10-6
전화 | 010-2543-5342
팩스 | 070-4850-8021
이메일 | jjy5342@naver.com
온라인 카페 | http://cafe.naver.com/oneonlybooks

ISBN   978-89-98697-58-7   13630
값 | 13,000원